오도릭의
동방기행

오도릭의 동방기행

Odoric of Pordenone

오도릭 지음 | 정수일 역주

문학동네

+ 수사 오도릭의 초상. 1881년 그림.

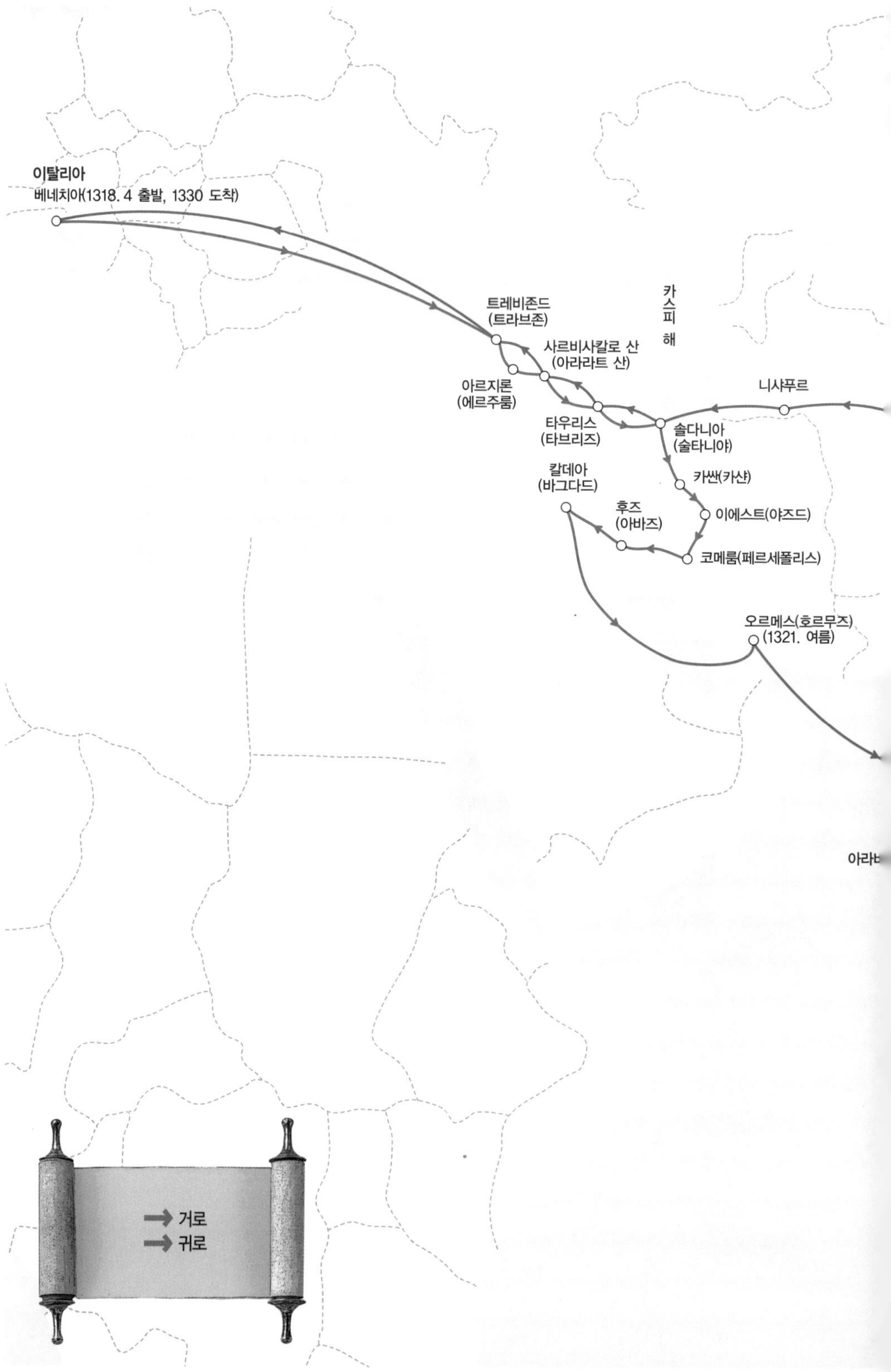

이탈리아
베네치아(1318. 4 출발, 1330 도착)
트레비존드
(트라브존)
카스피 해
사르비사칼로 산
(아라라트 산)
아르지론
(에르주룸)
니샤푸르
타우리스
(타브리즈)
솔다니아
(술타니야)
칼데아
(바그다드)
카싼(카샨)
후즈
(아바즈)
이에스트(야즈드)
코메룸(페르세폴리스)
오르메스(호르무즈)
(1321. 여름)
아라비
거로
귀로

오도릭의 동방기행 노정 전도
(1318. 4~1330)

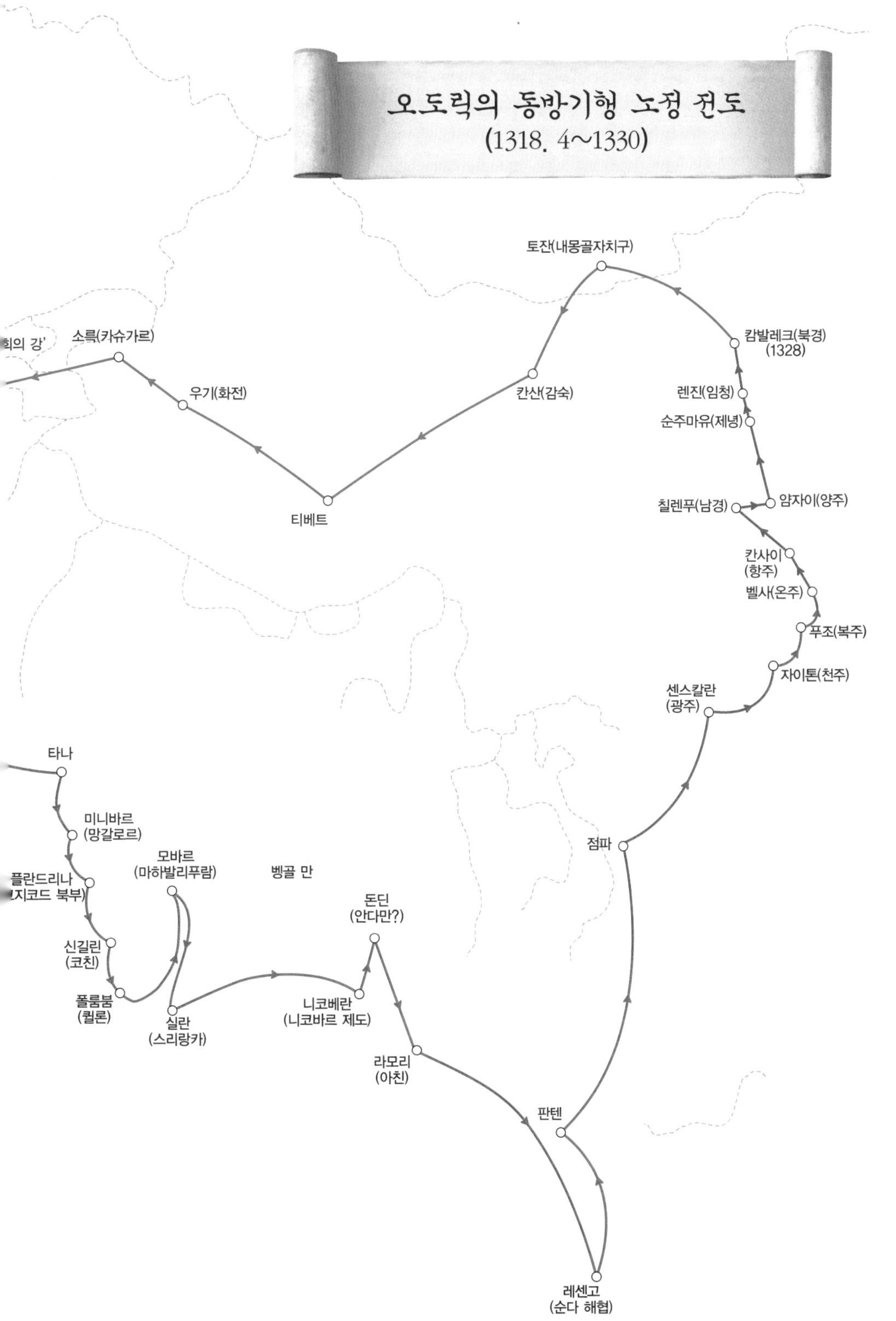

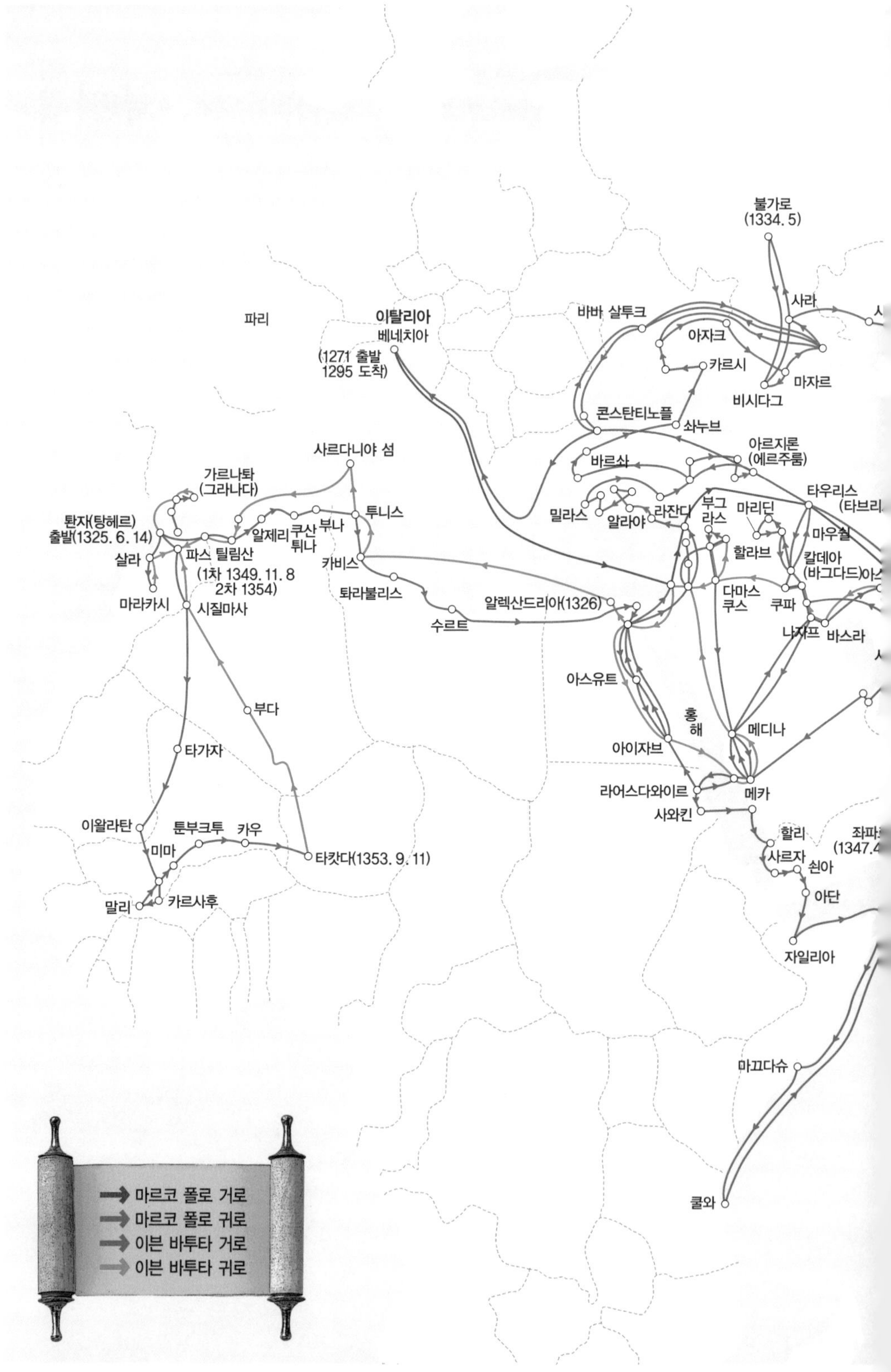
불가로
(1334. 5)
사라
파리
이탈리아
베네치아
(1271 출발
1295 도착)
바바 살투크
아자크
카르시
마자르
비시다그
콘스탄티노플
솨누브
아르지룬
(에르주룸)
바르솨
사르다니아 섬
가르나톼
(그라나다)
퇀자(탕헤르)
출발(1325. 6. 14)
살라
파스
틸림산
(1차 1349. 11. 8
2차 1354)
알제리
쿠산
튀나
부나
투니스
카비스
마라카시
시질마사
타라불리스
알렉산드리아(1326)
수르트
밀라스
알라야
라잔다
부그
라스
마리딘
타우리스
마우쉴
할라브
칼데아
(바그다드)
다마스
쿠스
쿠파
나자프
바스라
아스유트
홍
해
메디나
아이자브
라어스다와이르
메카
사와킨
할리
사르자
쉰아
아단
자일리아
마끄다슈
쿨와
부다
타가자
이왈라탄
미마
툰부크투
카우
타캇다(1353. 9. 11)
말리
카르사후
마르코 폴로 거로
마르코 폴로 귀로
이븐 바투타 거로
이븐 바투타 귀로

마르코 폴로(1271~1295) 이븐 바투타(1325~1354)의 노정 전도

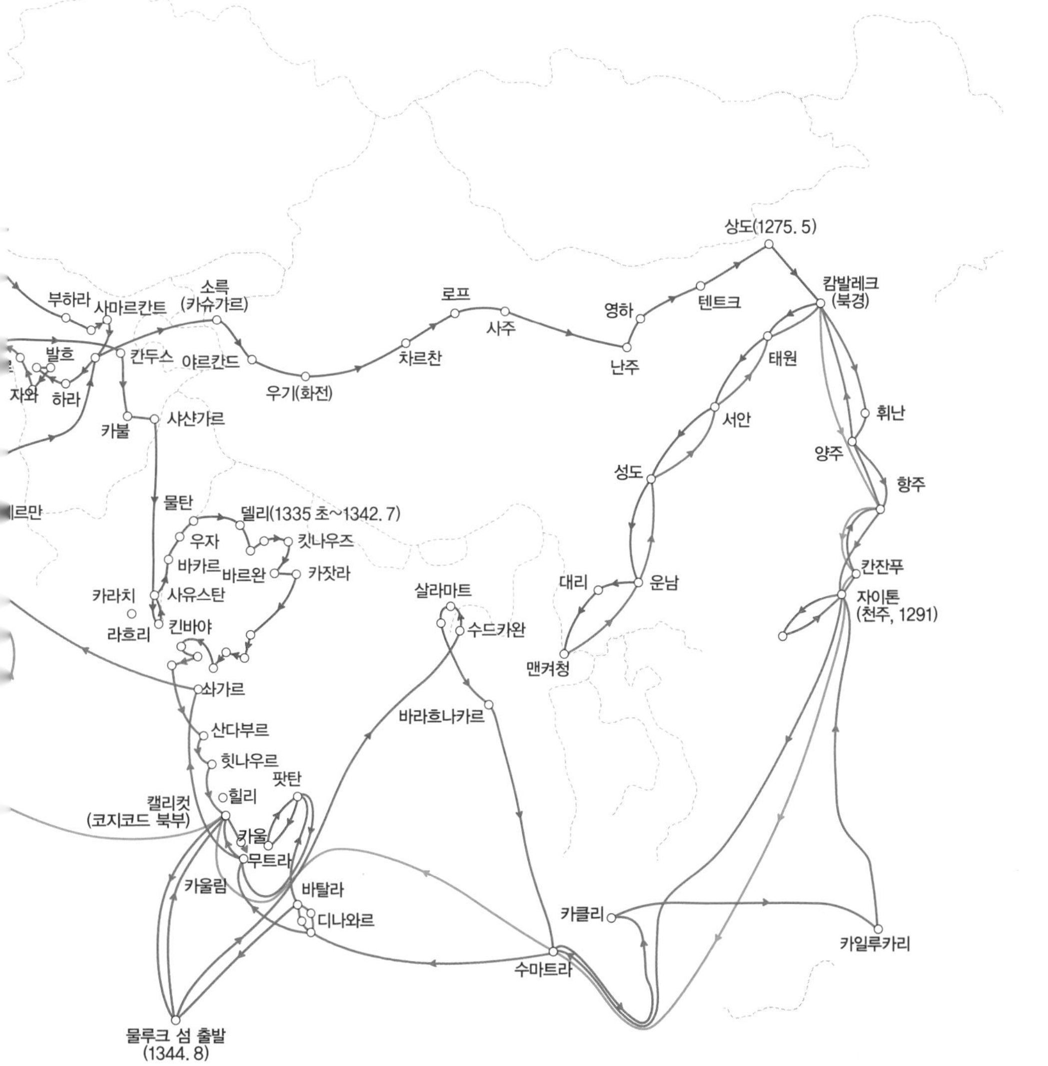

+ 사르비사칼로 산(현 아라라트 산).
+ 이란 이에스트(현 야즈드)에 있는 조로아스터교의 조장터인 '침묵의 탑'.

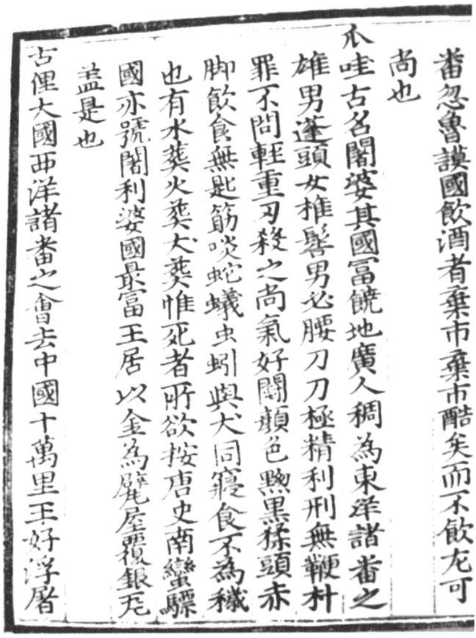

蕃忽魯謨國飲酒者棄市棄市酷矣而不飲尤可
尚也
爪哇古名闍婆其國富饒地廣人稠為東洋諸蕃之
雄男蓬頭女椎髻男必腰刀刀極精利刑無鞭朴
罪不問輕重刃殺之尚氣好鬬頗色黝黑裸頭赤
脚飲食無匙筯啖蛇蟻虫蚓與犬同寢食不為穢
也有水葬火葬犬葬惟死者所欲按唐史南蠻驃
國亦號闍利婆國最富王居以金為甓屋覆銀瓦
蓋是也
古俚大國西洋諸蕃之會去中國十萬里王好浮屠

+ 이란 코메룸(현 페르세폴리스) 왕궁 유적.

+ 이수광의 『지봉유설芝峰類說』(권2 「제국부諸國部」, '외국조外國條', 1614) 중 자바에 관한 기술.

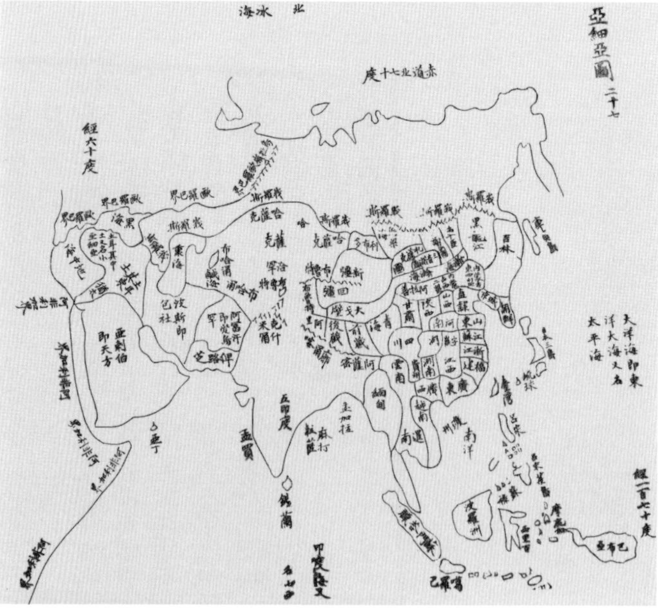

+ 인도 폴룸붐(현 퀼론)의 시가 풍경.
+ 최한기의 『지구전요地球典要』(1857)에 실린 '아시아지도'.

+ 인도 동남해안의 모바르(현 마하발리푸람)에 있는 성 토마스 교회.
+ 베트남 중부에 있는 점파의 후에 왕국의 궁전.

+ 중국에서 복음을 전도한 프란체스코회 수사 오도릭 탄생 600주년 기념. 1886년 그림.

+ 중국 광주성(省) 전경.
+ 중국 금릉부(金陵府, 현 남경)의 성벽 의봉문(儀鳳門).

+ 중국 대도(大都, 현 북경)의 태액지(太液池, 현 북해北海)에 있는 백옥석교(白玉石橋).
+ 이란 서부 베히스툰 암각비에서 바라본 눈 덮인 엘부르즈 산맥.

역주자 서문

세계 4대 여행기인 혜초의 『왕오천축국전』, 마르코 폴로의 『동방견문록』, 오도릭의 『동방기행』, 이븐 바투타의 『이븐 바투타 여행기』 모두를 우리말로 옮기거나 제대로 알리는 일은 필자의 오랜 숙원이었다. 『동방견문록』은 몇 종의 번역서가 나왔다. 『왕오천축국전』과 『이븐 바투타 여행기』는 변변찮은 대로 필자가 역주본을 내놓았다. 그런데 『동방기행』 번역은 저본의 미비 등을 이유로 차일피일 미루어왔다. 미수(未遂)는 늘 마음속 응어리로 남아 있었다.

그러던 차 근간에 헨리 율(Henry Yule)의 『영역본』과 라틴어 사본 및 이탈리아어 역본, 그리고 중국어 역본까지 손에 넣는 행운을 만났다. 내친김에 옮기기 시작하였다. 저본은 미시간 어드먼스(Michigan, William B. Eerdmans) 출판사가 2001년에 출간한 헨리 율의 영역본(1866년)이다. 근 150년 전의 영어라서 제대로 옮기는 것이 녹록지 않았다. 다행히 헨리 율의 노작 한 권(『중국으로 가는 길』, 사계절, 2002)을 번역한 바 있는 데다가, 다른 역본들이 있어서 어려움의 해소에 그나마 일조가 되었다.

오도릭의 『동방기행』은 세계적인 여행기다. 무릇 '세계적'이란 세계에 대한 앎을 추구하고 세계와 삶을 함께하며 세계적 보편가치를 함양하는 신념이나 정신을 말한다. 680년 전에 쓰인 오도릭의 『동방기행』은 분명 이러한 세계성을 온축하고 있는 한 권의 귀중한 고전이다. 학문의 원천으로서 시대를 달리하는 고전은 풀이(외국어의 경우는 역주류) 없이 바로 이해하기란 거의 불가능하다. 이 여행기의 경우는 몇 가지 이유로 해서 더더욱 그러하다. 우선, 세계적 여행기치고는 기술이 너무 소략해 부가적 설명 없이는 내용을 정확하게 파악하기가 매우 힘들다. 다음으로, 타 종교에 대한 편견이나 종교적 기적, 그리고 식인(食人) 폐습 같은 기담은 불편부당한 문명사적 해석 없이는 이해가 막히거나 오해할 소지가 다분하다. 끝으로, 여행 노정이나 이해에서 나타나는 혼동과 오류, 견문(見聞)과 전문(傳聞)의 혼재 등 난맥상을 바로잡지 않고는 도시 사실성과 신빙성을 가려낼 수가 없다.

필자는 이러한 문제점들을 감안해 가급적 넉넉한 역주(219항목)를 넣어 독자들의 이해에 도움을 주고자 하였다. 역주의 내용에서는 이해도를 높이고 신빙성을 가늠하기 위해 필요한 대목에서 동시대의 글인 『동방견문록』(32년 앞)과 『이븐 바투타 여행기』(25년 뒤)의 관련 내용을 비교해 기술하였으며, 특히 『지봉유설』을 비롯한 우리의 고전 속 관련 내용을 다루는 데 유념하였다. 또한, 내용의 직관성을 높이기 위해 현장 사진자료를 많이 보여주고자 하였다.

이 귀중한 고전을 번역함에 있어 역주자는 완역의 최대치를 도모하고자 부심하였다. 흔히 번역자들은 뜻 전달을 위주로 하는 의역(意譯)과 원전의 구성에 충실한 직역(直譯) 사이에서 '충실하면 아름답지 않고, 아름다우면 충실하지 않다'라는 번역의 역설적 웅변을 놓고 고심을 거듭한다. '충실하면서도 아름다운 것'. 그러한 진선진미의 완벽을 기하기에는 역부족이지만, 지향점만은 거기에 두었음을 감히 밝히는 바이다. 사실 번역은 고단수의 창작이며, 번역 없는 학문이란 있을 수가 없다. 번역 일반이 그러하거니와, 고전 번역은 더더욱 그러하다. 역주를 포함한 역출(譯出)이 곧 창출(創出)이며, 혼을 담는 작업이라는 것을 새삼 절감하였다.

'문명교류학'의 학문적 정립을 총적 연구과제로 삼고 있는 사단법인 한국문명교류연구소는 문명과 문명교류에 관련된 세계적 고전을 번역 출간하는 것을 중요한 연구과제의 하나로 기획하고 추진 중에 있다. 본 역주서는 '한국문명교류연구소 학술총서'의 두번째 책으로 출간하는 것이기도 하다.

세계 4대 여행기 가운데서 세 가지를 역주함으로써 숙원의 성취라는 기수(旣遂)의 자부나, 후련함과 더불어 미흡함에서 오는 후려(後

慮)도 없지 않은 것이 역주자의 솔직한 심정이다. 독자 여러분의 우역문(愚譯文) 현독(賢讀)과 아울러 가차 없는 질정(叱正)을 바란다.

저본의 입수와 역주 및 사진자료 수집에서 초학(初學)의 값진 경험을 얻으면서 열성껏 도와준 여인욱 군에게 격려와 더불어 고마움을 표한다.

끝으로, 녹록지 않은 이 역주서의 출간을 맡아 책을 잘 꾸미려고 최선을 다해주신 문학동네 강병선 대표이사님과 염현숙 국장님, 그리고 편집진 여러분의 혜려와 노고에 진심으로 감사드리는 바이다.

2012년 4월

옥인학당에서

정수일

차례

일러두기

1. 본 역주서는 헨리 율(Sir Henry Yule)의 영역본 *The Travels of Friar Odoric, A 14th-Century Journal of the Blessed Odoric of Pordenone, translated by Sir Henry Yule*(원명은 *The Eastern Parts of the World Described by Friar Odoric the Bohemian, of Friuli, in the Province of Saint Anthony*, 약칭 『영역본英譯本』, Michigan: William B. Eerdmans Publishing Company, 2001)을 저본(底本)으로 삼았다. 영역자 헨리 율은 주로 프랑스 국립도서관에 소장된 라틴어 사본을 저본으로 영역하였다.
2. 이 여행기는 이탈리아 프란체스코회 수도사인 오도릭(Odoric of Pordenone, 1265?~1331)이 14세기 전반 아시아 일대를 여행하고 남긴 것이다.
3. 역주에서 何高濟 譯, 『鄂多立克東游錄』(약칭 『한역본漢譯本』, 中華書局, 2002)을 참고하였다.
4. 본문의 〔 〕 안 글은 라틴어 저본에는 없지만, 영역자가 이탈리아어 원본을 비롯한 다른 판본에서 발견해 필요하다고 판단되어 삽입한 것이다.
5. 본문에서 간단한 역주는 글자 크기를 줄여 괄호로 처리하였다.
6. 지명과 인명을 비롯한 고유명사는 현지음을 기본으로 하되 영어 저본을 참고하였다.
7. 중국의 지명과 인명은 우리 한자음대로 표기하였다.
8. 역주에서 고유명사의 한자 음사는 중국어 역어다. 예컨대 역주 '프리울리(Friuli, 弗里烏黎)'에서 '弗里烏黎'는 중국어 역어다.
9. 저본은 1장부터 52장까지 연속번호로 구분하였으나, 본 역주본에서는 지역과 내용에 따라 5편, 즉 1편 서아시아(1~4장), 2편 동남아시아(5~27장), 3편 중국(28~43장), 4편 중앙아시아(44~49장), 5편 종편(50~52장)으로 나눠 구성하였다.
10. 역주에서 관련 내용을 더 깊이 이해하기 위해 인용한 문헌은 다음과 같다.
    1) 김호동 역주, 『마르코 폴로의 동방견문록』, 사계절, 2000.
    2) 정수일 역주, 『이븐 바투타 여행기』(1·2), 창비, 2001.
    3) 李睟光, 『芝峰類說』 권2 「諸國部」(1614).
    4) 崔漢綺, 『地球典要』 권3 「南洋各島」(1857).

역주자 해설

소정의 역사적 배경 속에서 엮인 여행기는 내용의 사실성과 서술의 생동성으로 인해 오래도록 깊은 여운을 남기는 기록물이다. 특히 그것이 미지의 세계에 대한 탐험적 성격이 짙거나 범세계적 시대상을 착실하게 반영한 작품, 이를테면 오도릭의 『동방기행』 같은 세계적 여행기일 경우, 그 문명사적 의미와 학문적 가치는 가히 기념비적이라고 할 수 있다. 그리하여 여행자들은 만난(萬難)을 무릅쓰고 이 땅의 구석구석을 누비며 보고 들은 것을 기록으로 남겨놓고, 후세인들은 그것을 보록(寶錄)으로 재현하고 연구하여 인류가 공유하는 소중한 문화유산으로 보존하는 것이다.

I. 시대적 배경

이탈리아 출신의 프란체스코회 탁발수사인 오도릭이 미지의 동방 세계를 12년 동안이나 휘젓고 다니던 시대는 한마디로 중세 동서 만남의 '지적 개안(開眼)' 시대다. 11세기 말부터 13세기 말엽 사이에 여덟 차례나 벌어진 십자군원정은 지중해를 둘러싼 신흥 서구 세력과 기존 이슬람 세력 간의 정치적, 경제적, 문화적 패권다툼으로서, 중세 동서 간의 첫 대결적 만남이었다. 이 만남을 계기로 수세기 동안 공존해오던 서방의 기독교와 그 문명, 동방의 이슬람교와 그 문명 간에는 불신과 증오의 불씨가 지펴졌다. 이때부터 서방은 이슬람교를 '한 손에는 『꾸란(코란)』을, 다른 한 손에는 칼을' 든 불가상용(不可相容)의 호전적 종교로 낙인찍고 미래의 복수전을 벼르기 시작한다.

1318년 4월, 이탈리아 베네치아를 출발하는 수사 오도릭 일행. 14세기 그림.

공교롭게도 이 십자군원정의 전화(戰火)가 서서히 소진되어가던 무렵, 동방 일우(一隅)에서 궐기한 천하무적의 칭기즈칸 기마군단이 일격에 서구의 심장을 유린한다. 이른바 세 차례에 걸친 40여 년간(1219~1260)의 몽골 서정(西征)이다. 불의의 '황화(黃禍)'에 혼비백산한 서구는 더이상 당하지 않기 위해서라도 동방을 알아야 했고, 동방과 어우러져야만 하였다. 이웃 이슬람 세계에 대한 구원(舊怨)을 생각해서라도 동방과 가까워지는 것은 필요 이상의 당위로 간주되었다. 게다가 알고 보니 동양은 무진장한 보고(寶庫)로서, 서구인들의 호기심을 자아내기에 충분하였다. 이 모든 요인이 서구의 상인들과 사신들을, 그리고 선교사들과 여행자들을 낯선 동방으로 동방으로 물밀듯 발길을 옮기게 하였다.

지정학적으로 이 동서 만남의 중심지와 완충지에는 격변기를 겪는 이슬람 세계가 자리하고 있어 그 만남을 나름대로 걸러주었다. 몽골군의 제3차 서정으로 통일적 압바스 이슬람 제국(이슬람 세계를 통일한 왕조, 750~1258)이 붕괴한 후 이슬람 세계는 지역적 다극화(多極化)시대에 접어들었고, 도처에 지역색이 짙은 이슬람 세력들이 군림하기 시작하였다. 오도릭이 여행기에서 일괄해 '사라센인'들이라고 지칭한 그들이 바로 이슬람교 신자들, 즉 무슬림들이다. 동서를 넘나드는 사람들에게 이 '사라센인'들과의 조우는 불가피하였다. 서아시아 아랍 지역은 물론이거니와, 인도에 당도했을 때 오도릭은 어쩌면 예기치 않게 인도의 이슬람화를 크게 촉진한 투글루크(Tughluq) 이슬람 왕조(1320~1414, 1206년부터 1857년까지 650년간 다섯 개의 이슬람 왕조가 인도 전체를 통치) 특유의 이슬람적 행태와 맞부딪쳐 갖가지 기행을 목격하게 되었을 것이다.

'영혼의 구제자'로 자임한 오도릭의 동방행은 역사상 기독교 동전(東傳)의 제2차 붐(파고)을 타고 일어난 필연이라 할 수 있다. 기독교의 동전이란 개념은 역사적으로 그 내용을 달리해왔다. 흔히 기독교는 애당초 서방종교, 서양인들의 종교로 알고 있는데, 사실은 그렇지 않다. 태생적으로 보면, 기독교는 동방종교이지 서방종교는 아니다. 그 이유는 첫째로, 교조 예수의 탄생지와 활동지 및 그에 의한 기독교의 발상지가 다름 아닌 동방, 즉 오리엔트의 중간 요지인 팔레스타인이고, 둘째로, 『신약성경』에도 명시되다시피 그리스도인들의 최초 종교단체(교단)가 조직된 곳이 바로 소아시아 지방(현 아시아

서단 터키 지방)인 안디옥(Andioch)이며, 셋째로, 기독교가 국가종교로서 첫 공인을 받은 곳도 서구의 어느 곳이 아니라, 동방의 나라인 메소포타미아의 에데사(Edessa)라는 데 있다. 바로 이 때문에 에데사 교회의 초기 기독교 학자인 타티안(Tatian, 1세기)도 기독교는 서양인의 종교라기보다 동방인의 종교라고 하는 것이 타당하다고 강력히 주장하였다. 따라서 기독교 동전의 제1차 붐은 7세기를 전후한 시기, 이 동방지역에서 분파(分派)된 고대동방 기독교, 일명 경교(景教)라고 하는 네스토리우스파 기독교가 중앙아시아와 중국을 비롯한 동방(한반도에도 그 흔적이 보임)으로 향한 활기찬 초전(初傳)이다.

이 초전의 파고가 가까스로 가라앉을 무렵, 전술한 십자군원정과 몽골의 서정 및 원(元)제국의 진취적인 대서방 통교 등 제 요인에 의해 13세기 초엽부터 다시 기독교 동전의 붐이 일기 시작한다. 그런데 이 시대의 동전 기독교는 제1차 붐 때의 동방기독교가 아니라, 서방기독교였다. 원래 기독교는 동방의 문화적 배경을 자양분으로 하여 자라다가 4세기 초 고대 기독교가 로마제국의 정치질서와 타협하면서부터 라틴 서방의 기본이념으로 급속하게 자리 잡았다. 이때부터 고대 기독교는 상이한 역사적, 지리적, 문화적 배경을 가지고 동방기독교와 서방기독교라는 두 개의 큰 흐름으로 갈라졌으며, 교리논쟁을 비롯해 동·서방 기독교 간의 갈등이 거듭되다가 마침내 1054년 성 소피아 대성당에서의 상호 파문 조치를 계기로 결별하게 된다. 서방기독교는 크게 로마가톨릭과 프로테스탄티즘으로 양분되어

프란체스코회의 휘장.

오늘에 이르고 있다. 기독교 동전의 제2차 붐은 주로 서방기독교인 로마가톨릭이 주도하였다. 그래서 이 붐을 타고 동방행에 오른 기독교 전도자 거개는 프란체스코회나 도미니크회 등 로마가톨릭 예하의 여러 종파 성원들이었다.

그러한 여러 종파 가운데서도 로마가톨릭 소속 프란체스코회가 단연 앞장에 섰다. 프란체스코회(라틴어 Ordo Fratrum Minorum, 영어 Franciscan Order, 이탈리아어 Ordine Francescano, 독일어 Franziskaner, 중국어 方濟會 혹은 法蘭西斯會)는 1209년 로마 교황 인노켄티우스 3세의 승인을 얻어 세운 가톨릭 탁발수도회의 일파다. 회원들이 회색 옷을 입고 있어 '회색 수사'라고도 한다. 1223년 교황 호노리우스 3세에 의해 회칙이 비준됨으로써 종교활동이 본격화되었다. 회칙과 활동에서의 특징은 청빈을 강조하면서 상업행위를 자제하고 직접 노동할 것을 장려하며, 이단을 반대하고 교조에 대한 충성과 학술연구를 중시한다. 또한 복음 전파, 특히 해외 전파를 솔선 수행한다. 출범 후 교세의 급속한 확장과 더불어 청빈에 대한 서약을 의무적으로 해야 할 것인지 등, 일련의 문제에서 이견(異見)이 일고, 기타 교파들과의 갈등이 발생해 분파가 생기고 부침을 거듭해왔다. 그 결과 탁발수도회(O.F.M.)와 콘벤투알회(O.F.M.Conv.), 소탁발 카푸친회(O.F.M.Cap.)의 3대 종파로 나뉘었으며, 다시 구성원에 따라 이상 3대 종파를 망라한 1회(會)와 성 클라라(여)가 세운 2회(클라라관상수녀회), 3회(재속프란체스코회)로 갈라졌다. 시종 주류를 형성해온 탁발수도회 성원들은 서로를 '작은 형제'로 지칭하기 때문에 보통 이 회를 '소형제회(小兄弟會, Oder of Friars Minor, 라틴어 Ordo Fratrum Minorum)'라고도 한다. 오도릭은 이 회의 독실한 사제 성원으로서 회의 종규대로 일생을 보내어 성인의 반열에까지 오르게 되었다.

오도릭은 바로 이러한 붐의 첫 물결을 타고 동방에 온 로마가톨릭 소속 프란체스코회의 사제 중 한 사람이었다. 이들 전도자들에게는 왕왕 '영혼의 구제'라는 종교적 의무 말고도 사신(使臣)이라는 정치·외교적 임무나 문명탐방의 과제까지 주어져 그야말로 일인다역(一人多役)을 수행해야 하였다. 그 가운데서 몇몇 중요한 인물들을 살펴보면, 우선, 가장 먼저 동아시아에 파견된 기독교인은 로마 교황의 특사로 몽골에 파견된 이탈리아 출신의 프란체스코회 지도자 카르피니(Giovanni de Piano Carpini, 1182?~1252)다. 그는 유럽 기독교 국가들을 향한 몽골의 서정을 저지할 목적으로 1245년 4월 프랑스 리옹을 떠나 유라시아 북부의 초원로를 따라 1246년 7월 몽골의 수도 카라코룸(Kharakorum, 和林)에 도착하였다. 그는 교황이 '타타르 황제'에게 보내는 서한을 전달하고, 돌아갈 때는 몽골 구유크 칸의 회신을 휴대하였다. 이듬해 리옹에 도착한 그는 복명(復命)하면서 구유크 칸의 회신과 함께 라틴어로 된 출사(出使)보고서, 즉 복명서(復命書)도 진정(進呈)하였다. 1838년 그 보고서가 『몽골사*Ystoria Mongalorum quos nos Tartaros appellamus*』 혹은 『소사小史』라는 제목으로 출간되었다. 서문과 본문 9장으로 구성된 이 보고서는 몽골의 국토, 인종, 종교, 풍습, 정치체제, 전쟁, 정복국, 궁전, 그리고 여행노정 등을 기술하고 있다. 몽골의 실상을 유럽에 비교적 상세히 알린 첫 견문록이다. 몽골의 서정으로 항시 불안에 떨고 있던 유럽인들에게 이 책은 때맞춘 소개서였기에 곧바로 유럽 여러 나라의 언어로 번역되어 견문록으로서의 가치를 인정받았다.

다음으로, 동아시아에 온 기독교인은 역시 프란체스코회 수도사인 프랑스 출신의 뤼브뤼키(Guillaume de Rubruquis, 1215(1220?)~1270(1293? 1295?))다. 제7차 십자군원정이 실패하자, 십자군의 총지휘자였던 프랑스의 루이 9세는 뤼브뤼키를 특사로 몽골의 칸에게 파견하였다. 임무는 몽골과 협력해 이슬람 제국을 동서로 협공하자는 제안을 전달하는 것이었다. 그는 1253년 지중해 동안의 아크르(Acre)를 출발해 흑해와 볼가 강을 지난 후 카르피니와 같은 노정을 밟아, 1254년 3월 천신만고 끝에 카라코룸에 다다랐다. 임무 수행에 실패

작가 미상, 〈타타르 여인〉, 18세기.

한 뤼브뤼키는 남아서 전도 사업이나 하려다가 포기하고, 그해 5월 귀로에 올라 1255년 6월 키프로스에 도착하였다. 그리고 이듬해에 라틴어로 『동유기東遊記』를 저술하였다. 그후 이 진귀한 동방여행기가 널리 알려지면서 영국의 해클루트 협회(Hakluyt Society, 영국 지리학자 해클루트를 기념하기 위해 1846년에 세운 협회)는 해클루트(Richard Hakluyt, 1552?~1616)가 1600년 그 일부를 자신의 여행기 모음집에 수록한 것을 1890년 다시 출간하였다(*Collection of the Early Voyages, Travels and Discoveries of the English Nation*, 5 Vols., London, 1890). 본문 총 38장으로 된 이 여행기는 각 경유지의 지리환경과 주민생활, 타타르인(몽골인)들의 의식주, 풍습, 사법심판, 종교와 신앙, 궁정행사, 카라코룸의 풍경 등을 세련된 언어로 상세하고도 생동감 넘치게 묘사하고 있다. 그는 동방 여러 민족어, 특히 어려운 한자까지도 비교언어학적 견지에서 소개하고 있다. 그리하여 이 『동유기』는 여행문학의 수작 중 하나로 평가받고 있다.

뤼브뤼키를 이어 동방 여러 곳에 전도와 여행의 족적을 남긴 사람은 이 책의 저자인 오도릭이고, 그다음은 그보다 20년 후에 동행(東行)에 오른, 역시 이탈리아 출신의 프란체스코회 사제 마리뇰리(Giovanni dei Marignolli, 생몰연대 미상)다. 1336년 6월 원나라 순제(順帝)가 교황에게 친선사절을 파견한 데 대한 회례(回禮)로 1338년 말 교황 베네딕트 12세는 서른두 명의 사절단을 원나라에 파견하였다. 마리뇰리는 사절단의 일원으로 프랑스 남부의 아비뇽을 출발해 킵차크 칸국과 차가타이 칸국을 거쳐 1342년 8월 원나라 상도(上都, 현 내몽골 자치구 정람기正藍旗 동북)에 도착하였다. 사절단은 순제에게 몸길이 1장 1척(약 3미터 30센티미터)에 키가 6척 4촌(약 2미터)에 이르는 검은색 준마 한 필을 선물하였다. 순제는 몹시 흡족한 나머지 이 말을 '천마(天馬)'로 명명하였고, 이 서양 준마를 탄 모습을 그림으로 그리게 하였다. 또 이 말을 칭송하는 시까지 지어 음시(吟詩)하도록 하였다. 그 그림과 송시(頌詩)는 원대 동서교류의 상징물로 전해오고 있다. 마리뇰리는 각 파 종교인들과 변론을 하는 등의 포교활동을 정열적으로 전개하다가 1346년 천주(泉州)를 거쳐 바닷길로 1353년 아비뇽으로 귀환해 교황에게 복명하였다. 다음 해 그는 교황의 부름을 받고 『보헤미아 연대기』 교정 사업에 참여하였는데, 그 책 속에 자신의 동방 여행기인 「마리뇰리 여행기」를 첨부하였다. 그후 1768년 도브너(G. Dobner)가 프라하대학교 도서관에 소장된 이 여행기 원본을 『보헤미아 역사문헌*Monumenta Historica Bohemiae*』 제2권에 수록해 출간하였다. 원대 중국의 사정을 약술한 이 수록본은 유럽 각국의 언어로 번역되어 세상에 알려지게 되었다.

오도릭이 동방행을 택하게 된 종교적 배경을 좀더 심도 있게 이해하기 위해 앞에서 그를 전후한 시기 같은 길에 올랐던 주요 전도자 세 사람의 행적을 대략적으로 살펴보았다. 그런데 이러한 일반적인 배경 말고도 또 하나의 충격적인 배경이 있다. 그것은 동방 어딘가에 있다는 이른바 프레스터 존(Prester John, 일명 프레스비다 요하네스) 기독교 제국에 대한 탐색이다. 오도릭도 돌아오는 길에 '거란 땅을 떠나 서쪽으로 향한 지 50일' 만에 그 존재를 '부정할 수 없는' 이 나라에 들렀다고 한다. 사실 오도릭 말고도 동행한 여러 기독교인들도 이 전설 속의 기독교 나라를 찾아보려고 무척 애를 썼다.

프레스터 존에 관해 비교적 그럴싸하게 다룬 기록으로는 중세 유럽 문단에 큰 파문을 던진 『몽드빌 여행기*Maundeville's Travels*』(1371)가 있다. 프랑스 출신의 몽드빌이 남긴 기록에 따르면, 프레스터 존 제국은 동방의 유일한 기독교 국가로서 황제 프레스터 존이 다스리는 대제국이다. 영토가 열두 곳이나 되는데, 너비만도 4개월 여정의 거리이고, 길이는 이루 헤아릴 수 없다. 중국이 제노바나 베네치아에서 육로나 해로로 11~12개월 걸리는 거리에 있다면, 이 기독교 국가는 그보다 더 먼 거리에 있다. 황제와 그 국민은 모두 기독교 신봉자이고, 궁전에는 매해 열두 명의 대주교와 스무 명의 주교가 출근해 종무(宗務)를 처리한다. 또한 성 토마스가 파견한 교주는 유럽의 교황과 동등한 지위에 있다.

이런 유의 신기한 이야기는 항시 동방 이교도들을 경계해온 유럽 기독교인들에게 상당히 희망적인 충격을 주었으며, 아울러 흥미 있는 문학적 소재로 널리 이용되기도 하였다. 사실 『몽드빌 여행기』가 나오기 이전에도 프레스터 존은 전설상의 기독교 군주로 전해오고 있었다. 이와 관련된 기록은 독일의 역사가이며 기독교 주교인 오토 폰 프라이징(Otto von Freising, 1114?~1158)의 연대기에서 처음 보인다. 그 기록을 보면, 프레스비다 요하네스(프레스터 존)는 극동 대제국의 황제로서 네스토리우스파의 신봉자다. 그러한 사실은 그가 1144년 비테르보(Viterbo)에서 만난 시리아 출신의 기독교 주교로부터 전해 들었다고 한다. 그후 유럽에서는 프레스터 존에 관한 갖가지 전설과 위서(僞書)가 나돌았다.

이 전설 속의 프레스터 존의 실체에 관해서 지금까지 확실하게 밝혀진 바는 없지만, 서양 역사가들 중에는 그를 서요(西遼), 즉 흑거란(黑契丹, Kara Kitai)의 야율대석(耶律大石, 1087~1143)으로 보는 견해가 많다. 중국 북방에서 916년에 건국한 요(遼, 거란)가 송(宋)과 금(金)의 협공을 받아 위험에 처하자, 종실(宗室) 출신의 야율대석이 백성들을 이끌고 서행해 1132년 엽밀립(葉密立, 야밀)에서 건국(서요)을 선포한 뒤 계속 서진해 중앙아시아 일원에 약 80년간(1132~1211) 존속한 강력한 서요제국을 건설하였다. 야율대석과 백성들은 네스토리우스파를 신봉하고 서방 기독교 국가들과 제휴해 이슬람 세력의 확장을 저지하려고 하였다. 추측건대, 이 때문에 서방 기독교 국가들과 교섭이 있었을 것이고, 그 과정에서 야율대석의 존재가 전설처럼 유럽에 알려졌을 것이다. 따라서 프레스터 존이 바로 야율대석이란 견해는 상당히 신빙성이 있어 보인다.

끝으로 오도릭의 동방기행을 유발시키고, 그것을 가능케 한 역사적 배경으로 짚을 수 있는 것은 기행문학의 대두다. 중세 동서 만남의 '지적 개안'을 이루는 데에서 기행문학은 길잡이 역할을 톡톡히 하였다. 당시 동서를 오간 수많은 유명, 무명의 종교인들과 상인들, 여행가들은 값진 여행기록들을 숱하게 남겼다. 오도릭의 여행기에는 비록 명문으로 기록한 것은 없지만, 여행 대상지나 노정을 결정하고 사전 정보를 얻는 데서 앞서 언급한 카르피니의 『몽골사』(1247년경)나 뤼브뤼키의 『동유기』(1256), 마르코 폴로의 『동방견문록』 등 선행자들의 여행기록이나 경험을 참고하였을 것이다. 하물며 그들 대부분은 프란체스코회 사제들이고, 동항동문들이니 더욱 그러하였을 것이다. 오도릭 여행기의 몇 군데서 보다시피, 인도나 중국에는 그보다 앞서 자리를 잡고 전도 사업에 정진한 사제들이 더러 있었다. 그들은 여행기를 비롯한 다양한 형태로 필요한 정보를 교환했을 것이다. 가끔 오도릭의 『동방기행』에서 『동방견문록』의 흔적이 감지되는 것은 바로 그러한 원인 때문일 것이다.

차제에 한 가지 부언하고자 하는 것은, 동방에도 서방에 못지않은 세계적 여행기가 있었다는 사실이다. 마르코 폴로나 오도릭보다 5, 6백 년 전에, 우리의 혜초 스님이 쓴 세계적 여행기 『왕오천축국전』은 더 말할 나위가 없거니와, 중세 기행문학 시대에도 유수의 여행기가 쓰였다. 이 시대에 동서를 소통한 기행문학이라고 하면, 흔히 서방의 몇몇 이름난 여행기만을 꼽으며, 동방에는 여행기다운 여행기가 과연 있었는가, 하는 의문까지 제기한다. 이제 오도릭의 『동방기행』을 전후한 시기의 몇 가지 실례로 그러한 의문을 무마하기로 하자. 그 실례로 『장춘진인서유기長春眞人西遊記』(13세기 전반)와 『서사기西使記』(1263), 『해둔행기海屯行記』(13세기 후반), 『도이지략島夷志略』(1349) 등을 들 수 있다. 『장춘진인서유기』는 영통한 도인인 구처기(邱處機, 호 長春, 1148~1227)가 72세의 고령에도 불구하고, 서정 중에 있는 칭기즈칸의 부름을 받고 1220년 2월 산동 내주(萊州)를 떠나 오아시스 육로의 북도를 따라 중앙아시아의 사마르칸트까지 갔다가, 1224년 3월 연경(燕京)에 돌아와 정리한 여행기다. 그가 4년간의 서유(西遊)에서 귀향한 후 태극궁(太極宮)에 머물면서 여행 과정에 관해 구술한 것을 수행한 제자인 이지상(李志常)이 적고 편집하여 '장춘진인서유기'란 제목으로 간행하였다. 서유 연도, 각지의 산천과 도정(道程), 지리, 풍토, 복식, 음식, 동물, 초목, 풍속, 신앙, 인물, 사적(事績) 등에 관해 간결한 필치로 서술하였다. 1888년에 출간된 브렛슈나이더(E. Bretschneider)의 *Medieval Researches from Eastern Asiatic Sources*(Vol. 1, London)에 이 여행기의 영어 역주본이 실려 있다.

『서사기』는 몽골 몽케 칸(Möngke Khan)의 사신 상덕(常德)이 서정 중에 있는 훌레구(Hülegü, 칭기즈칸의 4남인 톨루이의 차남. 몽골군의 제3차 서정 총사령관, 1219~1265)를 예방하는 내용이 담긴 일종의 사행기(使行記)이자 여행기다. 상덕의 구술을 유욱(劉郁)이 적고 편집해 출간하였다. 상덕은 1259년 1월 몽골의 수도 카라코룸을 떠나 서행해 이란에서 서정 중인 훌레구를 진현하고 14개월 만에 돌아왔다. 이 책은 상덕이 사행 중에 찾았던 사마르칸트, 바그다드, 시라즈, 인도 등 여러 나라의 풍토, 민생, 풍습, 정치, 물산 등에 관해 견문하였거나 전문한 것을 소개하고 있다. 전반부는 일정에 따라 여정을 기록하고 있으나, 후반부는 나라별로 사정을 기록하고 있다. 이 사행기는 원대(元代) 왕운(王惲)의 『추간선생대전문집秋間先生大全文集 옥당가화玉堂嘉話』와 도종의(陶宗儀)의 『설부說郛』에 원문이 실려 있고, 전술한 브렛슈나이더의 저작에 영어 역주본이 수록되어 있다.

조금 색다른 『해둔행기』는 소아르메니아의 왕인 해둔(海屯, Hayton) 1세가 1254년과 1255년 사이 몽골까지 동유(東遊)한 내용을 기록한 여행기다. 바투(칭기즈칸의 장남인 주치의 차남. 몽골군의 제2차 서정 총사령관, 1208~1255)가 이끄는 몽골의 제2차 서정에 위협을 느낀 해둔은 이 서정이 끝나자마자 몽골에 대한 신속(臣屬)을 표명하기 위해 동유를 단행하였던 것이다. 그는 소아르메니아의 도성이었던 식사(息思, 현 터키의 카잔)를 출발해 바투가 있는 사라이(Sarai, 킵차크 칸국의 수도)에 들렀다가 카라코룸으로 직행해 몽케 칸을 알현하였다. 그의 거로(去路)보다 귀로에 관한 기술이 더 상세하다. 귀로에 경유한 곳만도 59개소나 된다. 별로 길지 않은 분량으로 약 1년간에 걸친 동유 중 특히 몽골에서 견문한 내용을 많이 전하고 있다. 이 여행기는 13세기 오아시스로 북도와 초원로 연구에 귀중한 사료를 제공해줄 뿐만 아니라, 몇 가지 독창적인 기록을 남기고 있어 주목을 끈다. 예컨대, 다른 중세 여행기에서는 찾아볼 수 없는 '홀란(忽蘭, 몽골 야생 당나귀)'에 관한 내용이 보이고, 기독교 세계에서는 최초로 '미륵불(彌勒佛)'에 관해 언급하고 있다. 이 책은 해둔의 한 수행자가 저술한 『아르메니아사』에 수록되어 있다.

『도이지략』은 사실성이나 신빙성에서 당대 서양 여행기들은 비교가 되지 않을 만큼 월등한 여행기다. 원대의 저명한 해상 여행가인 왕대연(汪大淵, 1311~?)은 강서성 남창(南昌)에서 출생해 어려서부터 세계 주유의 꿈을 키워왔다. 그는 1천 4백여 년 전의 사마천(司馬遷)을 귀감으로 삼아, 중국 땅 이곳저곳 거의 절반을 돌아다니면서 여행의 묘미를 터득하고, 전래하는 중국 역사서들이 해외의 사정을 너무 소략하게 다룬 데 대해 늘 개탄하였다. 그리하여 그는 자신이 직접 현지를 탐방해 사실을 확인하고 기술의 지평을 넓혀가기로 작심하고 두 차례에 걸쳐 천주(泉州)를 출발해 약 7년간(1330~1337) 해외 답사를 다녀왔다. 그러고는 방문지에서 메모한 현장자료에 근거해 1349년 여행탐방기인 이 책을 찬술하였다. 『도이지략』은 그가 직접 견문하고 체험한 산천, 강역, 물산, 풍습, 생활상 등 여러 면을 실사구시하게 서술하고 있다. 특히 당시 원나라의 해외무역 중시 정책에 편승해 각지의 물산과 교역품, 중국의 수출입품에 관해서는 자세하게 소개하고 있다.

이 여행기의 가장 두드러진 특징은 내용의 사실성과 광범위성이다. 왕대연은 이 책에서 "전문(傳聞)한 것은 결코 적지 않았다"고 천명한다. 자신이 직접 밟아본 땅에서 목격한 사실만을 그대로 재현하고 있다. 이 사실성에 대해서는 후일 역사가 여실히 증명하고 있다. 다음으로 내용의 광범위성은 포괄적인 내용 구성에서 찾아볼 수 있다. 여행기는 분권(分卷)하지 않고 1백 개의 조항으로 구성되어 있는데, 마지막 조항인 '이문유취(異聞類聚)' 외에는 지명을 조항 명으로 하고 있다. 직접 탐방한 99개 나라와 지역에 관해 기술하고 있으며, 그 속에 언급된 외국 지명만도 220여 개나 된다. 그 지역은 동남아시아인 문로고(文老古, 현 인도네시아의 몰루카 제도), 서남아시아인 승가랄(僧伽剌, 현 스리랑카) 연해 각지, 서쪽인 동아프리카의 가장문리(加將門里, 현 탄자니아의 다레스살람)까지 이르고 있다. 그 가운데는 선인들의 사적에 언급이 없는 나위(羅衛, 현 말레이시아의 조호르Johor)와 나곡(羅斛, 현 태국의 롭부리Lop Buri), 침로(針路, 현 말레이 반도 북부 서안 미얀마의 메르귀

Mergui) 등 전인미답지(前人未踏地)도 더러 들어 있다. 이 여행기는 중세 해로와 연안지역에 관한 연구에서 으뜸가는 사료로 공히 평가되고 있다.

오도릭의 『동방기행』을 비롯해 서방이 자랑하는 중세 여행기들과 이상의 동방여행기들을 비교 연구하는 것은 세계 여행문학의 이해뿐만 아니라, 중세 동서양 문명교류의 연구에도 상당한 의미가 있다고 사료된다. 서양만이 아닌, 동양도 함께 이해하고 연구해가는 균형 잡힌 글로벌리즘의 자세를 환기시키는 대목이다.

II. 오도릭의 생애

수사 오도릭의 생애에 관해서는 전해지는 바가 별로 없을 뿐만 아니라, 약간 있는 것마저도 영적 기적이나 전설을 방불케 하는 요소들이 다분히 뒤섞여 있어 애매모호함을 면치 못한다. 그도 그럴 것이 은둔과 청렴을 표방하는 수사가 자신의 생애에 관한 기록을 일일이 남겨놓았을 리가 만무하고, 당시의 시류에 영합해, 성인으로 시복(諡福)된 그의 '신성성'을 부각해야 했기 때문일 것이다. 그리하여 그의 생애를 사실적으로 엮어내기란 여간 어렵지 않다. 물론, 그 자신이 남긴 유일한 문자기록인 여행기 『동방기행』을 통해 그의 종교관이나 세계관, 생활관의 일반(一斑)을 가늠할 수는 있겠지만, 그것마저도 생애의 4, 5분의 1에 불과한 한 토막 이야기일 뿐이다. 그의 생애에 관한 몇몇 연구서도 변변찮다. 따라서 정연한 그의 생애연보 같은 것을 기대하기란 아직은 거의 불가능하다.

그나마도 상대적으로 오도릭의 생애에 관해 언급이 많은 『영역본』(일러두기 참조)의 서문('Introduction', 이하 약칭 「서문」) 내용을 위주로 그의 생애를 구성해보려고 한다. 이 서문의 저자는 이탈리아 밀라노대학교 중세 라틴문학 교수인 파올로 키에사(Paolo Chiesa) 박사다. 그는 주로 프란체스코회의 초기 40여 년간의 역사를 다룬 『14세기 소형제회 연대기*Chronica XXIV Generaloum Ordinis Minorum*』(이하 약칭 『연대기』)의 기록을 참고하여 오도릭과 그의 여행기에 관해 나름대로의 소견을 피력하고 있다. 논리적이라기보다는 다분히 서술적인 이 글 속에서 오도릭의 생애에 관련한 내용과, 하고제(何高濟)의 한역본 『악다립극동유록鄂多立克東游錄』(이하 약칭 『동유록』)의 「중역자전언中譯者前言」 속 관련 내용, 그리고 기타 자질구레한 관련 자료들을 종합하면, 그의 생애는 다음과 같은 소묘(素描)로 재현된다.

오도릭은 이탈리아 북부의 성 안토니오 주(the province of Saint Anthony) 포르데노네(Pordenone) 군 프리울리(Friuli) 촌에서 출생하였다. 이곳은 중세 국제무역도시인 베네치아에서 60킬로미터 떨어진 곳에 자리하고 있다. 그러나 출생연도에 관해서는 1265~1285년 사이설(『연대기』)과 1286년설(『동유록』) 등 엇갈린 주장이 있다. 그의 부친은 출생 당시 성 안토니오 주 지역을 지배하던 보헤미아(Bohemia) 왕 오타카르 2세의 한 수행원이었으며, 후일 성 안토니오 주 지사가 된 수사 구이도토(Guidotto)는 그의 영적 아버지(reverend father)다. 사실 지리적으로 보면, 보헤미아는 체코의 서부 지역을 지칭하는데, 원래는 토착 가문인 프르셰미슬가(家)의 지배를 받다가, 1306년 독일의 룩셈부르크가(家) 수중에 넘어갔다. 이로써 보헤미아의 국민국가시대는 끝나고, 외래 식민시대가 시작된다. 오도릭 출생 당시에는 고향 땅이 보헤미아 왕국의 치하에 있었다. 이러한 이유로 오도릭은 자신을 '보헤미아인'이라고 여행기(50장)에서 소개하고 있다.

그의 유년시절에 관해서는 전해진 바가 없다. 청년시절에는 일찌감치 청렴한 탁발(托鉢)생활로 수양을 쌓아가는 경건한 사제였다. 그는 맹물에 빵 조각으로 끼니를 때우고, 몸에는 털로 짠 천과 철갑을 걸치고 맨발로 다녔다. 고향 부근의 작은 도시 우디네(Udine)의 '우리의 성모(Our Lady) 성당'에 세워진 그의 묘비석에는 베네치아의 조각가 필리포 데 상크티스(Filippo de Sanctis)가 돋을새김한 초상화가 있는데, 그 초상화에서 수행에 몰두하던 젊은 시절 오도릭의 모습을 대충 읽을 수 있다. "그는 엄격한 금욕주의 덕분에 키가 작고, 창백한 얼굴에 새치가 섞인 삼각형 모양의 수염을 기르고 있다. 그는 평생 기도와 성스러움이 가득한 삶을 살았으며, 부드럽게 말하고 늘 겸손하였다." '삼각형 수염'은 그의 트레이드 마크였다.

겉옷 한 벌에 세 겹으로 매듭지어진 밧줄을 허리에 매고 맨발로 수만 리 이역 땅을 밟은 오도릭은 '그리스도의 참회자인 고 프란체스코(1182~1226)의 관행'대로 세계를 주유하였다고 회고한다.(1장) 그가 몸과 팔에 두르고 다닌 참회의 도구인 밧줄 두 개가 14세기 우디

엘 그레코,
〈기도하는 성 프란체스코〉, 1580년경.

네의 프란체스코회 성당에 전시되어 있었다고 한다. 성 프란체스코는 프란체스코회의 창시자다. 그는 스물일곱 살 때 "병든 자를 고치고, 죽은 자를 살리며, 나환자를 깨끗하게 하며, (…) 너희 전대에 금이나 은이나 동을 가지지 말며, 여행을 위하여 주머니나 두 벌 옷이나 신이나 지팡이를 가지지 말라"라는 「마태복음」(10:8~10)에서 영감을 받고 각성한다. 그 길로 신발과 지갑, 지팡이를 모두 던져버리는 등 속세의 삶을 청산하고 영적 변화를 일으킨다. 급기야 그는 엄격한 종교적 수도를 지향하는 프란체스코 수도회를 세웠다. 오도릭은 이 프란체스코회 산하 소형제회 소속의 이른바 '소형제회 수사(小兄弟會 修士)'였다. 프란체스코회 창건자인 성 프란체스코는 1209년 로마에서 교황 인노켄티우스 3세로부터 청빈을 취지로 한 '소형제회('작은 형제의 모임'이란 뜻)'의 설립과 포교를 인가받았다. 오도릭을 비롯한 이 회 소속의 많은 수사들이 프랑스와 스페인 등 서구뿐만 아니라, 멀리 인도와 중국, 중앙아시아의 여러 지역에도 파견되어 전도활동을 펼쳤다.

오도릭은 1318년 갤리선(galley)을 타고 베네치아를 떠나 오늘날의 이란을 비롯한 서아시아와 인도, 스리랑카, 인도네시아, 브루나이, 점파(占婆, 베트남 중부, 참파) 등 동남아시아를 두루 거쳐 중국(원대)에 이르러 6년간(1322~1328) 머문 다음 귀로에 티베트와 이란 등 중앙아시아를 지나 1330년 고향에 돌아왔다. 그의 동방여행은 장장 12년이 걸렸다. 여행 기간에 관해 오도릭은 여행기 1장에서 "나는 14년 반 동안 그리스도의 참회자인 고 프란체스코의 관행대로 이 세상 여러 지역에 체류하였다"고 회고하였다. 여행기를 제외한 모든 관련 자료에는 여행 기간이 12년으로 되어 있는 점을 감안할 때, '14년 반'이라는 기간은 회고나 기록의 착오로 짐작된다.

여행 목적은 그가 여행기의 첫머리에서 밝히다시피 "영혼의 결실을 얻고자(in order to win some harvest of souls)", 즉 '영혼의 구제'를 위한 기독교의 전도(傳道)에 있었다. 그 '구제'란 구체적으로 사람들을 기독교로 개종시키는 것이었다. 그렇다면 오도릭은 과연 얼마나 많은 영혼들을 '구제'하였을까? 사실 여행기에는 그것을 알아볼 수 있는 기록이 없다. 『연대기』에는 '구제자'가 2만 명쯤이라고 하지만, 그것은 '과장된' 것이며, 그가 전도 상황에 관해 '침묵'을 지킨 것은 프란체스코회 회원들에게 요구되는 '겸손' 때문일 수도 있을 것이다.(「서문」)

그의 동방행 목적을 놓고 이론(異論)이 제기되기도 한다. 앞에서 살펴본 바와 같이, 같은 프란체스코회 소속의 선행 사제들인 카르피니나 뤼브뤼키는 전도라는 종교적 의무 말고도 원제국 칸들과의 제휴를 목적으로 한 정치외교적 사명까지 띠고 파견된 공식적인 종교 및 외교 사절이었다. 그래서 오도릭도 이런 유의 사절이 아닌가, 하는 의문이 제기될 법도 하다. 하지만 그는 그렇지 않았던 것으로 보인다. 그는 여행기(1장)에서 이 여행은 수도회의 종규(宗規, the rules)에 따라 "나의 상사들의 허락하에서 이루어진 것(with the leave of my superiors)"이라고 천명한다. 즉 다만 기독교의 전도에 관한 종규에 따른 '허락'일 뿐, '명령'은 아니라는 뜻이다. 그리고 그가 탁발수사답게 청렴을 실천하면서 여행한 점이나, 선행자들 덕분에 원제국 대칸의 궁전을 스스럼없이 드나들고 성연(盛宴)에 참석하고 순행 중 대칸을 만나면서도 어떠한 외교적 티를 보이지 않은 점, 그리고 그에게 여행기를 쓰도록 권유한 사람은 여행의 명령자나 기획자가 아니라 지방의 한 관리라는 점(『연대기』) 등을 감안할 때, 그의 여행 목적은 전도에 있었다고 보는 것이 타당할 것이다. 더불어 전체 여행 기간 중에 절반(6년)을 중국(원제국)에서 보내고, 중국에서의 기독교 전파 상황에 관해 시종 유의한 사실 등을 통해 그가 행한 전도의 주과녁이 중국이었다고 추단할 수 있다.

통상 전도라든가 외교 임무를 위해 이역에 파견되는 사제들은 혼자가 아니라 여럿이 수행하는 것이 상례다. 오도릭과 함께 동행한 사람들에 관해서 명확한 기록은 없지만, 적어도 여행기의 세 군데에서 그러한 사실을 유추할 수 있다. 한 군데는 상인도(上印度)에서 순교한 수사들의 해골을 한 '심부름꾼'과 함께 수습했다는 내용이다.(13장) 다른 한 군데는 오도릭이 귀로에 볼가 강가에 있는 카델리(Cadeli)란 나라에 들렀는데, 어떤 사람이 이 나라에서는 멜론 속에서 새끼 양이 나온다는 전설을 이야기하며, 이것은 마치 아일랜드에 새를 낳는 나무가 있는 것과 마찬가지 기적이라고 말하는 내용이다.(43장) 그런 말을 들려준 사람은 바로 동행한 아일랜드 수사 자메스(James of Iberia)다. 왜냐하면, 그는 동반자로서 우디네에서 치러진 오도릭의 장례식을 직접 도왔고, 그로 인해 시로부터 보조금을 받은 바가 있기 때문이다.(『연대기』) 또 다른 한 부분은, 어느 날 중국에서 오도릭이 주교를 포함한 네 명의 소형제회 수사들과 함께, 대칸이 상도(上都)에서 캄발레크(大都, 현 북경)로 돌아오는 길에 그를 만난 일을 상기하는데, 이것은 그가 중국을 여행할 때 다른 수사들과 동행하였다는 사실을 시사한다. 기타 인도나 중국의 그리스도 교회에서 교우들을 만난 일을 누차 기술하고 있어, 어떤 형식으로든지 그들로부터 협조를 받았거나 그들과 함께 동행했으리라 추단해도 큰 무리는 아닐 것이다.

여행기의 내용과 그 기술을 통해서 오도릭의 종교관이나 생활관은 물론, 그의 개성이나 식견도 얼마쯤 엿볼 수 있다. 사제로서 그의 관찰력과 판단력은 상당히 예민하고 세심함을 알 수 있다. 오도릭은 '영혼의 구제'를 위해 동방행을 택한 전도사인 동시에 뛰어난 여행가이기도 하다. 예나 지금이나 언필칭 여행가라고 하면, 만난을 무릅쓰고 미지의 세계를 알아내려고 하기 때문에 탐험가이기도 하다. 따라서 오도릭에게 전도사이면서 여행가이고 탐험가라는 세 가지 칭호를 함께 부여해도 결코 그의 분수에 넘치는 일은 아닐 것이다. 그즈음 숱한 서방 전도사들이 동방에 다녀왔지만, 대저 그들은 짤막한 복명서(復命書)나 견문록류의 평문(平文)이나 남겼을 뿐, 오도릭처럼 거로(去路)에서 귀로(歸路)까지의 길고 긴 여로에서 보고 들은 것을 한 편의 완벽한 여행기로 남겨놓은 사람은 없다. 여기서 완벽함이란 '영혼의 구제'란 여행의 목적을 밝히면서 첫머리를 여는 기(起)와 그 뜻을 억척스럽게 실천해가는 승(承), 그리고 그 기를 연 고향에 돌아와 비록 구술이지만 멋진 여행기를 남겨 전체를 거둬 맺는 결(結), 이른바 '기·승·결'의 3박자가 하자 없이 인과율(因果律)로 조화를 이루었다는 뜻이다. 여기에 『동방기행』의 남다른 매력이 있다.

그러하기에 오도릭은 사물에 대한 예리한 통찰력을 통해 여행가로서, 탐험가로서 발군(拔群)의 기질을 발휘할 수 있었다. 인도에서는 인도에만 있는 흑사자(黑獅子)와 비비(狒狒)를 가려내고, 후추의 재배와 수확법을 마치 직접 재배하는 농부처럼 세세히 설명한다. 중국에 이르러서는 마르코 폴로를 비롯한 선행자 그 누구도 알아내지 못한 전족(纏足) 풍습과 물새로 고기를 잡는 신기한 어로법, 즉 가마우지 고기잡이(鸕鷀捕魚)를 발견하며, '천당의 도시' 칸사이(Cansay, 현 항주杭州)에 관해서는 그 어마어마한 규모와 가구마다 부담하는 세금 액수까지 눈여겨보고 밝히고 있다.

장장 12년간의 고행을 마친 오도릭은 1330년 고향 프리울리에 탁발귀향(托鉢歸鄕)한다. 그는 이 동방초행(東方初行)에 만족하지 않는다. 도대체 무엇이 만족스럽지 못했는지는 알 수 없으나, 아무튼 50명의 수사를 대동하고 동방재행(東方再行)에 나설 것을 작심한다. 그 재가를 받기 위해 로마 교황을 찾아 그가 있는 아비뇽(Avignon)으로 길을 떠난다. 길가에서 우연히 만난 순례자 복장의 한 늙은이는 다가오는 그의 죽음을 예측이나 한 듯 이렇게 충고한다. 늙은이는 오도릭의 동방 전도를 지켜봤다고 하면서, 열흘이 지나면 죽게 될 터이니 우디네에 있는 수도원으로 돌아가라고 권유한다. 해석가들은 그 늙은이가 다름 아닌 현현한 프란체스코회 교조 성 프란체스코라고 말한다. 교조의 영성(靈性)에 감응한 오도릭은 피사(Pisa)에 이르자 갑자기 중병에 걸리고 만다. '늙은이'의 충고는 천명(天命)으로서 결코 시비를 가릴 수는 없지만, 이것은 모종의 종교적 내부갈등으로 인해 오도릭의 교황 방문이 차단된 것을 합리화하기 위한 일종의 '꾸밈'으로 보는 견해도 있다. 결국 더 전진하지 못하고 그는 고향 프리울리의 작은 도시 우디네에 돌아와 1331년 1월 4일 동방재행의 꿈을 접은 채 선종(善終)하고 만다.

임종을 앞두고 한 지방관리가 여행 과정을 기록으로 남겨달라는 요청을 하자, 오도릭은 병상에서 자신의 동방행의 전모를 구술한다. 솔라냐(Solagna)의 수사 윌리엄(William)이 그의 구술 내용을 기록해 후일 편집 출간하였다. 본 역주서의 저본으로 삼은 헨리 율의 영역본 원서명은 *The Eastern Parts of the World Described by Friar Odoric the Bohemian, of Friuli, in the Province of Saint Anthony*(『성 안토니오주 프리울리의 보헤미아인 수사 오도릭이 기술한 세계의 동방 지역』)다. 그러나 내용이 서아시아와 동남아시아, 중국, 중앙아시아 등 동방의 광범위한 지역에 관한 여행기록이어서 『동방기행東方紀行』으로 축약해 번역하였다. 여행기는 1330년 5월, 그러니까 오도릭이 선종하기 7개월 전에 수사 윌리엄에게 구술한 것을 그가 충실하게 기록했는데, 오도릭은 여행기에서 "라틴어나 기이한 문체로 이러한 일들을 꾸며낸 것이 아니라, 다른 사람에게 자기 이야기를 하듯 하였다. 그렇게 수사 윌리엄도 기록해 모든 사람들이 보다 쉽게 그 내용을 이해할 수 있게 되었다"(50장)고 구술 및 기록 과정을 설명하고 있다.

자고로 이름을 날린 종교인들은 죽어서야 성인으로 추앙받는 일이 다반사다. 오도릭도 마찬가지다. 선종 후 그의 신성화는 일파만파 걷잡을 수 없이 퍼져나갔다. 이제 더이상 괴죄죄한 탁발의 수행자가 아니라, 종잡을 수 없는 기적을 양산하는, 문자 그대로의 성체(聖體)가 되었다. 본인은 원하지 않았지만, 지방관은 공식장례를 명하였고, 시신은 공공연한 숭앙(public veneration)의 대상이 되었다. 팔

우디네에 있는 오도릭의 대리석 관.

이 마비된 한 주교의 동생은 오도릭의 시신을 만지자마자 마비가 싹 풀렸다고 소리를 질렀고, 어떤 여인은 그의 손가락을 잘라 호신부(護身符)를 만들려고 하였다. 그런가 하면 죽은 지 며칠이 지났는데도 성해함(聖骸函, reliquary)을 열자 싱싱한 시신은 '천국의 향기'를 뿜고 있었고, 얼굴은 평화로웠으며, 몸은 아직 부드러웠고, 피는 혈관에 그대로 남아 있었다고 한다. 당시 성행하던 성인에 대한 신성화의 표본이다.

오도릭의 시신에서 발하는 이러한 기적이 다섯 달 동안이나 지속되자 지방관 파가노(Pagano Della Torre)는 몇몇 종교인과 시민으로 구성된 전문조사위원회를 꾸려 두 달 동안이나 조사를 벌였다. 그 결과 소위 '기적' 70가지를 확보하였다. 이것은 오도릭에 대한 시복(諡福)을 준비하기 위한 기획된 수순이었다. 그러나 이듬해(1332) 파가노의 죽음을 계기로 이 일은 흐지부지되고 말았다. 그 요인은 파가노의 죽음이라기보다, 청렴 문제 등을 둘러싼 프란체스코회 내부의 갈등 때문이었다. 청빈의 상징인 오도릭에게 쏠리는 눈초리가 매서웠다. 급기야 그의 기적에 관한 기류(氣流)는 중단되고, 그만큼 시복은 요원하였다. 그로부터 4백여 년이 지난 1755년이 되어서야 교황 베네딕트 14세의 하명에 의해 오도릭은 비로소 성인으로 추앙받고 시복되었다. 오늘도 오도릭이 묻혀 있는 우디네의 '우리의 성모 성당'은 기독교의 성역으로 참배객의 발길이 이어지고 있다.

III. 『동방기행』의 내용

세계적인 여행기치고 오도릭의 『동방기행』은 상대적으로 분량이 적고, 기술이 소략하며, 내용에서 이러저러한 혼동과 착오가 드러난다. 그도 그럴 것이 그가 직접 쓴 것이 아니라 병석에서 임종을 앞두고 혼미한 정신으로 구술한 것을 타자가 적어서 전했기 때문이다. 그리고 전설이나 기적 같은 미신소(迷信素)가 삽입되었고, 종교적 편견도 노정하고 있다. 더불어 오도릭은 여행기의 여러 군데에서, 특히 서아시아와 동남아시아 부분에서 '너무 지루해질 것 같다'든가, '미처 기록을 하지 못하였다'든가, '별로 기술하고 싶지 않다'든가, '본 것의 1천분의 1도 말할 수 없다'(43장)든가 하는 표현을 써가면서 내용을 더이상 전개하지 않고 줄인다고 거듭 언명하고 있다. 그럼에도 불구하고 이 여행기가 갈무리하고 있는 다양한 내용과 특징으로 인해 세계적인 여행기 반열에 올려놓는 데 이의를 제기하는 사람은 없다. 어드먼스 출판사의 오도릭 소개 글에서는 이 여행기야말로 "14세기 여행문학 가운데 가장 훌륭한 작품 중 하나"라고 높이 평가하고 있다.

오도릭은 베네치아를 떠나 고향으로 돌아올 때까지 12년 동안 서아시아와 동남아시아, 중국(원제국), 중앙아시아를 두루 주유했는데, 총 마흔네 곳에 체류하였거나 경유했으며, 관련지 열다섯 곳을 거명하였다. 물론 내용 서술에서 체류지에 관한 견문이 가장 많으나, 경유지인 명주(明州)에 관한 전문이나 지식에서 보다시피 때로는 체류지를 연상케 할 정도로 경유지에 관해서도 구체적으로 기술하고 있다. 관련지는 주로 이해도를 높이기 위한 비교에서 자주 거론한다. 이 총 쉰아홉 곳에 관해 서술한 내용을 몇 가지로 나눠 고찰하면 다음과 같다.

1. 인문·지리

여행기이므로 지역(도시, 마을, 산, 강, 유적 등)에 관해 대체로 "다시 여기를 떠나 많은 마을과 도시를 두루 지나서 후즈라는 도시에 도착하였다"(3장) "그 지방을 떠나 남쪽을 향해 대양해(大洋海)를 건너 50일 만에 라모리란 나라에 도착하였다"(20장) "캄발레크(원제국의 수도)에서 약 20일 여정거리에 아름다운 수림이 하나 있다"(41장) "칸산(甘肅)이란 성에 이르렀다. (…) (그 성의) 길이는 60여 일간의 여정거리다”(44장) 등 서술식으로 그 방위와 위치, 크기를 설명한다. 이와 같이 거리나 길이, 크기의 단위를 표시할 때는 ‘…일간’ ‘…일간의 여정거리’ 그리고 마일이나 보(步), 완척(腕尺) 등 동서양의 전통 단위를 섞어 쓰고 있다.

일단 어느 곳에 도착하면 보는 대로, 그리고 아는 대로 그곳의 연혁과 신앙, 면적과 인구, 지세와 기후, 물산과 식품, 풍속과 기적(전설) 등을 때로는 간략하게, 때로는 장황하리만치 상세하게 서술하고 묘사하기도 한다. 그가 이르는 곳마다에서 밝힌 인문·지리적 상황이나 수치는 해당 지역의 역사나 인문·지리를 연구하는 데 유용한 사료로 간주되고 있다. 흥미로운 것은, 그가 몇몇 곳에서 빵과 와인의 유무를 살피는 것인데, 이는 아마 서양인의 본능적 수요에서 비롯한 것으로 보인다.

여행기에는 방문 각지의 인문지식이 적잖이 소개되고 있다. 비록 자질구레하고 토막지식이기는 하지만, 당대 현장의 역사문화상을 파악하는 데 소중한 자료가 되고 있다. 예수 그리스도를 경배하러 온 세 명의 동방박사가 어디서 출발했는지에 관해 성경에서는 그저 ‘동방’에서 왔다고만 하였지 구체적으로 그 지명을 밝히지는 않고 있다. 그러나 오도릭은 그의 여행기에서 출발지는 “카싼(Cassan)이라고 하는 삼현시(三賢市)”라고 못 박고 있다.(3장) 이 카싼은 오늘날 이란의 수도인 테헤란에서 남쪽으로 2백 킬로미터 지점에 있는 카샨(Kashan)이다. 그런가 하면 14세기까지도 오르메스(Ormes, 현 호르무즈

Hormuz)에서 인도 서북부의 타나까지 인도양을 항해하는 배들은 철붙이라곤 전혀 쓰지 않고 끈으로만 봉합(縫合)한 자세(jase)선이었다는 사실을 확인할 수 있다. 이것은 인도양 항해사 연구에 필요한 토막지식이다.

자이톤(현 천주泉州)에서는 반(半) 그로트(groat, 이탈리아 화폐)로 3파운드 8온스(약 1.6킬로그램)의 설탕을 구입할 수 있었다고 하니, 당시 이곳에 설탕이 이미 있었으며, 그 가격이 대충 얼마나 되었는지를 가늠할 수 있다. 세상에서 가장 큰 도시인 칸사이(현 항주杭州)의 행정 관리체제로 열 집 혹은 열두 집을 한 단위로 묶는 보갑제(保甲制)와 인구수(89투만, 1투만은 1만 가구)까지 구체적으로 소개하고 있다.(32장) 중국의 난쟁이국(矮人國 혹은 小人國)에 관해서 일부 문헌에 언급하기는 했지만, 그 실체에 관해서는 거의 밝혀진 바가 없었다. 그러나 오도릭은 비록 전문(傳聞)한 것이고 모호하지만 나름대로 양자강 유역에 위치한 카탄(Cathan)이란 도시를 언급하고 있다. 이 도시 난쟁이들의 키는 고작 세 뼘에 불과하고, 여자들은 다섯 살에 결혼하지만, 그들은 보통 사람과 똑같이 '이성적 영혼'을 지니고 있다고 평등시하고 있다.(34장) 순주마유(Sunzumayu, 현 제녕濟寧)는 지구상에서 비단을 가장 많이 생산하는 곳이며,(36장) 원나라 대도(大都)의 신·구 성(城) 간의 거리는 반 마일이라는(37장) 등 외마디 토막지식이지만 귀중한 자료를 제공해준 셈이다. 여행객들의 교통에 필요한 얌(yam, 驛站)과, 허리띠에 매단 방울을 울리면서 긴급사항을 전달하는 급차(急差) 및 그들이 머무는 급체포(急遞鋪, 중국의 금·원조 때 조정에서 지방에 긴급문서를 전달한 특수역참)의 운영방법 등에 관한 구체적인 소개는 당시 원제국이 운영하던 사통팔달한 교통망을 확인할 수 있게 한다.

오도릭은 맨발에 겉옷 한 벌을 걸치고 불볕 속에 바싹 메마른 사해(沙海)를 헤집고, 망망대해를 가르며, '세계의 지붕'을 넘어 가까스로 고향으로 돌아왔다. 그야말로 승위섭험(乘危涉險, 위태로움과 험난함을 무릅쓰고 나아감)의 고행길에서 그가 남긴 현장기록은 인류의 귀중한 공동 문화유산이다.

2. 생활풍습

오도릭은 가는 곳마다 예리한 눈초리로 현지인들의 색다른 생활풍습을 속속들이 관찰하였다. 특히 마르코 폴로나 이븐 바투타 같은 대여행가들마저도 놓쳤거나, 아니면 감히 기록으로 남기지 못한 지긋지긋한 폐습(弊習)까지도 가감 없이 그토록 생생하게 묘사하고 있다. 폐습도 결국은 특정 시대 특정 인간의 고유 문화현상일진대 아무리 잔인하고 비인간적이라고 해도 문화인류학의 한 범주에 속하는 문화유산임에는 틀림이 없다. 따라서 보존가치는 없다손 치더라도 기록으로 남기는 것은 의미 있는 일이라 아니할 수 없다. 그러나 오도릭이 기술한 몇 가지 폐습 가운데 이른바 '우상숭배자'들이 행하는 끔찍한 폐습 같은 것은 어떤 종교적 편견에서 비롯된 과장이 아니겠는가, 하는 의문이 일기도 한다.

오도릭은 여행기에서 모두 스물네 가지의 각이한 풍습과 다섯 가지의 폐습을 객관적으로 담담하게 소개하고 있다. 말쑥한 옷차림에 머리에는 금과 진주로 장식한 리본을 단 칼데아(Chaldea, 이라크)의 남자들, 맨발에 봉두난발(蓬頭亂髮, 쑥대강이처럼 흐트러진 머리털)의 험상궂은 얼굴을 한 여자들, 인도 서북부의 항구도시 타나의 벌거숭이 여인들과 그곳의 조장(鳥葬)풍습, 쇠똥을 몸에 바르고 오줌으로 얼굴을 씻는 것을 성결(聖潔)로 여기는 인도 서남해안의 항구도시 폴룸붐(Polumbum, 현 퀼론)의 숭우(崇牛)관행, 미망인은 순장(화장)하고, 여자는 술을 마셔도 되지만 남자는 안 되는 풍습 등, 처음 보는 낯선 풍습은 시종 오도릭의 눈길을 끌기에 충분하였다. 판텐(Panten, 현 싱가포르 해협의 북부)에는 카싼이라고 하는 등나무가 있는데, 이 나무에 끼어 있는 돌은 철제 병기로부터의 격상(擊傷)을 막을 수 있는 호신부라고 생각해 사람들이 늘 몸에 지니고 다니며, 중국 푸조(현 복주福州) 지방의 여성들은 기혼의 표시로 머리 위에 뿔로 만든 큰 통을 이고 있다. 몽골 대칸들이 명절날 궁전에 친속들과 제후들을 불러놓고 치르는 궤배(跪拜)며 사연(賜宴)이며 헌악(獻樂)이며 헌마(獻馬) 등의 경축행사는 정말 장관(壯觀)이다. 만지(Manzi, 현 남중국)에서는 명문가의 징표로 엄지손가락 손톱을 손바닥 너비만큼이나 기르며, 여성에게 최상의 미는 전족이라는 이 세상 어디에도 없는 미의식이 자리하고 있다.

여행기 기록대로라면, 인도 남부와 주변 도서에서 각종 폐습이 그 어느 지역보다 더욱 성행하고 있다. 모바르(Mobar, 현 인도 동남부 코로만델 해안의 마하발리푸람)에서는 우상숭배자(힌두교인)들이 신을 위해 '살신(殺身)'한답시고 칼로 살점을 잘라 우상에게 바치는가 하면, 라모리(Lamori, 현 수마트라 섬 서북단의 아친)에서는 아직까지도 원시적인 공처제(公妻制, all the women be in common)가 성행하고, 우상숭배자들은 상인들로부터 어린이들을 사들여서는 가축처럼 도살장에서 도살해 고기를 먹는다고 한다. 헨리 율이 안다만 섬이라고 추정한 돈딘(Dondin)에서는 아버지의 병고(病故)가 궁금해 우상을 모신 승려에게 찾아갔을 때, 마귀가 우상의 입을 빌려 아버지가 병사할 것이라고 말하면, 승려는 그길로 환자에게 가서 아마포로 입을 막아 질식시킨다. 그러고는 시신을 토막 내서 벗들과 친척들을 초청해 성연(盛宴)을 베풀어 말끔히 먹어치운다. 그렇게 하는 것은 시신으로 하여금 벌레가 먹는 고통을 덜어주기 위함이라고 한다.

이러한 식인 폐습은 이곳만의 일은 아니고 티베트에서도 마찬가지다. 이곳에서는 시신의 머리를 잘라낸 다음 토막 내어 들에 버리면 독수리 같은 날짐승들이 냉큼 먹어버린다. 이른바 조장(鳥葬)이다. 잘라낸 머리는 끓여서 먹는다. 해골바가지로는 고블릿을 만들어 온 가족이 두고두고 사자를 기리는 마음으로 술을 담아 마신다.

3. 물산

여행기에는 식품 서른네 종, 동물 스물여덟 종, 농산물 열일곱 종,

왼쪽부터 필징가, 소두구, 육두구.

식물 두 종 등 총 여든한 종의 물산을 기록하고 있다. 어느 곳에 가나 오도릭이 제일 먼저 살피는 것은 빵이나 쌀, 밀 같은 식량과 생선, 육류, 과일 등 식품이며, 기타 동물이나 농산물에도 골고루 관심을 보인다. 특히 그가 소개한 후즈(Huz, 현 이란 서남부의 아바즈)의 만나(manna, 감로밀甘露蜜)나 자고(鷓鴣, 맛 좋은 엽조獵鳥), 타나의 흑사자와 비비, 플란드리나(Flandrina, 현 인도 서남해안의 코지코드 북부의 판달레이니 Pandalayini) 지방의 소목(蘇木), 자바의 장뇌(樟腦)와 필징가(蓽澄茄), 소두구(小豆蔻), 육두구(肉荳蔻), 점파의 돔만 한 거북이, 푸조(福州)의 세계에서 제일 큰 수탉, 칸사이(杭州)의 비그니(Bigni) 와인, 칸산(甘肅)의 대황(大黃) 등 특산물과 희귀품은 생물학이나 향료 연구에 귀중한 자료가 된다.

4. 종교

'영혼의 구제'를 목적으로 떠난 여행이라서 그런지, 이 여행기에는 유달리 종교에 관한 내용이 많다. 굵직한 내용만도 열아홉 군데나 된다. 그 내용을 분류하면, 크게는 그리스도교의 전파상이나 그 과정에서 부딪치는 종교적 갈등에 관한 것과 '우상숭배'로 범칭하는 현지 종교상 두 가지다.

우선, 그리스도교의 전파상이나 그 과정에서 부딪치는 종교적 갈등상에서 찾아볼 수 있는 특징은 이러하다. 즉 전파상은 여행기 전반에 걸쳐 시종 언급되고 있으나, 종교적 갈등상은 서아시아나 동남아시아, 특히 인도 지역에 집중되어 있다는 점이다. 6장에서 12장까지 무려 일곱 장이나 할애해 인도 서북부의 타나에서 일어난 선행소형제회 수사 네 명이 순교와 화형 속에서도 소생하는 과정을 지루하리만치 소상하게 묘사하고 있으며, 수사 토마스와 사라센 카디(아랍어로 '법관'이란 뜻, 이슬람공동체의 수장) 간의 '신인합일(神人合一) 문제'에 관한 논쟁을 마치 종교변론처럼 소개하고 있다(6장). 그리고 이곳에는 "열다섯 가구의 분열주의자이며 이단인 네스토리우스파 교도들"이, 그리고 인도 서남해안의 모바르에도 열다섯 가구쯤 되는 "상스럽고 간악한 이단들"인 네스토리우스인들이 살고 있다(18장)고 전한다. 이렇듯 오도릭에게 네스토리우스파는 이단 이상의 악당으로까지 비친다. 같은 지역의 미니바르(Minibar, 현 말라바르 해안의 망갈로르 일대) 왕국에 속하는 두 도시 플란드리나와 신길린(Cyngilin, 현 코친, 일설에는 코친 북부의 크란가노르Cranganore)에 사는 기독교인과 유대인 간에도 늘 티격태격 싸움이 벌어지는데, 번번이 기독교인들이 압승했다

고 한다.(16장)

오도릭의 『동방기행』을 통해 그가 중국에 오기 전에 이미 그리스도교가 중국의 여러 곳에서 전파되고 있었음을 알 수 있다. 순교한 수사들의 해골을 휴대하고 중국 자이톤에 이르렀을 때, 그곳의 소형제회 수사는 집 두 채를 장만하고 있었으며,(30장) 칸사이에서는 선행한 소형제회 수사 네 명이 한 지방 당국자를 개종시켰다고 한다.(33장) 얌자이(현 양주揚州)에 도착했을 때도 소형제회 수사들은 이미 집 한 채를 장만해놓고 있었으며, 이 도시에는 "기독교인들이 의지해 살아가는 각종 물품이 대단히 많고", 네스토리우스파 교회도 3개소나 있었다. 타타르 지방에서는 소형제회 수사들에 의해 신들린 사람들의 몸에서 악마를 쫓아내는 일이 숱하게 일어나 그들로 하여금 자진 세례를 받도록 했다고도 한다.(48장) 이런 몇 가지가 '영혼의 구제'를 목적으로 해 떠난 오도릭이 현지인들의 기독교 개종에 관해 남긴 기록이다. 이 모든 것은 기독교의 중국 전파사에 한낱 전거로 남아 있다.

다음으로, 일괄해서 '우상숭배'라고 범칭한 현지 종교, 즉 이슬람교나 힌두교, 불교에 관해서도 오도릭은 상당한 관심을 가지고 목격하였다고 하는 내용을 기록으로 남겨놓았다. 우선, 오도릭은 사라센인들의 종교, 즉 이슬람교에 관해서는 수사들에 대한 무모한 화형 과정이나, 수사들과 이슬람 카디 간의 가시 돋친 설전(7장, 9장)을 통해서 나름의 편견과 적개심을 표출하고 있다. 또 힌두교나 불교의 제의나 관행, 폐습 등에 관해서도 서슴없이 직설(直說)하고 있다. 인도 서남해안의 모바르에서는 '세 걸음 걷다가 네번째 걸음에는 온몸을 땅에 대고 궤배(跪拜)'하는 불교의 오체투지법(五體投地法)(18장)을 퍽 흥미롭게 바라본다. 자이톤에서는 3천 명 수사(스님)와 1만 2천 기 우상(불상)이 있는 한 수도원(절)을 방문하고는 펄펄 끓는 제구(祭具)에서 피어오르는 증기를 우상의 얼굴에 쐬는 것이 공양이라고 하는데 대해 의아함을 금하지 못한다.(30장)

종교의 성직자로서 '영혼의 구제'를 목적으로 행한 여행이라서 그 기록에 종교적 내용을 많이 포함시키는 것은 십분 이해가 간다. 문제는 그 내용을 어떤 시각에서 다루는가 하는 것이다. 오도릭은 선행한 네 수사의 순교 과정을 무려 일곱 장(6~12장)이나 할애해 비장하게 서술하고 있으며, 곳곳에서 사라센으로 지칭하는 이슬람과 이단시하는 네스토리우스파와 대립각을 세우면서 수화불용(水火不容)의 대상으로 경원시한다. 인도의 불교나 힌두교, 중국의 불교는 싸잡아 '우상숭배교'라 부르면서 그 '폐습'을 적나라하게 꼬집고 있다. 그리고 그는 전설 속의 동방 기독교 대제국인 프레스터 존(Prester John) 제국을 찾아간다. 그러나 이미 오래전에 전설의 뒤안길로 사라진 그런 제국이 있을 리 만무하다.

오도릭은 아랍인들을 비롯한 중동인들에 대한 비칭(卑稱)인 '사라센'으로 이슬람을, '사라센인'으로 무슬림을, 그리고 '우상숭배자'로 힌두교도들이나 불교신자들을 일괄 지칭하고 있다. 그즈음 유럽에는 이미 '이슬람교'는 물론, '힌두이즘'이나 '부디즘'은 공히 알려졌으련만, 여행기 전편 어디에나 '이슬람'이나 '힌두교' '불교'라는 말은 한 마디도 없다. 과연 무지해서인가, 아니면 어떤 의도가 있는 것인가? 시비를 가늠할 길은 없다. 이슬람교의 교조 무함마드는 '지옥의 자식'이고, 그의 신봉자는 '위선자, 가해자'이며, 기독교와 이슬람교는 "상반되는 종교"(7장)라는 것이 이슬람교에 대한 오도릭의 대체적인 시각이다. 서구와 이슬람 제국 간의 물고 물리는 십자군전쟁을 겪고 난 지 얼마 되지 않은 때라서 이해되는 바가 없지는 않다. 수사들에 대한 혹독한 고문과 화형이 사실이라면, 이것은 무모한 종교적 갈등의 해악일 것이며, 그 속에서의 소생은 종교적 영력(靈力)에 의한 기적일 것이다.

그렇지만 한편, 다행스러운 것은 여행기에서 오도릭은 성직자답게 이러한 갈등과 매몰찬 살풍경을 넘어선 피안(彼岸)에 참회와 화해의 불빛을 비췄다는 점이다. 타나의 광장에서 불 속으로 뛰어들려는 수사 토마스를 곁에서 지켜보던 한 사라센인은 그의 후드를 붙잡고 지친 노구(老軀)에 들어가지 말라고 만류하며,(8장) 이 도시의 행정관 멜릭은 위험에 처한 세 수사들을 교외의 안전한 곳으로 피신시키고는(9장) 형제처럼 대하면서 그들에 대해 취한 행동에 양해를 구한다.(11장) 그렇지만 당시 딜리(현 델리)의 투글루크 이슬람 왕조를 건국한 기야숫 딘 투글루크 황제는 수사들을 혹형에 처했다는 죄목으로 멜릭과 그 가족을 사정없이 능지처참한다.(12장)

카디와 멜릭, 그리고 황제, 이들 모두는 사라센인, 즉 무슬림들이다. 그렇지만 이교도 수사들에 대한 그들의 태도가 그토록 다르다는 것은 아이러니한 일이 아닐 수 없다. 여행기 초반부터 사라센인들과 수사들 간에 벌어지는 실랑이만을 읽어내려온 독자들은 이 대목에 와서 약간은 어안이 벙벙할 것이다. 그렇지만 그 속에서 꼭 인지해야 할 사실이 하나 있다. 그것은 바로 이슬람교와 기독교, 이슬람 문명과 기독교 문명은 상부상조적 친연(親緣)종교, 친연문명으로서, 갈등은 결코 숙명이 아니라는 점이다. 오도릭의 주관 여하와는 관계없이, 이 점으로 인해 그의 여행기는 갈등을 조화로 상쇄(相殺)시킨다.

원제국의 대칸들이나 궁전이 보여주는 종교적 화해나 관용은 이 점을 여실히 대변해주고 있다. 대칸(順帝)은 순행길에서 우연히 오도릭을 비롯한 다섯 명의 수사를 만난다. 쉴 참에 누우려던 대칸은 주교가 든 십자가를 보자마자 바로 앉아 쓰고 있던 모자를 벗고는 경건하게 십자가에 입을 맞춘다. 대칸은 수사들이 진상한 사과 두 개 중 하나는 즉석에서 먹고, 다른 하나는 손에 든 채로 가던 길을 이어간다.(51장) 그런가 하면 기회가 있을 때마다 기독교도들과 사라센인들, 우상숭배자(불자)들은 궁전에서 한데 모여 어울리며, 어의(御醫) 가운데는 4백 명의 우상숭배자들과 여덟 명의 기독교도, 한 명의 사라센인이 있어 서로 의술을 발휘한다고 한다.(38장) 마르코 폴로의 『동방견문록』에 따르면, 대칸들은 기독교도나 사라센인, 유대인이나 우상숭배자, 그 누구를 막론하고 명절이 되면 똑같이 성대한 축하연을 베풀어주며, 그들은 모든 사람들이 존경하는 예수 그리스도(기독교)와 무함마드(이슬람교), 모세(유대교), 사가모니 부르칸(석가모니, 불교), '이 네 분들을 모두 존경하고 숭배'한다고 한다. 『이븐 바투타 여행기』에도 대칸의 장례식에 무슬림이든, 이교도이든, 남녀노소 할 것 없이 모두 상복을 입고 빠짐없이 참석했다는 기록이 있다.

5. 유적유물

인류가 만들어 남겨놓은 유적유물은 크든 작든 간에, 또 어디에 있든 간에 인류의 역사를 증언하는 값진 공동 문화유산이다. 그것이 유네스코 문화유산에 등재될 정도로 알려졌다면 그 값어치란 더 말할 나위가 없다. 그래서 고고학자들뿐만 아니라, 많은 사람들이 유적유물을 찾아 나서고, 발견하면 꼼꼼히 기록하며 잘 가꾸고 지켜나간다. 그런데 그러한 기록 가운데서 답사 여행기만큼이나 실증적인 기록은 없다. 열네 곳의 유적유물을 직접 답사한 기록을 남겨놓은 오도릭의 여행기가 바로 그것을 말해주고 있다.

오도릭은 아르지론(현 아나톨리아의 에르주룸)을 떠나 얼마 안 가서 '노아의 방주'가 얹혀 있는 사르비사칼로(Sarbisacalo), 즉 아라라트(Ararat) 산을 확인하고는 기다리고 있는 일행 때문에 산에 오르지 못한 것을 못내 아쉬워하면서, 그때까지 그 누구도 이 산에 올라가본 적은 없다고 전언한다.(1장) 사실 기원 초부터 근 2천 년 동안 입산이 금지된 성역으로 남아 있었기 때문에 그것은 맞는 말이다. 칼데아(현

아라라트 산. 노아의 방주가 있다는 산 정상에는 만년설이 희끗희끗하다.

바그다드)로 가는 길에 바벨탑을 지나갔다고 하는 것은 마냥 전설로만 전해오고 있는 이 성탑(聖塔)의 실재를 재확인한 셈이다.(4장)

인도 동남해안의 모바르에 사도인 성 토마스의 시체가 있으며, "그의 교회당은 우상들로 가득 차"있다(18장)는 기술은 성 토마스의 인도 전도 사실을 확인하는 데 중요한 의미를 지닌다. 성 토마스의 인도 전도에 관해서는 곤다포루스(Gondaphorus) 왕과의 인연설, 서남부 크란가노르(Cranganore) 지방에서의 전도설, 모바르에서의 전도설 등 세 가지 설이 있다(이에 관해서는 졸저 『고대문명교류사』, 사계절, 2001, 556~558쪽 참고). 오도릭의 기록은 모바르 전도설을 뒷받침하는 하나의 증좌가 된다. 그리고 성 토마스의 시신 이장(移葬) 문제에 하나의 단서를 제공한다. 기원후 72년 원주민이 던진 창에 찔려 운명한 성 토마스의 시체는 본래 모바르에 안장되었다가 에데사로 옮긴 후 다시 에게 해의 키오스(Chios) 섬으로 이장되었으며, 지금은 이탈리아의 오르토나(Ortona)에 묻혀 있다. 오도릭이 모바르에 갔을 때, 그의 시체가 그곳에 그대로 묻혀 있었다면, 에데사로 옮긴 것은 1320년경 이후일 것이다.

세상에서 가장 화려하고 기괴천만하다고 한 자바의 황금궁전(21장)은 당시 자바가 누리고 있는 부의 상징이었다. 실란(Silan, 현 스리랑카)의 '아담 산'에 관해 아담이 무려 백 년 동안이나 아들을 위해 애도한 곳으로서 산 한가운데에 아담과 이브의 눈물이 고여서 된 못이 있다는 등의 오도릭의 기록(25장)은 마르코 폴로나 이븐 바투타의 관련 기술과는 다소 차이가 있어 주목을 끈다. 대도(大都)에 있는 대칸의 궁전에 관한 오도릭의 서술은 상당히 구체적이고도 정확해 사책(史冊)의 기록을 실증하고 있다. 궁전 안에 있는 '푸른 산' 곁에 펼쳐진 둘레가 1마일이 넘는 연못은 태액지(太液池)이고, 이 연못 위에 놓인 아름다운 다리는 의천전(儀天殿)에 이르는 백옥석교(白玉石橋)이며, 궁전 중앙에 놓인 높이 2보(步) 이상으로 메르다카스(merdacas, 보석)로 제작한 대형 항아리는 광한전(廣寒殿) 내의 소옥전(小玉殿)에 있는 용량 30여 석(石)의 술항아리로 판명된다. 여느 기록물과 비교해 여행문학만이 지니는 특징으로 사실성을 드는 이유가 바로 이러한 데에 있다.

6. 기담과 기적

기담(奇譚)이나 기적은 문학이나 현실에서 인간이 즐겨 누리는 흥미소(興味素)의 일종이며, 인간이 지니고 있는 기대나 수요 심리의 반사다. 인간은 이러한 기담이나 기적을 구상하고 윤색해 정신적 위안이나 교훈을 얻고자 하는 것이다. 그래서 왕왕 즐기고 음미하는 것에 족하고, 실체나 진실 여부를 따지는 것은 어쩌면 무모한 일에 불과해 간과하기도 한다. 이러한 의미에서 기담과 기적이 각각 여덟 건씩 나오는 오도릭의 여행기를 일독하면, 짐짓 흥미진진함을 느낄 수 있다. 어쩌면 그것이 오도릭의 『동방기행』만이 가진 매력일 수도 있다.

먼저 기담을 살펴보면, 흑해 남안 터키 동북부에 위치한 트레비존드(Trebizond)에서부터 3일간의 여정거리에 있는 제가나(Zegana) 마을로 갈 때, 4천여 마리의 엽조가 한 사람이 걸어가는 길을 따라 하늘에서 질서정연하게 훨훨 날아가고 있었다.(1장) 타나에는 로흐(loahc)라는 술을 만들어내는 나무가 있는데, 그 술은 마시면 금방 취할 정도로 몹시 독하다.(5장) 판텐(현 싱가포르 해협의 북안)에는 밀가루와 꿀을 생산하는 나무가 있는가 하면, 세상에서 가장 치명적인 독약을 만들어내는 나무도 있다. 이 독약이 묻은 쇠바늘을 통의 한쪽에 집어넣고 다른 한쪽을 불면 바늘은 쏜살같이 날아가 맞은 사람을 즉사시킨다.(22장) 니코베란(Nicoveran, 현 니코바르 제도) 섬 사람들은 남녀가 다 '개 얼굴'을 하고 있다고 하는데, 그들의 얼굴 모양이 개 얼굴상과 비슷하다는 뜻일 것이다.(24장) 오도릭은 전문이라고 하면서, 볼가 강 유역에 있는 카델리(Cadeli) 왕국의 카스핀 마운틴(Caspean Mountain)에서 나는 멜론에서 양의 새끼가 나온다는 기담을 전하고 있다.(43장) 이것은 서역에서 유행하고 있는 '지생양(地生羊, 땅에서 양 새끼 생기기) 설'과 마찬가지로 일종의 우화적(寓話的) 기담이나 전설이다.

더욱 흥미로운 것은 기적이다. 수사 자메스는 사라센인들에게서 화형을 당할 때 '아무런 상처 없이' 빠져나온다.(8장) 오도릭 자신이 직접 기적을 겪기도 한다. 그가 타나의 한 민가에서 기숙하고 있을 때, 그를 음해하려고 사라센인들이 그 집에 불을 지른다. 오도릭은 수사들의 해골을 껴안고 집 한구석에 쭈그리고 앉아 있었으나 삼타래 같은 불길이 그의 머리 위를 감돌 뿐, 조금의 화상도 입히지 않았으며, 무사히 탈출하였다.(13장) 갑자기 바람이 멎는 통에 타나에서 폴룸붐(Polumbum, 현 퀼론)으로 가는 배가 출발하지 못하자, 순교한 수사의 해골에서 뼈 하나를 꺼내어 바다에 던지니 순간 순풍이 일어나 순항할 수 있었다.(14장) 상인도에서 전하는 말에 의하면, 이교도들이나 사라센인들마저도 병에 걸렸을 때, 수사들이 피살된 곳에 가서 흙을 가져다가 물에 타 몸을 씻은 다음 그 물을 마시면 금방 만병이 치유된다고 한다.(15장) 일찍이 서방에서 유행하던 성체(聖體)의 기적을 연상케 한다.

아무튼 이러한 기담과 기적은 마치 음식물에 양념을 치듯, 그리고 문학에서 판타지가 하나의 매력적 장르를 이루듯, 여행기의 맛과 멋을 더하는 요소인 성싶다.

7. 내용 전개에서의 특징

앞에서 살펴본 오도릭 여행기의 제반 내용을 통해서 감지했겠지만, 그 전개에서 다음과 같은 몇 가지 특징을 발견하게 된다. 이 특징들을 『동방견문록』이나 『이븐 바투타 여행기』 같은 동시대 여행기들과 비교해보면 더욱 두드러지게 나타난다.

1) 사실성: 오도릭은 도처에서 보고 들은 것과 몸소 체험한 것을 그대로 여행기에 담았다. 파올로도 「서문」에서 여행기가 "상당히 많은 부분 사실에 근거하고 있음은 의문의 여지가 없다"고 그 사실성을 평가하고 있다. 오도릭은 일반적인 인문지리나 유적유물은 물론, 이색적인 풍습이나 소름이 끼쳐서 남들이 감히 발설할 수 없는 폐습까지도 여실히 서술하고 있다. 뿐만 아니라, 현실적으로는 있을 수 없는 기담이나 기적도 일종의 자양소(滋養素)처럼 적재적소에 스스럼없이 삽입하고 있다. 이러한 폐습이나 기담, 기적을 지금의 시각에서 보면, 비현실적이고 황당무계하지만, 당시의 역사적 배경과 사회적 환경, 그리고 그에 따른 인간의 의식구조 속에는 그러한 것들이 엄연히 존재하고 있다고 믿어졌기 때문에, 그것을 그대로, 때로는 좀 가공해서라도 전하는 것은 그 자체가 일종의 사실성이라 할 수 있다. 이러한 사실성은 다양성과 불가분의 관계에 있다. 그토록 많은 지역을 주유하면서 각양각색의 대상들을 접하고, 그것을 사실대로

적다보니, 그 내용이 다양할 수밖에 없다. 앞에서 제시한 부문별 통계치는 이를 잘 말해주고 있다.

여행기의 사실성과 관련해 특별히 지적해야 할 것은, 오도릭이 직접 견문(見聞)한 것과 간접적으로 전문(傳聞)한 것을 명백히 구분했다는 점이다. 견문한 것은 어디에 '도착'해서 봤다는 표현을 명백히 하고 있으며, 전문한 것은 누구에게서 들은 것이라거나, 아니면 '도착' 하였다는 말 없이 객관적으로 소개하는 식의 표현을 쓰고 있다. 예컨대, 카델리의 카스핀 마운틴 산에 나는 멜론에서 양의 새끼가 생긴다는 기담은 '믿을 만한 사람으로부터 들은 것'이라고 밝히고 있다. 그 '믿을 만한 사람'은 오도릭과 동행한 아일랜드 출신의 수사 자메스다.

내용을 파악하는 데서 견문과 전문을 구분하는 것은 그 사실성이나 신빙성을 가늠하기 위해서이다. 『동방기행』 연구자들이 본문 가운데서 가장 사실성이 높은 장면으로 꼽는 것은 오도릭이 자주 드나들던 원제국의 대칸 궁전에 관한 묘사다. 그 정확도나 구체성은 여행기 중 단연 압권으로 타의 추종을 불허한다.

그런가 하면 흥미로운 것은, 기담과 기적을 설교하다시피 능수능란하게 활용하는 오도릭마저도 사실성에 관한 한 이율배반적 측면을 보여주고 있다는 점이다. 실란(현 스리랑카)의 '아담 산' 정상에 있는 연못은 아담과 이브의 눈물이 고여서 된 것이라는 말을 들은 오도릭은 "나는 그것이 사실이라고는 믿지 않는다. 왜냐하면, 물이란 원래 자연스럽게 땅에서 솟아나는 것이기 때문이다"라고 일축한다.(25장) 그런가 하면 전설 속의 동방 기독교 제국의 황제 프레스터 존에 관해 언급할 때는 "그에 관한 전언(傳言)은 백분의 일도 사실이 아니다"(44장)라고 상대의 사실성이나 실체 여부를 밝혀내려는 자세를 스스로 드러내기도 한다.

2) 비교법: 여행기의 내용 기술에서 자주 눈에 띄는 것은 비교법의 적용이다. 오도릭은 그가 알고 있는 서방(주로 고국인 이탈리아)의 것과 낯선 동방의 것을 비교 대조하는 방식으로 동방의 것에 대한 이해도를 높이고, 그 형상성을 확연하게 하려고 한다. 페르시아 황제가 사는 타우리스(Tauris) 시에 관해서는, "이 도시 하나에서만 거둬가는 황제의 세입이 프랑스 국왕이 그의 전 영토에서 거둬들이는 세입보다 더 많다"(2장)라고 이 도시의 부를 설명하며, 오르메스(현 호르무즈)의 쥐는 이탈리아의 개만 한 크기라고 비교한다.(5장) 미니바르에서 생산되는 후추나무의 생태와 수확법을 고향의 포도나무의 그것과 비교해 설명하고,(16장) 모바르의 한 묘당에 있는 우상의 크기를 서방 화가들이 통상 그리는 성 크리스토퍼(St. Christopher, 로마시대에 순교한 그리스도교의 성인) 상만큼이나 큰 금제상에 비교하며,(18장) 판텐 고유의 등나무는 이탈리아의 개풀(dog's grass, 갯가에서 자라는 야생초)처럼 지면을 따라 뻗어가면서 자란다고 소개한다.(22장) 점파의 왕은 이탈리아에서 협동인(協同人)에게 소와 여느 가축을 맡기는 것처럼 코끼리를 농사꾼에게 맡겨 키운다고 한다.(23장)

중국에 들어오면 오도릭의 비교법은 더 활기를 띤다. 만지(남중국)에 인구가 많이 밀집한 것을 "예수승천일 베네치아에 모이는 군중보다도 인구 밀도가 더 조밀하다"고 표현하며,(28장) 센스칼란(Censcalan, 현 광주廣州)의 크기는 베네치아의 세 배나 되고, 그곳 거위는 고향 거위보다 배나 크며,(29장) 자이톤의 크기는 볼로냐(Bologna, 이탈리아 북부의 지중해 해안도시)의 두 배나 된다고 말한다.(30장) 칸사이 성문 밖에는 열두 개의 시가가 있는데, 그중 하나의 크기만 해도 베네치아나 파도바(Padova, 북부 이탈리아에서 가장 크고 가장 오래된 도시)보다 더 크며, 이 도시는 베네치아처럼 고인 물의 갯벌 위에, 그리고 포 강(Po River, 이탈리아에서 가장 긴 강)변의 페라라(Ferrara)처럼 강 가까이에 있다고, 그 유사성까지 언급하고 있다.(32장)

왕왕 여행기나 사서(史書)에 나타나는 이러한 비교법을 통해 동서문명의 이질성과 동질성을 재확인하게 되며, 인류문명의 공동가치도 더듬게 된다.

3) 혼동과 오류: 오도릭이 어떻게 그 멀고 먼 이역 땅 동방으로의 여행을 준비했는지에 관해서는 구체적으로 밝혀진 바가 없다. 하지만 분명한 것은, 수행을 비롯한 일상에 엄격한 수사로서의 그가 '영혼의 구제'라는 원대한 목표를 실현하기 위해서는 여러 루트를 통해 동방에 관한 필요 정보와 지식을 수집하고, 그를 바탕으로 나름대로의 여행 계획을 세웠을 것이라는 사실이다. 전술한 바와 같이, 그에 앞서 60~70년 전에 같은 프란체스코회 소속의 카르피니나 뤼브뤼키

는 종교 및 외교의 사명을 띠고 원제국에 다녀와서 각각 복명서를 제출하고, 『몽골사』와 『동유기』란 제목의 여행기를 출간했으며, 30여 년 전에는 마르코 폴로가 『동방견문록』을 내놓아 동방에 관한 서방의 지식 갈증을 얼마쯤 풀어주었던 것이다. 게다가 여행기에서도 읽다시피, 오도릭에 앞서 소형제회를 비롯한 그리스도교 단체들에서 전도사들을 속속 인도나 중국을 비롯한 동방에 파견하였다. 의심의 여지 없이 그들에 의해서도 동방의 정보가 서방(오도릭)에 전달되었을 것이다. 카르피니와 뤼브뤼키의 내왕로(오아시스 육로나 초원로)는 바로 오도릭의 귀로였으며, 마르코 폴로의 귀로(해상로)는 바로 오도릭의 동방 거로(去路)와 대차가 없다.

선행자들의 이러한 정보 제공과 경험은 오도릭의 동방여행을 이끌고 담보한 지침이 되었을 것이다. 바로 이러한 지침이 있었기에 오도릭은 별 대오(大誤) 없이 여행을 성공리에 수행할 수 있었다. 그러나 오늘에 와서 그가 남겨놓은 여행기를 꼼꼼히 검토해보면, 몇 가지 혼동과 오류를 발견하게 된다. 그 주원인은 임종을 앞두고 병석에서 구술한 내용이라는 점이다. 그러므로 혼동과 오류를 범할 수밖에 없었던 것으로 판단된다. 이를테면, 여행 자체보다 여행에 대한 구술이나 기록에서 발생한 문제라는 것이다. 그렇다고 그의 무지나 착각에서 올 법한 원인을 배제하는 것은 아니다.

혼동은 노정에서 가장 많이 나타나고 있다. 거로에서 서아시아의 경우, 이란 서남부의 후즈까지 내려왔다가 다시 되돌아 멀리 서북방으로 바그다드를 거쳐 오르메스까지 남하하는 길을 택한 것은 십중팔구 혼동에서 비롯된 기록으로 보인다.(13~14장) 그런가 하면 동남아시아에서의 거로는 분명 혼동의 연속이었다. 인도 서북해안의 타나에서 남행해 서남단의 폴룸붐까지 향하는 노정에서 그 중간에 위치한 미니바르와 플란드리나, 신길린 등지를 뛰어넘어 폴룸붐부터 먼저 언급하는 것은 분명 착각이다.(6장, 14장, 16장) 또한 폴룸붐에서 동남부의 모바르를 거쳐 수몰트라(현 수마트라)와 자바, 점파(현 베트남)까지로 동행 항로를 이야기하다가 갑자기 서행해 니코베란(현 니코바르제도)과 실란(현 스리랑카)까지 다녀온 것으로 기록한 것은 심한 혼동이고 오류임이 분명하다.(23~25장)

더욱이 귀로의 노정은 너무나 소략한 데다가 혼동마저 이만저만이 아니어서 통 종잡을 수가 없다. 그래서인지 본 역주본의 저본으로 삼은 *The Travels of Friar Odoric*의 일서(一書)에 삽입된 '오도릭의 여행노정도'에는 캄발레크에서 베네치아까지의 귀로를 아예 표기하지 않고 있다. 다만, 이란에서 전해오는 '산의 노인'에 관한 기담을 소개하고 있어 그가 귀로에 이란을 거쳤다는 것을 확인하게 된다. 그런데 느닷없이 이른바 '환희의 강가'에 자리한 계곡에서 벌어진 엽기적인 체험을 실토하고 있다.(49장) 도시 그 지점을 알아낼 수가 없어 율은 되돌아와 힌두쿠시 산맥 속에 있는 어느 한 계곡에 비정하는데, 이것은 너무나 견강부회다. 오늘날까지도 그 지점은 오리무중이다. 귀로에 관한 한 오도릭의 기억은 상당히 희미해 보인다.

오도릭의 기록에서 오류 한두 가지만을 지적하면, "상인도에 가서는 자이톤이라는 도시에 이르렀다"(15장)고 하여 자이톤, 즉 중국 동남해안에 있는 항구도시 천주(泉州)를 상인도에 있는 도시로 착각하고, "나는 동쪽을 향해 대양해(大洋海)를 여러 날 항해한 다음 우리가 상인도라고 부르는 유명한 만지(Mánzi) 성에 이르렀다"(28장)고 한 데서 보다시피, 만지 성, 즉 남중국을 상인도로 착각하고 있다. 센스칼란을 바다에서 하루 여정거리에 있는 육지 도시로 본다든가,(29장) 불교 사찰을 기독교의 수도원(monastery)으로 일컫는 등 크고 작은 오류들이 몇 군데에서 발견된다. 하지만 이러한 부분적인 혼동과 오류로 인해 여행기의 가치가 결코 상쇄되는 것은 아니다. 그렇지만 철저한 교감을 걸쳐 시정 보완하지 못한 채 그러한 부분들이 여전히 남아 있다는 것은 못내 아쉬운 점이다. 『동방기행』과 저자 오도릭에 관한 연구를 심화시켜 이러한 혼동과 오류를 바로잡고, 내용을 보다 정밀하게 검토하는 등 여행기에 관한 한 차원 높은 조명이 요망된다.

IV. 오도릭의 여행 노정

앞에서 지적한 노정에서의 혼동을 감안해 오도릭의 예상되는 여행 노정을 설정하면 다음과 같다.

거로(去路)

1318년 4월 베네치아 출발 → 대해(흑해) → 트레비존드(Trebizond, 현 흑해 동남해안의 트라브존Trabzon) → (3일간) 제가나(Zegana, 트레비존드에서 아르지론으로 가는 도중 12리그 지점의 마을) → 대아르메니아의 아르지론(Arziron, 현 터키의 에르주룸Erzurum) → 사르비사칼로 산(Sarbisacalo, 터키 반Van 호 동북면의 아라라트Ararat 산. 일설은 이 호수 북면의 수판Süphan 산) → 타우리스(Tauris, 일 칸국의 수도. 현 이란 타브리즈Tabriz) → (동남행 10일) 솔다니아(Soldania, 현 카스피 해 남안의 이란 술타니야Sulṭānīyeh) → (동남행)

카싼(Cassan, 즉 삼현시三賢市, 현 테헤란에서 이스파한으로 가는 남행길 2백 킬로미터 지점의 카샨Kashan) → (동남행) 이에스트(Iest, 현 이란의 야즈드Yazd) → (10일) 사해(沙海, 루트 사막) → (서남행) 코메룸(Comerum, 고도 페르세폴리스Persepolis) → (서행) 후즈(Huz, 현 이란 서남방 후지스탄 주 주도 아바즈Ahváz 동북면의 베그스Vegs) → (서북행) 칼데아(Chaldea, 현 이라크 남부지역 또는 바그다드) → (티그리스 강 따라 남행) 대양해(大洋海, 페르시아 만) → 오르메스(Ormes, 현 호르무즈), 1321년 여름 출발 → (동행 28일) 타나(Tana, 현 인도 서북부 살세타 섬의 항구도시), 순교한 수사 네 명의 유골을 수습해 중국 천주에 안장하려고 휴대 → (남행) 미니바르(Minibar, 현 말라바르 해안의 망갈로르 일대) → 플란드리나(Flandrina, 현 코지코드 북부의 판달레이니Pandalayini) → 신길린(Cyngilin, 현 코친, 일설에는 코친 북부의 크란가노르Cranganore) → 폴룸붐(Polumbum, 현 퀼론) → (동행 10일) 모바르(Mobar, 현 인도 동남단의 코로만델Coromandel 해안의 마하발리푸람Mahābalipuram) → 실란(Silan, 현 스리랑카) → 니코베란(Nicoveran, 현 인도의 니코바르Nicobar 제도) → 돈딘(Dondin, 현 안다만?) → 라모리(Lamori, 현 수마트라 섬 서북단의 아친Achin 부근) → (남행) 수몰트라(Sumoltra, 현 인도네시아 수마트라 섬 혹은 록세우마웨Lhokseumawe 일대) → (남행) 레센고(Rescengo, 현 소小순다 혹은 순다 해협 일대) → 판텐(Panten, 일명 탈라마신Thalamasin, 현 싱가포르 해협의 북안 도시 혹은 인도네시아의 빈탄 섬) → (며칠간) 점파(Zampa, 베트남 중부 해안 지역의 고대 왕국) → (여러 날) 만지(Mánzi, 현 남중국)의 센스칼란(Censcalan, 현 광주廣州) → (북행) 자이톤(Zayton, 현 천주泉州), 휴대한 순교 수사들의 유골을 두 개의 교회당에 안치 → 푸조(Fuzo, 현 복주福州) → (북행 18일) 벨사(Belsa, 현 절강성浙江省 온주溫州나 여수麗水 일대) → 칸사이(Cansay, 현 항주杭州), '천당의 도시' → (6일) 칠렌푸(Chilenfu, 현 남경南京), 곁을 탈라이 강(Talay, 현 양자강揚子江)이 흐름 → (양자강을 따라 북행) 얌자이(Iamzai, 현 양주揚州) → (북행 8일) 카라모란 강(Caramoran, 현 황하黃河)가의 렌진(Lenzin, 현 임청臨淸) → (동남행) 순주마유(Sunzumayu, 현 제녕濟寧) → (동행이 아니라 북행) 캄발레크(Cambalech, 즉 대도大都, 현 북경北京)로 이어지는 노정이다.

귀로(歸路)

1328년 캄발레크 출발 → (서행 50일) 프레스터 존 기독교 제국의 주요 도시인 토잔(Tozan, 원대의 동승東勝, 현 내몽골자치구의 탁극탁성托克托城) → (여러 날) 칸산(Kansan, 현 감숙甘肅) → (남행) 티베트(Tibet) → '환희의 강(the River of Delights)'가에 자리한 계곡(힌두쿠시 산맥 속의 한 계곡?) → 밀레스토르테국(Milestorte, 정통 이슬람교에서 이단으로 지목한 이스마일리야파가 지배하는 이란 지역) → (거로를 따라) 1330년 베네치아에 종착하였다.

V. 참고 문헌

1. 원본

오도릭이 병상에서 구술한 여행 내용을 수사 윌리엄이 기록했는데, 그 기록 원본은 소실되고 여러 가지 사본과 역본만이 전해 내려오고 있다. 그리하여 윌리엄이 무슨 언어로 기록했는지에 관해 이론이 있어왔다. 그런데 그 해답의 단서를 여행기에서 찾아볼 수 있다.

여행기 50장에는 이러한 대목이 있다. "오도릭은 어려운 라틴어나 기이한 문체로 이러한 일들을 꾸며낸 것이 아니라, 다른 사람에게 자신의 이야기를 하듯 하였다. 그렇게 수사 윌리엄도 기록해 모든 사람들이 보다 쉽게 그 내용을 이해할 수가 있게 되었다." 이 글 내용에서 오도릭은 쉬운 라틴어로 이야기하듯 여행담을 털어놓았으며, 윌리엄도 역시 독자들이 보다 쉽게 이해할 수 있도록 쉬운 라틴어로 기록했음을 알 수 있다.

파올로는 「서문」에서 윌리엄이 여행기를 라틴어로 엮기는 했지만, 그의 어학 실력은 "북부 이탈리아의 마을 혹은 종교학교에서 얻을 수 있는 교육 수준"에 불과하므로 "정리된 책으로 내놓을 만큼 정교"하지는 못하다고 평가하였다. 그러면서 책이 나온 후 필사가들은 독자들에게 설득력 있게 다가갈 수 있도록 원본에 따라 문법이나 의미상의 오류를 바로잡아놓았다고 지적한다. 이탈리아어판(역본)에서는 구어체(口語體, colloquialism)가 지나쳐서 어떤 부분은 라틴어의 관용구(慣用句, phrase)에 맞게 고쳤다고도 한다. 파올로의 이러한 평가와 지적은 여행기 원본이 라틴어로 쓰였다는 것을 설파하고 있다. 여행기를 출간하자마자 다음 해부터 라틴어로 쓰인 많은 관련 논문들이 나왔다는 것도 이 점을 시사해준다.

이와 같은 원본의 제작 과정을 돌이켜보면서, 그와 연동된 두 가지 문제를 재고하게 된다. 하나는 여행문학으로서 오도릭의 『동방기행』은 구성이나 표현에서 문학성이 미흡하다는 평을 듣고 있는데, 그것은 지력(智力)이 고작 마을의 종교학교 수준밖에 안 되는 기록자나 편집자의 미흡한 문학적 소양과 관련이 있다는 것이다. 다른 하나는 앞에서 살펴본 여행기 내용에서의 이러저러한 혼동이나 오류도 결코 이러한 사정과 무관하지 않다는 것이다.

원본에 준한 사본과 역서, 그리고 연구서 등 여행기 관련 참고 문헌(Bibliography)은 다음과 같다.(*The Travels of Friar Odoric*, pp. 58~62)

2. 사본

R. Hakluyt, *The Second Volume of the Principal Navigations, Voyages, Traffiques and Discoveries* (London, 1599), pp. 39~53.

Acta Sanctorum Ianuarii I (Antwerp, 1643), pp. 268~274.

G. Venni, *Elogio storico alle gesta del Beato Odorico* (Venice, 1761), pp. 46~83.

K. E. Aurivillius, *Itinerarium Odorici Forojuliensis Ordinis Minorum* (Uppsala, 1817).

Marcellino di Civezza, *Storia universale delle missioni francescane* III (Rome, 1859), pp. 741~781.

T. Domenichelli, *Sopra la vita e i viaggi del Beato Odorico da Pordenone dell'Ordine dei Minori* (Prato, 1881)〔anastatic reprinting: Odoric of Pordenone, *Relazione del viaggio in Oriente e in Cina (1314?~1339)* (Pordenone, 1982), pp. 73~120〕.

A. Van den Wyngaert, *Sinica Franciscana* I (Florence-Quaracchi, 1929), pp. 413~495(at the moment this is the current reference edition for the Latin text).

A. Sartori, "Odoriciana, Vita e memorie," *Il Santo* 6 (1966): 36~65.

R. K. Carlson, *Odoric of Pordenone—Traveller to the Far East: A Restoration of a Recently Discovered Manuscript of Odoric's Journal* (Ph.D. diss., University of Kansas, 1977).

3. 역서

G. B. Ramusio, *Navigationi et viaggi* II (Venice, 1574).

Henry Yule, "The Eastern Parts of the World Described by Friar Odoric the Bohemian, of Friuli, in the Province of Saint Anthony," *Cathay and the Way Thither* II (London, 1866).

Henry Cordier, *Les voyages en Asie au XIV siècle du bienheureux Frère Odoric de Pordenone, réligieux de Saint-François* (Paris, 1891).

G. Strasmann, *Konrad Steckels deutsche Übertragung der Reise nach China des Odorico de Pordenone* (Berlin, 1968).

Odoric of Pordenone, Memoriale toscano. Viaggio in India e Cina (1318~1330), edited by L. Monaco (Alexandria, 1990).

Jean de Vignay, *Les merveilles de la Terre d'Outremer*, edited by D. A. Trotter (Exeter, 1990).

何高濟, 『鄂多立克東游錄』, 中華書局, 2002.

4. 연구서

1) 여행기 연구서

C. Petrocchi, "Il beato Odorico da Pordenone e il suo 'Itinerario'," *Le Venezie francescane* 2 (1933): pp. 71~84.

L. Monaco, "I volgarizzamenti italiani della relazione di Odorico da

Pordenone," *Studi mediolatini e volgari* 26 (1978~79): pp. 179~220.

G. C. Testa, "Bozza per un censimentco dei manoscritti odoriciani," in *Odorico da Pordenone e la Cina. Atti del convegno storico internazionale, Pordenone, 28~29* maggio *1982* (Pordenone, 1983), pp. 117~150.

F. Reichert, "Eine unbekannte Version der Asienreise Odorichs von Pordenone," *Deutsches Archiv für Erforschung des Mittelalters* 62 (1987), pp. 531~573.

A. Andreose, "'Lo libro dele nove e stranie meravioxe cose', Ricerche sui volgarizzamenti italiani dell' 'Itinerarium' del beato Odorico da Pordenone," *Il Santo* 38 (1998), pp. 31~67.

P. Chiesa, "Per un riordino della tradizione manoscritta della *Relatio* di Odorico da Pordenone," *Fliologia Mediolatina* 6~7 (1999~2000), pp. 311~350.

2) 오도릭 연구서

Chronica XXIV Generalium Ordinis Minorum, Analecta Franciscana, III (Florence-Quaracchi, 1897): pp. 499~504.

G. Golubovich, "Il b. fr. Odorico da Pordenone O.F.M. Note critiche biobibliografiche," *Archivum Franciscanum Historicum* 10

(1917): pp. 17~46.

A. C. Moule, "A Small Contribution in the Study of the Bibliography of Odoric," *T'oung Pao* 20 (1921): pp. 301~322.

G. Pullé, *Viaggio del Beato Odorico di Pordenone* (Milan, 1931).

C. Schmitt, "Il Beato Odorico da Pordenone: appunti bibliografici," in *Odorico da Pordenone e la Cina. Atti del convegno storico internazionale, Pordenone, 28~29 maggio 1982* (Pordenone, 1983), pp. 151~162.

5. 14세기 서양인들의 극동 여행록

M. Komroff, *Contemporaries of Marco Polo, Consisting of the Travel Records to the Eastern Parts in the World* (London, 1929).

L. Olschki, *L'Asia di Marco Polo* (Venice-Rome, 1957).

Chr. Dawson, *Mission to Asia: Narratives and Letters of the Franciscan Missionaries in Mongolia and China in the Thirteenth and Fourteenth Centuries* (New York, 1966, orig. 1955).

P. Pelliot, *Recherches sur les chrétiens d'Asie Centrale et d'Extrême Orient* (Paris, 1973).

A. C. Moule, *Christians in China before the Year 1550* (New York, 1977).

L. Petech, "I francescani nell'Asia centrale e orientale nel XIII e XIV secolo," in *Espansione del francescanesimo fra Occidente e Oriente nel secolo XIII* (Assisi, 1979), pp. 213~240.

J. Richard, *Croisés, missionaires et voyageurs. Les perspectives orientales du monde latin médiéval* (London, 1983).

Giovanni di Pian del Carpine, *Storia dei Mongoli*, edited by E. Menestò, M. C. Lungarotti, P. Daffinà, L. Petech, and C. Leopardi (Spoleto, 1989).

F. Reichert, *Begegnungen mit China. Die Entdeckungen Ostasiens im Mittelalter* (Sigmaringen, 1992).

E. Menestò, "Relazioni di viaggi e ambasciatori," in *Lo spazio letterario del Medioevo* I: *Il medioevo latino*, 1, 2 (Rome, 1993), pp. 535~600.

【1편】

서아시아

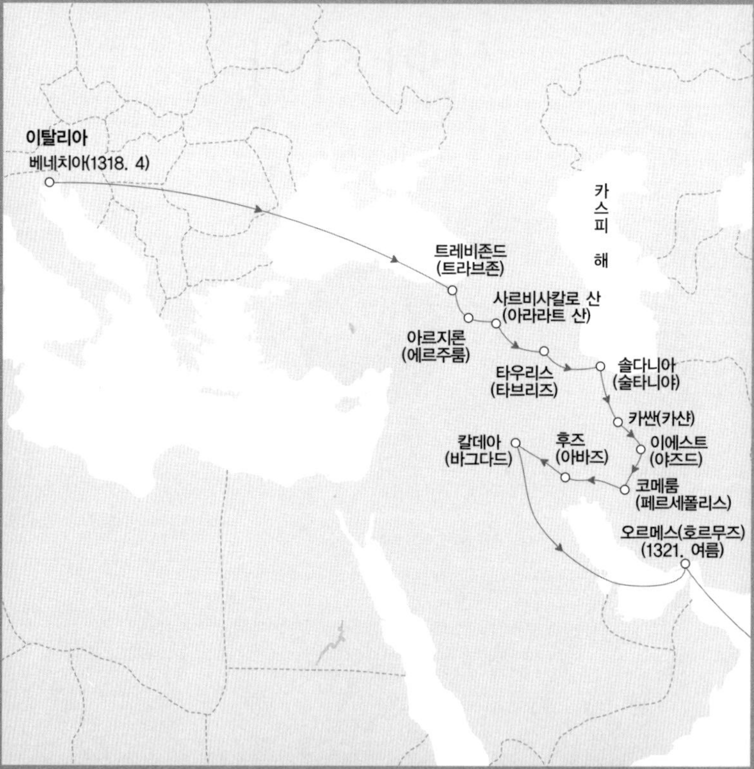

이탈리아
베네치아(1318. 4)
트레비존드
(트라브존)
카스피 해
사르비사칼로 산
(아라라트 산)
아르지론
(에르주룸)
타우리스
(타브리즈)
솔다니아
(술타니야)
카싼(카샨)
이에스트
(야즈드)
칼데아
(바그다드)
후즈
(아바즈)
코메룸
(페르세폴리스)
오르메스(호르무즈)
(1321. 여름)

1. 수사의 트레비존드와 대아르메니아 견문

이 세상 각이한 지역의 갖가지 풍속과 특징은 이미 여러 사람들에 의해 숱하게 이야기된 바 있다. 그렇지만 나, 프리울리[1]의 수사 오도릭도 자신의 희망에 따라 영혼의 결실을 얻고자 바다를 건너 여러 이단(異端)의 나라들을 찾아다니며 듣고 본 엄청나게 놀라운 일들을 새삼스레 그대로 다시 이야기하게 됨을 당신들은 이해해주기 바란다. 〔이것은 내 상사들의 허락하에서 이루어진 일인데, 그들은 우리 수도회[2]의 종규(宗規)에 따라 그렇게 할 권한이 있다.〕

〔그래서 나는 이 소책자의 장마다에 내가 동방과 북방, 그리고 남방에서 보고 들은 것들을 간명하게 기술하고자 하는 바이다. 비록 내가 사람들이 쉬이 믿을 수 없는 많은 것들을 처음 이야기하지만, 그렇다고 해서 모든 것을 다 털어놓는 것은 아니다. 사실 내 귀로 들었거나 직접 보지 않았던들, 나 역시 그런 것들을 믿기 어려웠을 것이다. 나는 14년 반 동안 그리스도의 참회자인 고 프란체스코[3]의 관행대로 이 세상 여러 지역에 체류하였다. 그러나 지금은 파도바[4]에서 성 안토니오 주[5] 지사인 존경하는 수사 구이도토의 요청에 따라 이 보잘것없는 책을 엮어냈다. 그러할진대, 그 어떤 호학(好學, 학문을 좋아하는)의 독자가 이 책 속에서 무언가 유익한 점을 발견했다면, 그 공은 으레 신의 은총에 돌리고, 나의 비재(非才)에는 돌리지 말도록

해야 할 것이다. 그런가 하면, 독자가 설령 믿기 어려운 점을 발견했다든가, 또 내 글이 사실에서 이탈했다고 판단된다 하더라도 오만한 쓴소리나 악의적인 으름장이 아닌, 배우는 사람의 아량으로 예의 주목하도록 해야 할 것이다.〕

그렇다면 우선, 〔베네치아[6]에서 갤리선[7]을 타고 출발한〕 나는 대해[8]를 건너서 트레비존드[9]에 이르렀는데, 옛적에는 이곳이 폰투스[10]라고 불렸다. 이 도시는 사람들이 오가기 편리한 곳에 자리하고 있어 페르시아인[11]이나 메디아인,[12] 그리고 머나먼 바닷가에 사는 모든 사람들이 편하게 이용하는 항구다. 나는 이곳에서 아주 멋진 광경을 목격하였다.〔나는 더이상 망설이지 않고 그런 것을 감히 이야기하게 된다. 왜냐하면, 일찍이 베네치아에서 나와 이러저러한 이야기를 나누던 많은 사람들도 그와 비슷한 광경을 목격했다고 증언하였기 때문이다.〕 나는 웬 사람이 엽조(獵鳥)[13] 4천여 마리를 가지고 있는 것을 보았다. 그가 길을 걸어가는데 새들은 공중에서 그를 따라 훨훨 날아갔다. 이 엽조들은 그가 트레비존드에서 3일간의 여정거리에 있는 제가나[14]라고 하는 한 성보(城堡)로 향할 때 바로 이렇게 동행하였다. 〔사람들은 거기서 구리와 수정을 캐낸다.〕 그 사람이 이 엽조들과 함께하는 방법은 이러하다. 즉, 그가 눕거나 자려고 할 때면 마치 병아리들이 어미닭 주위를 에워싸듯, 엽조들도 주인의 주위에 조르르 모여든다. 그는 이런 방법으로 엽조들을 트레비존드까지 몰고 가서는 황제의 궁전에 함께 들어갔다. 황제는 눈앞에 엽조들이 나타나자 내친김에 마음대로 골라잡는다. 나머지는 주인이 원래 있던 곳으로 가지고 돌아갔다.

이 도시(트레비존드)의 한 성문 위에 아타나시우스[15]의 시체가 놓여 있다. 그에 관한 명문(銘文)은 "결핍자는 구제된다"[16]는 말로 시작된다. 여기를 떠나 대아르메니아[17]에 들어서서는 아르지론[18]이라는 도시에 도착하였다. 오래전에는 아름답고 대단히 넉넉한 도시였다. 타타르인들[19]과 사라센인들[20]이 큰 위해를 가하지 않았더라면, 이 도시는 오늘날까지도 옛 모습 그대로였을 것이다. 이곳에서는 빵과 고기 및 기타 각종 식품이 매우 풍부하다. 그러나 와인과 과실은 나지 않는다. 몹시 추운즉, 오늘 지구상에서 사람이 사는 곳치고는 가장 높은 도시라고 한다. 그러나 이곳에는 아주 맑은 물이 있는데, 그것은 아마도 유프라테스 강에 원천을 두고 있기 때문인 것 같다. 강은 이 도시에서 하루 여정거리에 있는 곳을 흘러 지나간다. 그리고 도시는 바로 타우리스[21]로 가는 도중에 있다.

이 도시를 떠나서 이른 곳은 사르비사칼로[22]라고 하는 언덕인데, 그곳에는 '노아의 방주'[23]가 얹혀 있는 산이 있다. 앞선 일행이 기다리고만 있지 않았다면 나는 흔쾌히 그 산에 올라갔을 것이다. 그런데 그곳 사람들은 우리에게 아직까지 그 누구도 이 산에 올라가본 적은 없다고 한다. 전하는 바에 의하면, 그것은 상제(上帝)가 원하는 바가 아니었기 때문이라고 한다.

2. 페르시아 황제가 사는 타우리스 시와 솔다니아 시에 관해

나는 그 나라를 떠나서 타우리스 시에 도착하였다. 큰 도시이자 황성(皇城)이다. 옛날에는 수시스[24]라고 불렸으며, 국왕 아하수에루스[25]가 거처하는 도시였다. 이곳 사람들은 '마른 나무'[26] 한 그루가 사라센인들의 교회당인 한 모스크[27]에 아직도 남아 있다고 한다. 이곳이야말로 지금껏 남아 있는 이 세상의 그 어느 도시보다도 한껏 소중하고 교역에도 유리한 도시다. 그래서일까, 이 세상 다른 곳에는 없는 온갖 식량이나 상품이 이곳 타우리스에 넉넉히 비축되어 있다. 감탄을 자아내는 지세에다가 그토록 풍족한 도시이니, 정말로 당신은 그곳에 있는 것들을 믿기 어려울 것이다. 그러다보니 거의 모든 세계가 이 도시와 상거래를 한다. 기독교인들이 당신에게 이르기를, 그곳의 황제가 이 도시 하나에서만 거둬가는 세입이 프랑스 국왕이 그의 전 영토에서 거둬들이는 세입보다 더 많다고 한다. 도시 근처에 소금 산이 하나 있는데, 이 지역 전체에 다량의 소금을 공급하고 있다. 소금은 누구라도 마음대로 퍼 가며, 아무에게도 값을 치르지 않는다. 이 도시에는 각양각색의 많은 기독교인들이 살고 있다. 그러나 사라센인들이 모든 일에서 그들을 지배하고 있다. 이 도시에 관해서는 다른 이야깃거리도 많지만, 다 언급하다보면 너무 길어질 것 같다.

타우리스 시를 떠난 나는 열흘간 가서 솔다니아[28]라는 도시에 당도하였다. 페르시아의 황제는 이곳에서 여름 한 철을 보내다가 겨울철이 되면 다른 곳〔아쌈[29]이라는 곳〕으로 옮겨 가는데, 그곳은 바쿠스 해[30]라고 하는 바닷가에 자리하고 있다. 솔다니아는 큰 도시로서 추운 고장이며, 물이 많이 공급되고, 숱한 값진 물건들이 이곳에 실려 와서는 팔려나간다.

3. 마기의 도시와 사해 및 후즈 지역에 관해

나는 한 대상(隊商), 이를테면 일군의 동행자들과 함께 이 도시를 떠나 북인도[31]로 발길을 옮겼다. 가는 길에 여러 날 걸어서 카싼[32]이라고 하는 삼현시(三賢市)[33]에 이르러 머물게 되었다. 이곳은 황성으로서 명성이 자자한 도시다. 그러나 타타르인들이 무참하게 파괴해버렸다. 빵과 와인, 그리고 기타 여러 가지 값진 물건들이 풍부한 도시다. 이 도시에서 예루살렘(마기[34]들이 그토록 빨리 예루살렘으로 간 점을 감안하면, 그들은 분명 그들 나름의 방도가 있었을 터, 그것은 결코 사람의 힘에 의한 것이 아니라, 기적적인 신력에 의한 것이었으리라)까지는 족히 50일의 여정이다. 이 도시에 관해서는 여러 가지가 더 있지만, 더이상 이야기해보았자 별 소용이 없다.

이란 이에스트(현 야즈드)에 있는 조로아스터교의 아테슈카데 사원(일명 '불의 집') 정문.

여기를 지나서 나는 이에스트[35]란 도시〔인도에서 가장 멀리 떨어진 페르시아 도시〕에 들렀는데, 여기서 사해(沙海, 모래의 바다)[36]까지는 고작 하루 여정거리다. 원래 이 바다는 무언가 좀 기이하고 극히 위험하기도 하다. 〔우리 가운데 누구도 이 바다에 들어가려고 하지는 않았다. 왜냐하면, 바다 전체가 습기 하나 없이 바싹 마른 모래이기 때문이다. 폭풍이 일 때면 바다처럼 금방 이리저리 흔들린다. 그러다가도 바다처럼 파도가 일렁이기 일쑤다. 급기야 부지기수의 여행자들이 모래 속에 가라앉고 빠지며 파묻히고 만다. 사람들은 바람이 일거나 닥쳐오면 바람이 부는 대로 이곳저곳 옮겨 다니는 모래언덕으로 간신히 톱아오르게 된다.〕 이 이에스트 시에는 먹거리, 당신

이란 아케메네스조 페르시아(기원전 550~333)의 왕궁 코메룸(페르세폴리스) 유적
(총 면적 12만 8800제곱미터).

이 선호하는 모든 것들이 지천에 깔려 있다. 그 가운데서도 무화과[37]가 특히 많다. 또한 풀잎같이 파릇파릇한 아주 작은 건포도가 있는데, 이 세상 어느 곳보다도 흔하다. 이곳은 페르시아의 국왕이 차지하고 있는 전 영토 내에서 세번째로 화려한 도시다. 사라센 사람들의 말에 의하면, 기독교인들 가운데서 누구도 이곳에 1년 이상 눌러 살 수 있는 사람은 없다고 한다. 이곳에는 이것 말고도 여러 가지 이야깃거리가 더 있다.

여기를 떠난 후 여러 도시와 마을을 지나서 코메룸[38]이란 도시에 이르렀다. 예전에는 큰 도시로, 그 옛날 로마인들에게 큰 해를 끼친 적도 있다. 성벽 둘레는 족히 50마일(약 80킬로미터)은 된다. 그나마 버티고 서 있는 온전한 궁전은 눈에 띄지만, 주민은 없다. 그럼에도 불구하고 다양한 먹거리가 널널하다.

다시 여기를 떠나 많은 마을과 도시를 두루 지나서 후즈[39]라는 도시에 도착하였다. 이 도시에는 이것저것 먹거리가 흔하고 지세도 안성맞춤하다. 부근에는 가축에게 최상의 목지를 선사해주는 산들이 쭉 늘어서 있으니 그럴 수밖에 없다. 또한 고품질의 만나[40]가 나오는데, 그 양이 이 세상 어느 곳보다 많다. 그 지방에서도 베네치아 돈 그로트[41] 한 냥도 채 안 들여 좋은 자고[42] 네 마리를 살 수 있다. 이곳에서는 또한 풍채 좋은 늙은이들도 볼 수 있다. 이곳 풍습으로는 여자 대신 남자가 천을 짜고 실을 잣는다. 이곳 북변은 칼데아[43]와 국경을 맞대고 있다.

4. 수사 오도릭이 칼데아인들의 풍습과 내륙 인도 및 오르메스에 관해 언급

나는 거기를 떠나서 칼데아에 들어섰다. 이곳은 대왕국이다. 그곳으로 가는 길에 4일 여정거리(칼데아, 즉 바그다드에서)쯤에 있는 바벨탑[44]을 지났다.[45] 이 나라에는 그들만의 언어가 있으며, 남자들은 준수하나 여자들은 한결같이 몰골이 추하다. 남자들은 말쑥한 옷차림에 우리네 여성들처럼 꾸민다. 머리에는 금과 진주로 장식한 리본을 두르고 있다. 그에 비해 여자들은 무릎까지 내려오는 초라한 속옷 말고는 아무것도 걸치지 않는다. 게다가 소매는 어찌나 길고 넓은지 땅에 질질 끌린다. 또한 그녀들은 맨발로 다니는데, 바짓가랑이는 발등에서 휘적거리며 머리카락은 금도 내지 않고 땋지도 않아 말 그대로 봉두난발(蓬頭亂髮)이다. 우리라면 남자들이 앞서 가고 여자들은 뒤따르지만, 여기 여자들은 한사코 남자들 앞에서 간다. 〔나는 여기서 한 젊은이가 예쁘고 젊은 여인을 아내로 맞는 광경을 목격하였다. 눈물을 흘리며 울부짖는 몇몇 아리따운 소녀들이 신부를 바래다준다. 젊은 신랑은 화려하기 이를 데 없는 옷을 입고는 머리를 숙이고 서 있다. 이윽고 이 젊은이는 자신의 당나귀에 올라탄다. 그러자 그를 따라나선 신부는 맨발에 허름한 옷을 입은 채 당나귀를 끌고 간다. 그녀의 아버지는 뒤따라 걸어오면서 신랑의 집에 당도할 때까지 내내 두 사람의 복을 빈다.〕 이런 것들 말고도 이 도시에 관한 일들은 더 많이 있으나, 그다지 상세하게 이야기할 만한 것이 못 된다.

그리하여 거기를 떠나서 나는 인도 내지에 도착하였다. 그곳은 타타르인들이 극심하게 파괴한 지역이다. 거기서 당신은 거의 전적으로 대추야자만 먹고 사는 사람들을 볼 수 있다. 또 당신은 한 그로트도 들이지 않고 42파운드의 대추야자를 살 수 있다. 다른 것들도 그러하다.

인도를 떠나서 여러 곳을 주유한 다음 나는 대양해(大洋海)[46]에 이르렀다. 내가 처음 도착한 곳은 오르메스[47]라는 도시다. 벽루(壁壘)가 튼튼하고 값진 화물이 가득한 고장이다. 〔이 도시는 대륙에서 약 5마일(8킬로미터) 떨어진 섬에 자리하고 있어 나무가 자라지 않고 담수도 없다. 빵과 생선, 육류는 확실히 많지만, 그렇다고 위생적이거나 생명이 보장되는 곳은 아니며, 믿을 수 없을 만큼 무덥다. 백성들은 남녀 모두 키가 훤칠하게 크다. 어느 날 한 곳을 지나가는데, 마침 웬 사람이 죽었다. 그러자 현지의 모든 악사들을 불러 모아놓고는 시신을 집 한가운데 있는 그의 침대 위에 올려놓는다. 때마침 두 여인이 시신을 에돌며 춤을 추고, 악사들은 심벌즈와 여러 악기들을 연주한다. 그러고선 두 여인이 죽은 사람을 붙잡고 껴안으면서 그를 찬송하는 노래를 부른다. 다른 여인들은 한 사람씩 일어서서 피리를 꺼내 잠깐씩 분다. 다른 사람이 불고 나면 앞에 분 여인은 자리에 앉는다. 이렇게 그들은 온밤을 지새우다가 아침이 되면 시신을 묘지로 운반한다.〕

주석

1) 프리울리(Friuli, 弗里烏黎)는 오도릭의 고향 마을. 일부 문헌에는 그의 고향을 포르데노네(Pordenone)로 소개하고 있는데, 포르데노네는 프리울리 마을이 속한 군(혹은 도시)의 이름이다. 따라서 그의 출생지는 성 안토니오 주(the province of Saint Anthony) 포르데노네 군(시) 프리울리 촌이다.

2) '우리 수도회'란 오도릭이 속한 프란체스코회다. 프란체스코회(라틴어 Ordo Fratrum Minorum, 영어 Franciscan Order, 이탈리아어 Ordine Francescano, 독일어 Franziskanische, 중국어 方濟會 혹은 法蘭西斯會)는 프란체스코(Francesco, 영어 Francis)가 1209년 로마 교황 인노켄티우스 3세의 승인을 얻어 세운 가톨릭 탁발수도회(托鉢修道會)의 일파다. 회원들이 회색 복장을 하고 있어 '회색 수사'라고도 한다. 1223년 교황 호노리우스 3세에 의해 회칙이 비준되어 종교활동이 본격화되었다. 회칙과 활동에서의 특징은 청빈을 강조하면서 상업행위를 자제하고 직접 노동을 장려하며, 이단을 반대하고 교조에 대한 충성과 학술연구 및 문화사업을 중시한다. 또한 복음 전파, 특히 해외 전파를 솔선 수행한다. 출범 후 교세의 급속한 확장과 더불어 의무적으로 청빈에 대한 서약을 해야 하는지 등 일련의 문제에서 이견(異見)이 일었고, 기타 교파들과의 갈등이 발생했기 때문에 분파가 생겨나고 부침을 거듭해 왔다. 그 결과 탁발수도회(O.F.M.)와 콘벤투알회(O.F.M.Conv.), 소탁발 카푸친회(O.F.M.Cap.)의 3대 종파로 나뉘었으며, 다시 구성원에 따라 이상 3대 종파를 망라한 1회와, 1212년 성 클라라(여)가 세운 2회(클라라관상수녀회), 3회(재속형제회)로 나뉘었다. 시종 주류를 형성해온 탁발수도회 회원들은 서로를 '작은 형제'로 칭하기 때문에 보통 이 회를 '소형제회(小兄弟會, Order

of Friars Minor)'라고도 한다. 본 여행기의 주인공인 수사 오도릭은 이 회의 독실한 성원이었다. 한국에도 로마가톨릭교회에 소속된 소형제회와 콘벤투알프란체스코수도회, 카푸친작은형제회, 그리고 성공회에 소속된 프란시스수도회 등 여러 지회가 있다.

3) 성 프란체스코(San Francesco, 영어 St. Francis, 方濟斯, 1182~1226)는 프란체스코회의 창시자다. 이탈리아 중부 도시 아시시의 부유한 포목상 가정에서 태어난 그는 젊은 시절에는 부와 쾌락에 빠져 인생을 허비하기도 하였다. 후일 가난한 사람과 함께하고, 그리스도의 삶을 실천했다는 의미를 살려, 마구간에서 태어났다는 일설이 있다. 그의 나이 열여덟 살 때는 페루자(perugia)와의 전쟁에서 포로가 되는 비운도 겪었다. 그러다 스물일곱 살이 되던 해인 1209년 성 메시아의 날에 한창 기도를 하고 있는데, "병든 자를 고치고, 죽은 자를 살리며, 나환자를 깨끗하게 하며, (…) 너희 전대에 금이나 은이나 동을 가지지 말며, 여행을 위해 주머니나 두 벌 옷이나 신이나 지팡이를 가지지 말라"라는 「마태복음」의 가르침이 들려온다. 그길로 신발과 지갑, 지팡이를 모두 던져버리고 속세의 생활을 청산하면서 영적 변화를 일으킨다. 급기야 돈독한 종교적 수도를 지향하는 프란체스코 수도회를 세우기에 이른다. 겉옷 한 벌에 세 겹으로 매듭지은 밧줄을 허리에 매고 맨발로 수만 리 이역 땅을 밟은 오도릭은 '그리스도의 참회자인 고 프란체스코의 관행대로' 세계를 주유했다고 회고한다.

4) 파도바(영어 Padua, 이탈리어 Padova, 라틴어 Patavium, 중국어 帕都亞)는 현 베네토(Veneto) 주의 주도로서 북부 이탈리아에서 가장 크고 가장 오래된 도시다. 베네치아 서쪽 40킬로미터의 바킬리오네(Bacchiglione) 강가에 위치하며, 북부 이탈리아의 행정과 경제 및 교통의 중심지 역할을 해왔다. 기원전 2000년경부터 존재가 알려지기 시작했으며, 로마시대를 비롯한 여러 시대의 역사적 유물들이 많이 발굴되고 있다. 시내에는 8백 년 역사를 자랑하는 이탈리아의 두번째 명문대학인 파도바대학교(1222년 창립)가 자리하

고 있어 갈릴레오 갈릴레이(Galileo Galilei, 1564~1642) 같은 천재 과학자들을 배출하기도 하였다. 성 프로스도키무스(Prosdocimus)에 의해 일찍이 기독교가 전파되어 여러 프란체스코회 성당이 세워졌다. 여기에는 유명한 성 안토니오 성당이 자리하고 있다. 이 도시를 더욱 빛나게 하는 것은 다수의 문화유산이다. 스크로베니 예배당이 자랑하는 조토의 그림, 성 안토니오 성당과 에레미타니 성당이 각각 소장하고 있는 도나텔로의 부조와 만테냐의 벽화는 그 대표적 걸작들이다. 파도바는 베네치아와 트레비조(Treviso)와 함께 대도시권을 이루는데, 총 인구는 약 160만 명(2008년)이다.

5) 성 안토니오 주(the province of Saint Anthony, 聖安東尼省, 현 베네토 주)는 이탈리아 북부의 한 주로서, 주도는 파도바다. 성 안토니오는 그리스도교 수도원 제도의 창시자로서 장기간 금욕생활을 하다가 이집트 나일 강가의 한 산속에서 근 20년 동안 은둔생활을 하였다. 성 아타나시우스가 쓴 『성 안토니오의 생애*Vita Antonii*』 등의 저서를 통해 이른바 '안토니오 회칙'이 정립되었다.

6) 베네치아(Venezia, 영어 Venice, 중국어 威尼斯)는 이탈리아 동북부에 위치한 항구로서 일명 '물의 수도'라고도 한다. 그만큼 해양과 깊은 인연이 있는 역사가 유구한 도시다. 베네치아 만 안쪽의 석호(潟湖, 바다의 일부가 외해와 분리되어 생긴 호수) 위에 흩어져 있는 118개의 섬들이 약 4백 개의 다리로 이어져 생긴 '물의 도시'다. 본토와 섬들은 철도와 운하로 형성된 교통망으로 연결되어 있다. 베네치아의 역사는 567년 이민족에게 쫓긴 롬바르디아의 피란민들이 만 기슭에 마을을 만든 데서 비롯되었다. 6세기 말에는 열두 개의 섬에 취락이 조성되었는데, 그 중심은 이후 베네치아 번영의 심장부 역할을 한 리알토 섬이었다. 처음 비잔틴의 지배를 받으면서 해상무역의 본거지로 급속히 성장해 7세기 말에 이르면 지중해 무역의 중심지로 알려지며 도시공화제 아래 독립적 특권을 행사하게 되었다. 10세기 말엽부터는 지중해 무역과 십자군원정을 통해 얻은 경제적 번영으로 이탈리아 자유도시

가운데서 가장 부강한 도시가 되었으며, 13~15세기에는 전성기를 꽃피우며 르네상스의 심장부가 되었다. 이때 시가지 한가운데를 관통하는 S자형 대운하와, 운하 기슭에 장대한 산마르코 광장이 조성되었으며, 다섯 개의 원형 지붕을 가진 산마르코대성당을 비롯한 여러 교회와 궁전이 지어졌다. 이러한 건축들에는 비잔틴과 오리엔트 건축으로부터 받은 영향이 역력하다. 1254년에 이곳에서 출생한 마르코 폴로는 근 25년 동안 중국을 비롯한 동방 제국을 주유하다가 결국 이곳으로 귀향해 낙엽귀근(落葉歸根)이 되었다. 오도릭도 바로 이곳에서 갤리선을 타고 장도에 올랐다. 15세기 베네치아공화국의 출범은 동방과 유럽 간의 국제 통상로상의 중개를 독점할 정도로 중세 해상 실크로드의 발전에 중요한 역할을 수행하였다. 이 무렵 베네치아의 인구는 약 20만 명에 달하였다. 16세기 이후 투르크인에 의해 동지중해에서 세력이 약화됨에 따라 베네치아는 점차 해양 세력으로서의 위상을 잃어갔고, 오늘날과 같이 베네토 주의 풍요로운 농업지대에 자리한 중심도시로서의 성격을 띠게 되었다. 도시경제의 쇠퇴와 흑사병(페스트)의 창궐로 16세기에는 인구가 10만으로 줄어들었고, 1797년에는 나폴레옹 1세에게 점령당했으며, 1866년에 이탈리아 왕국군에 점령되기까지 반세기 이상 오스트리아 치하에 있었다. 그러다가 19세기 말엽부터 이탈리아 경제의 중심부인 북부 평야를 배후지로 하는 항구도시로 다시 회생하기 시작하였다. 20세기에 들어와 대안(對岸)에 공업항(工業港) 마르게라가 건설됨으로써 대안 지역이 근대 공업지대로 부상하였다. 구시가지는 면적이 한정되어 있는 데다 현대생활에는 불편한 점이 많아 대안부의 도시화가 적극 추진되고 있다. 베네치아는 구시가지가 옛 모습을 그대로 보존하고 있으며, 산마르코 대성당과 두칼레궁전, 아카데미아미술관 등 건축과 미술의 보고(寶庫)로 각광받고 있다.

7) 갤리선(galley)은 보통 노로 움직이는 대형 항해선을 두루 이르는 말이다. 고대 이집트와 크레타 등에서 처음으로 돛이 달린 갤리선을 이용하였다. 기원전 700년경 페니키아인들이 처음으로 노를 젓는 곳이 상하 2단으로

된 갤리선을 만들어냈다. 노 젓는 곳이 3단으로 된 트라이림이란 갤리선은 기원전 500년경 그리스에서 건조되었다. 갤리선에는 크게 상업용과 전쟁용(전함) 두 가지가 있었는데, 임무 수행에 적합하도록 구조에 변경을 가하였다. 베네치아와 비잔틴제국, 제노바 등 중세 해양강국들의 선단, 특히 기함은 아주 정교하고 대형이어서 원양 항행에 투입되기도 하였다. 이탈리아는 13세기에 벌써 갤리선을 영국과 아프리카 북서부 해안까지 파견해 무역을 진행하였다. 오도릭은 바로 이러한 갤리선을 타고 베네치아를 떠났다. 그보다 약 30년 전에 인도양을 항해한 마르코 폴로는 『동방견문록』(413~415쪽)에서 대형 갤리선은 "상인들이 인도를 오갈 때 타는 배"라고 하면서, 배의 재질과 구조, 규모, 항해법 등에 관해 비교적 상세히 기술하고 있다. 이에 따르면, 재질은 전나무나 소나무 같은 나무이고, 갑판에는 약 60개의 선실이 있으며, 배의 파선(破船)에 대비해 차단실, 즉 격벽수조(隔壁水槽)가 열세 개나 있었다고 한다. 선체는 판자를 이중 삼중으로 겹쳐서 쇠못을 박아 만들며, 역청 대신 석회와 삼베, 나무기름을 섞어 빻은 혼합물을 바른다. 승선 인원은 150~300명(때로는 그보다 더 많은 인원)이고, 적재량은 후추 5천 내지 6천 상자를 실을 수 있어 '우리(이탈리아) 배'보다 더 많이 싣고 다닌다. 큰 노를 달고 다니는데, 노 하나에 네 명이 달라붙으며, 승선 인원 40~100명과 적재량 1천 상자 후추의 보조선이 따라다닌다. 배는 1년 정도 다니다가 수리하거나 장식을 바꾼다.

8) 대해(Greater Sea, 大海)는 오도릭 시대와 그 이후 상당히 오랜 기간 유럽인들이 흑해(黑海, Euxine)를 이렇게 지칭하였다. 마르코 폴로의 『동방견문록』(75쪽)에 의하면, 오도릭보다 68년 전(1250)에 폴로의 부친과 삼촌이 상품을 가지고 수익을 올리기 위해 콘스탄티노플에서 '대해'에 가기로 했는데(갔는지는 불명), 그 '대해'가 바로 흑해다.

9) 트레비존드(Trebizond, Treviso, Trabzon, 特列比松)는 흑해 남안, 터키 북동부에 위치한 트라비존(Trabizon) 주의 주도로서 중세 유럽과 페르시아

및 중앙아시아를 연결하는 중요한 국제통상항구였다. 기원전 8세기 중엽 그리스에 의해 개척된 후 로마와 고트족, 비잔틴, 몽골, 셀주크 등 여러 국가와 종족의 지배를 연이어 받아오다가 15세기 후반 이후에는 줄곧 오스만터키의 영내에 들어가 트라브존이라는 이름으로 오늘에 이르고 있다. 13세기 초 십자군이 콘스탄티노플을 점령하자 황제 일족이 이곳으로 피신해 트레비존드 제국을 세운 적이 있다. 14세기 후반 마르코 폴로 일행이 동방여행에서 돌아올 때 이 항구에서 승선해 베네치아로 귀향하였다.

10) 폰투스(Pontus, 滂沱斯)는 흑해 남안의 터키 북동부에 자리했던 옛날 왕국의 이름이다. 오도릭은 본 여행기에서 트레비존드의 옛 이름은 폰투스라고 했는데, 그것은 아마 트레비존드를 폰투스 왕국 영내의 한 항구도시로 이해했기 때문일 것이다. 이 왕국은 기원전 4세기 알렉산드로스 왕의 동정 이후에 아마세이아(현 아마시아Amasya)에 도읍을 정하고 나라를 세웠다. 아케메네스조 페르시아의 사회구조와 문화를 계승한 이 왕국은 기원전 1세기에는 아나톨리아의 지배권을 놓고 로마와 대적할 정도로 강성하였다. 그러나 결국 로마에 패해 기원전 63년 로마에 병합되고 말았다.

11) 페르시아(Persia, 오늘의 이란, 波斯)는 원래 이 나라 개국의 터전이었던 남부 지역을 일컫는 '파르스(Fars)'에서 유래한 말이다. '파르스'의 심장부는 시라즈(Shirāz)를 중심으로 한 주변지역이었으며, 파르스 주는 오늘날에도 이란 28개 주 가운데서 인구 4백여만 명을 헤아리는 규모가 큰 주로서, 주도는 시라즈다. '페르시아'란 말은 기원전 6세기 중엽 파르스 지방에서 출범한 아케메네스조 시대부터 시금까지 2500여 년 동안 줄곧 이란의 대명사로 쓰여왔다. 왕조가 숱하게 바뀌어도 그 기조에는 늘 '페르시아'라는 전통개념이 깊이 뿌리박혀 있었다. 그러다가 팔레비 왕조 때인 1935년에 국호를 오늘날의 '이란'으로 바꾸었다. 페르시아인 대부분이 기원전 2000년경에 남러시아 초원지대에서 이란 고원으로 유입된 인도-유럽계의 아리안 후예란 이유로 그들의 이름을 따서 '이란'이란 국명을 채택한 것이다. 세계적

인 첫 통일제국인 아케메네스조 페르시아(기원전 550~333년)로부터 사산조 페르시아(기원후 226~651년)에 이르기까지 1천여 년 동안 페르시아는 동서 문명의 중요한 요충지로서 동서양 모두와 교류가 활발하였다. 그러한 전통은 중세에도 이어져 오도릭이 본 여행기에서 언급하다시피, 페르시아인들은 당시 국제무역항이던 트레비존드(폰투스)를 이용하고 있었던 것이다.

12) 메디아(Media, 米底)는 오늘의 이란 북서부에 자리했던 고대국가다. 기원전 11세기에 역사 무대에 출현하기 시작해 기원전 8세기경에 왕국을 건립했으며, 기원전 6세기에 아케메네스조 페르시아의 키로스 2세에 의해 멸망하였다. 수도는 금은보화가 가득한 엑바타나(Ecbatana, 현 하마단Hamadan)였다. '메디아'란 이름은 그리스인들이 이 지역을 '메디아' 또는 '메데아'라고 지칭한 데서 유래되었으며, 『구약성경』「다니엘서」에는 '메데'로 나온다. 종족은 페르시아인과 더불어 아리아인의 후예다. 전성기 강토는 흑해 남부 연안에서 오늘의 이란과 아프가니스탄에 이르기까지의 광활한 지역을 아우르는 대제국으로서 이란의 첫 국가(연맹체)였다.

13) 엽조(獵鳥, partridge)는 사냥이 허용된 조류로서 꿩과에 속하는 꿩, 메추리, 자고(鷓鴣) 등의 새들을 두루 일컫는다. 땅에 둥지를 틀고 사는 식용조류로, 보통 크기는 큰 꿩과 작은 메추리 사이이며, 유럽과 아시아, 아프리카, 중동 등지에 고루 서식한다.

14) 제가나(Zegana, 津加納)는 트레비존드에서 아르지론(Arziron, Erzurum)으로 가는 도중 12리그(league, 1리그는 3마일) 지점에 있는 마을이다.

15) 성 아타나시우스(Saint Athanasius, 聖阿特納速斯, 293~373)는 4세기 기독교 내에서 근본신앙에 관한 신학논쟁이 한창이던 격동기에 활동한 신학자이며 교회정치가다. 알렉산드리아의 주교로서 니케아 공의회(325년)를 비롯한 일련의 공의회에 참석하고 수많은 저서를 통해 아리우스파와 멜레티우스파 등 이단들과 격렬한 논쟁을 벌이면서 그리스도교의 기본신앙을 앞장서서 변호하고 고수하였다. 그러다가 교황과 이단의 모함 속에 성직에서

추방되었고, 이집트에 유배되기도 하였다. 주요 저서로 『성 안토니오의 생애*Vita Antonii*』 『이교주의에 대항하여*Against the Heathen*』 『하느님 말씀의 성육신*The Incarnation of the Word of God*』 『아리우스주의자들의 역사*History of the Arians*』 등이 있다. 아타나시우스는 서거 후 알렉산드리아에 매장되었다가 그의 이름을 딴 콘스탄티노플의 성당에 이장되었다. 그러나 후일 베네치아에 이장되어 한 성당에 안치된 것으로 전해지고 있다. 그런데 오도릭은 그의 시신이 트레비존드의 한 성문 위에 놓여 있다고 한다. 그 사실 여부는 아직 밝혀지지 않고 있다.

16) 원문은 'Quicumque vult salvus esse'이고, 영역은 'Whoever wants to be saved'이다.

17) 세계 최고 문명의 발상지 중 하나인 아르메니아는 아시아 서북부 카프카스 산간지역에 자리한 내륙국가다. 아르메니아란 말은 전설 속의 위대한 지도자 하이크(Haik)의 손자 아르메나크(Armenak)에서 유래되었다고 한다. 기원전 7세기 역사 무대에 출현한 이래 기원전 6세기에 메디아의 지배를 받다가 기원전 2세기에 이르러 독립왕국을 건립해 기원후 4세기까지 유지해왔다. 이후 연이어 로마, 페르시아, 동로마, 아랍, 셀주크, 투르크, 몽골, 러시아 등 주변국들의 지배를 받아오다가 1920년에 독립을 회복했으나, 1936년 구소련의 한 공화국으로 편입되었다. 1991년 소련 해체와 더불어 다시 독립하였다. 이러한 역사 과정에서 종주국에 따라 명칭이 자주 바뀌었다. 기원 전후 독립왕국 때는 오도릭이 본 여행기에서 사용한 것처럼 '대아르메니아(Armenia the Greater, Armenia Major, 大亞美尼亞)'로, 로마 동치시대에는 '소아르메니아(Lesser Armenia, Armenia Minor)'로 불렸다. 그런가 하면 페르시아 지배시대에는 '동아르메니아(Eastern Armenia, Persarmenia)'로, 동로마시대에는 '서아르메니아(Western Armenia)'로 각각 개명되었다. 아르메니아는 기독교를 국교로 받아들인(4세기) 최초의 국가 중 하나다. 마르코 폴로는 『동방견문록』(103~104쪽)에서 대아르메니아는 넓은 지방으로 좋은 목

지(牧地)가 있고, 세상에서 가장 좋은 부크람(buckram, 일종의 면포)이 생산되며, 특히 한 샘에서는 100척의 배에 한꺼번에 실을 정도로 엄청난 양의 기름(원유)이 뿜어 나오는데, 불이 잘 붙는다고 전하고 있다. 오도릭은 타타르인들에 의한 파괴상을, 마르코 폴로는 그들에 의한 복종상을 각각 이야기하고 있다.

18) 아르지론(Arziron, Eriza, Erzinga, Erzinjan, 額爾哲龍)은 오늘의 에르주룸(Erzurum)으로서, 해발 2000미터의 동부 아나톨리아 고원에 위치한 도시다. 아랍어의 'Arzan al-Rum'('로마의 나라'란 뜻)에서 유래한 것으로서, 셀주크 터키인들이 처음으로 사용하였다. 오도릭보다 약 30년 앞서 이곳을 지나간 마르코 폴로는 『동방견문록』(103쪽)에서 아르지론(Argiron, 즉 Arziron)은 대아르메니아에서 훌륭한 도시의 하나라고 기술하고 있다. 오도릭보다 약 15년 후에 이곳에 들른 이븐 바투타는 『이븐 바투타 여행기』(1권, 432쪽)에서 아르줄 룸(Arzu'l Rūm, 즉 아르지론)은 이라크 왕의 치하에 있으며, 부지는 넓지만 두 파로 나뉜 터키인들 간의 분쟁으로 인해 대부분이 파괴되었다고 기술하고 있다. 시내를 세 개의 냇물이 관류하고, 대부분 가정은 각종 수목과 포도나무가 우거진 화원을 가꾸고 있다고 그 풍요상을 전하고 있다.

19) 타타르(Tatar, Tartar, Tatarlar)의 어원에 관해서는 여러 가지 설이 있는데, 크게는 유럽에 기원을 둔 타타르설과 한적(漢籍) 기록에 의한 달단설(韃靼說) 두 가지로 대별해봄 직하다. 그러나 인종적으로는 대저 터키계 종족에 속한다. 오도릭이 본 여행기에서 사용한 'Tartars(타타르인들)'는 앞 타타르설에 의거함이 분명하다. 몽골군의 제2차 서정(유럽 원정, 1235~1244)을 연구한 서구학자들의 주장에 의하면, 이 서정으로 인한 황화(黃禍, 황색 인종들로부터의 재화, 즉 몽골군의 서정에 의한 재화)에 질겁한 서구인들은 내침한 몽골인들을 일률적으로 '타타르' 혹은 '타르타르'라고 비칭하였다. 그 어원을 그리스 문학의 비조인 호메로스(Homeros)의 『일리아드*Iliad*』에서 언급된, 그리스 신화 속에 나오는 지옥의 악마 이름에서 찾고 있다. 중세 영국의

유명한 연대기 작가인 매슈 패리스(Matthew Paris)는 1240년에 쓴 『히스토리아 마조르*Historia Major*』(일명 *Chronica Major*)에서 그해 지옥의 마귀처럼 유럽에 내습한 무리가 바로 '타르타르인들'이라고 쓰고 있다. 그러면서 그는 타르타르인들을 기독교의 공적(公敵)으로 간주하고 일치단결해서 축출해야 한다고 역설하였다. 이러한 시류에 편승해 신성로마제국의 황제 프리드리히 2세는 1241년 7월 3일 영국왕 헨리 3세(재위 1216~1272)에게 보낸 서한에서 "타르타르인들이 지옥에서 온 사람들은 아니지만, 도대체 어디에서 왔는지 유럽인들에게 알려지지 않고 있습니다. 그러나 이 민족이 서방을 정복하여 기독교를 근절하려고 하는 것만은 분명한 사실이기 때문에 기독교 국가들은 하루빨리 협력해 이 야만족을 본국으로 축출해야 합니다"라고 절절하게 호소하였다. 마르코 폴로도 『동방견문록』(192~199, 548쪽)에서 '몽골'을 '타타르'라고 표현하면서 몽골인들의 유목생활과 종교, 군주 등에 관해 나름대로 서술하고 있다. 달단(韃靼, 達達, 韃韃)설의 경우, 넓은 의미로는 북방 유목민족에 대한 총칭이고, 좁은 의미로는 명대 이후 동몽골의 몽골계 유목민을 지칭한다. 오늘날에 와서는 이 두 설에 망라된 민족들을 총괄해서 타타르(인, 족)라고 부르는데, 여기에는 볼가 타타르, 크리미안 타타르, 러시아 타타르, 시베리아 타타르, 중국 타타르 등 여러 갈래의 타타르인들이 망라되어 있다.

20) 오도릭은 본 여행기 도처에서 '사라센인(Saracens, 撒剌遜人)'을 아랍-무슬림(이슬람교 신봉자)의 대용어로 쓰고 있는 듯하다. 그가 '사라센'이란 말의 뜻을 제대로 알고 썼는지, 아니면 알지 못한 채 당시 유행을 따라 썼는지는 확인할 수가 없으나, 본 여행기의 문면 그대로를 해석하면 상당히 반(反)아랍-이슬람적인 정서 속에 이 단어를 사용했다는 것은 분명하다. 원래 '사라센'은 라틴어로 '사막의 아들'이란 뜻으로서, 로마시대에 노예로 끌려가 고용된 중근동인들에 대한 지칭이었다. 로마제국이 몰락하고 아랍-이슬람이 부흥하자, 이 말은 사라졌다가 십자군전쟁을 계기로 서구인들의 아랍

이나 이슬람 제국, 이슬람 문명에 대한 비칭으로 등장해 지금까지도 오용되고 있다.

21) 타우리스(Tauris, 討來思)는 오늘의 이란 아제르바이잔 주의 주도 타브리즈(Tabriz, 이란 제2도시)다. 중국 명사에는 첩필력사(帖必力思)로 음사되었다. 이란과 터키, 카프카스 일원을 연결하는 요로에 위치해 자고로 동서교류에 상당한 기여를 해왔다. 3세기에 아르메니아 왕국의 도읍지가 된 후 수세기 동안 번영을 이어오다가, 13세기에 몽골군의 제3차 서정에 의해 일 칸국(1258~1388)이 세워지자 수도로 정해져 전성기를 맞이하였다. 당시 이곳은 활발한 동서문물의 교역장으로서 많은 동서방 상인들이 폭주하였을 뿐만 아니라, 교황청을 비롯한 서구 여러 나라들의 외교대표들이 상주하고 있었다. 14세기 말 티무르 군에게 점령되었다가 15세기에는 흑양조(黑羊朝, 1378~1469)의 수도가 되었으며, 카자르조(1779~1925) 때는 황태자의 거성(居城)으로서 수도 테헤란에 버금가는 요지였다. 바로 이렇게 유구한 역사를 가진 도시였기 때문에 마르코 폴로와 오도릭, 이븐 바투타, 이 3대 세계 여행가는 이구동성으로 이 도시의 황홀한 번영상을 그들 여행기에서 생생하게 묘사하고 있다. 폴로는 값비싼 옷감들과 모여드는 수많은 외국 상인들의 모습, 막대한 수익을 올리는 도시, 여러 종류의 사람들이 섞여 사는 곳, 경건한 수도원 등을 소개하고 있다.(『동방견문록』, 114~115쪽) 이븐 바투타도 이곳 시장이야말로 세계에서 가장 훌륭한 시장 중 하나라고 하며, 갖가지 보석과 용연향(龍涎香)이나 사향의 전문시장을 격찬한다.(『이븐 바투타 여행기』 1권, 340~341쪽) 본 여행기에서 보다시피, 오도릭은 이들보다 더 감격에 겨워 세상에서 으뜸임을 재차 강조한다.

22) 사르비사칼로(Sarbisacalo, Solissaculo, Sobissacalo, 撒爾比薩卡羅)의 비정에 관해서는 율(Yule)을 비롯한 대부분의 학자들은 아라라트 산으로 보고 있다. 오도릭도 비록 '언덕(hill)'이라고 표현했지만, 그곳에 '노아의 방주'가 있는 산이 있다고 해서 아라라트 산임을 시사하고 있다. 멀리서 보다보면

높은 산도 낮게, 또는 '언덕'으로 보일 수 있을 것이다. 이탈리아 상인 페골로티(F. B. Pegolotti)는 중국에서 영국까지의 교역통로를 밝힌 유명한 저서 『통상지남通商指南』(원서명은 『제국기諸國記』, *Libro di Divisamenti*, 1340년경)에 '세르메싸칼로(Sermessacalo)' 산으로 표기하면서 아라라트 산을 지목하고 있다. 아르메니아 고원에 만년설을 이고 우뚝 선 해발 5164미터의 대아라라트 산(뒤에는 해발 3896미터의 소아라라트 산)은 현지어로 '아으르 산'이라고 하며, 에르주룸에서 타브리즈로 가는 길이 관통하는 도우바야즈트(Dogubayazt) 시의 근교에 자리하고 있다. '노아의 방주'가 묻혀 있다고 하는 기독교의 성산이다. 그래서일까 오도릭은 이 산에 올라가보고 싶었지만 여의치 않았으며, 아직까지 그 누구도 올라가본 적이 없다고 이야기하고 있다. 이 산이 자리한 터키를 비롯한 이슬람 세계에서는 경전 『꾸란』의 기록에 근거해 '노아의 방주'가 안착한 곳은 아라라트 산이 아니라, 티그리스 강의 발원지인 해발 2114미터의 주디 산이라고 믿고 있다. 그래서 해마다 9월이면 무슬림들은 이 산 정상에 모여 감사제를 지내곤 한다.

23) 「창세기」에는 지금으로부터 약 4500년 전에 대홍수로부터 인류를 구출한 '노아의 방주(Noah's Ark, 諾亞方舟)'가 아라라트 산에 표착했다고 적혀 있다. 그러나 여태껏 축구장 길이보다 더 긴 배(성경의 기록으로는 길이 135미터, 너비 22.5미터, 높이 13.5미터)가 과연 어디에 표착했으며, 그 실체는 도대체 무엇인지에 관해 명확하게 밝혀진 바는 없고, 오늘까지도 숱한 수수께끼만 양산되고 있다. 차라리 그저 종교적 신앙으로 덮어버리면 될 터인데, 끝모를 무모함의 작동으로 인해 오히려 오리무중만이 더 깊어지는 양상이다. 그 '무모함'을 한번 되돌아보기로 하자. 도우바야즈트 시에서 동쪽으로 약 3킬로미터 지점의 나지막한 산 능선에 자그마한 '방주박물관'이 있다. 박물관 건너편 언덕에 비스듬히 드러나 있는 배 모양의 석괴(길이 167미터)가 1977년 미국 고고학발굴단이 발견한 방주의 화석이라고 관장은 설명한다. 유사한 방주의 '발견설'은 지난 2천 년 동안 그치지 않았고, 지금도 계속되

고 있다. 기원 초 아르메니아의 한 수도자가 방주를 찾아 세번째로 이 산에 올랐을 때, 하느님은 사람이 올라와서는 안 된다고 경고한다. 그때부터 근 2천 년 동안 입산이 금지된 성역으로 여겨져왔다. 그러다가 1829년 간 큰 독일의 한 모험가가 등반했으나, 방주를 찾아내지 못하였다. 20세기에 들어와서 1, 2차 세계대전을 전후해 일어난 '찾기 붐'을 지나, 한다하는 최신 탐지 기술을 다 동원해 찾아봤지만 결국은 각인각설로 여전히 오리무중이다. 차라리 그저 종교적 신앙으로 묻어버렸으면 한다. 방주의 '발견설'과 그 구체적 과정에 관해서는 졸저 『실크로드 문명기행—오아시스로 편』(한겨레출판, 2006, 346~352쪽) 참고. 마르코 폴로는 『동방견문록』(104쪽)에서 대아르메니아에 관해 언급하면서, 이곳에 네모난 모양의 매우 크고 높은 산이 있는데 '노아의 방주 산'이라고 부른다고만 하고, 아라라트 산이란 거명은 하지 않았다. 이븐 바투타는 전혀 언급이 없다.

24) 오도릭은 수시스(Susis, 蘇息思)와 타브리즈(타우리스)를 동일시했는데, 이는 착각이다. 수시스는 타브리즈의 남방, 자그로스 산맥 언저리에 위치한 고대 아케메네스조 페르시아의 수도 수사(Susa)로서 타브리즈와는 별개의 고도다.

25) 아하수에루스(Ahasuerus, Achashverosh, 阿哈速魯思)는 히브리어 경전에 몇 차례 등장하는 고대 아케메네스조 페르시아의 왕이다.

26) 오도릭이 이란 동북부 호라산(Khorasan) 지방에서 목격한 이 한 그루의 '마른 나무(Arbor Secco, Dry Tree, 乾樹)'는 원래 동남 유럽이나 인도 등지의 메마른 땅에서 자라는 생명력이 강한 동양종 플라타너스(platanus orientalis, oriental plane)다. 키가 30미터까지 이르는 큰 나무로서 보통 군집이 아니라 홀로 자란다. 그래서 일명 '외로운 나무(Arbre Sol, Arbre Seul)'라고도 한다. 13세기 몽골 문헌에도 '외로운 나무'란 뜻의 '각차 모둔(Gagcha Modun)'이란 말이 보인다. 기원전 4세기 아케메네스조 페르시아의 다리우스 왕이 알렉산드로스 왕과의 이수스 전투에서 패하자 '마른 나무' 곁에서

최후를 마쳤다는 전설이 있다. 이러한 이유로 기독교도들을 비롯한 서아시아 일원의 사람들은 건조한 황야 초원에 거연히 우뚝 서 있는 이 거대한 나무를 성수(聖樹)로 숭배하기도 한다. 때로는 지방을 지칭하는 대명사로도 사용된다.(『동방견문록』, 95, 141, 522쪽 참고)

27) 모스크(mosque)는 이슬람 사원을 지칭하는 아랍어 '마스지드(maszid, 淸眞寺)'의 라틴어식 표기다. 와전된 이러한 표기는 지양하고, 아랍어 원어 표기인 마스지드에 따라야 할 것이다. 마스지드는 '엎드리다'란 동사 '사자다(sajada)'에서 파생되어 '엎드리는 장소'란 뜻이다. 무릎을 꿇고 엎드리는 이슬람교의 예배 자세와 관련된다. 이슬람교에서 예배는 마스지드에서 근행하는 것을 권장하지만, 깨끗한 곳이면 어디서나 가능하다. 안방에서, 일터에서, 야외에서, 심지어 비행기 안에서도 상관없다. 마스지드의 내부는 될수록 소박하고 단정하게 꾸린다. 벽화 같은 것은 거의 없으나 경전 『꾸란』만은 반드시 상비한다. 마스지드의 주요 내외 구조물로는 크게 실내의 우측 정면에 있는 여섯 계단의 목제 설교단인 민바르(minbar)와 정면 중앙에 성지 메카를 향해 움푹 파인 아치형 벽감(壁龕)인 미흐라브(mihrab), 그리고 예배를 알리는 실외의 돔이나 탑 모양의 미어자나(mi'azanah), 이렇게 세 가지가 있다. 미어자나는 형태가 뾰족한 탑 모양이기 때문에 흔히 '첨탑(尖塔)'이라고 하지만, 등대라는 말인 '미나라(minārah, 아랍어)'라고 하는 것은 틀린 말이다. 이슬람교의 3대 마스지드는 순례지인 메카의 금사(禁寺)와 창시자 무함마드의 시신이 안치되어 있는 메디나의 성사(聖寺), 무함마드가 야행승천(夜行昇天)했다는 예루살렘의 원사(遠寺)다.

28) 솔다니아(Soldania, Soldaia, Soldachia, 粟特)는 페르시아어로 왕성(王城)이란 뜻으로, 타우리스(타브리즈)에서 동남쪽으로 열흘간 여정거리에 있는 카스피 해 남안의 술타니야(Sulṭānīyeh)다. 이 도시는 일 칸국의 아르군(Arghun) 칸이 짓기 시작해 아들 올자이투(Oljaitu)대인 1305년에 완공하였다. 『원사元史·서북지부록西北地附錄』에는 '손단니아(孫丹尼牙)'로 나온다.

29) 아쌈(Axam, 阿薩姆)은 본 여행기에서 기술하다시피, 카스피 해 호숫가에 위치한 도시로서, 일 칸국 칸들이 겨울철을 지내는 동영지(冬營地)다.

30) 바쿠스 해(the Sea of Bacue, 巴庫斯海)는 카스피 해(the Caspian Sea, 일명 黑海)로서, 그 서안에 있는 석유도시의 이름인 바쿠(Baku)에서 유래되었다.

31) 'Upper India'에서 'Upper'의 뜻을 비교급 규정어로만 이해하면 중국어 역본처럼 '상인도(上印度)'로 번역할 수 있으나, 그 뜻이 애매모호하다. 그러나 이 단어가 '북부의'의 뜻도 가지고 있으므로 '북인도'로 번역하면 지리적 개념이 명확할 뿐만 아니라, '북인도'니 '남인도'니 하는 관용어에도 부합된다. 본 여행기에서 보다시피, 오도릭이 솔다니아를 떠나며 지향한 목적지는 북인도다. 물론 도중에 이란 중부의 여러 곳(심지어 바그다드)을 거쳐 간다.

32) 카싼(Cassan, 柯傷)은 오늘날의 카샨(Kashan, Qashan)으로서, 이란의 수도 테헤란에서 이스파한(Isfahan)으로 가는 남행길 2백 킬로미터 지점과 솔다니아에서 야즈드(Yazd)로 가는 도중에 위치하고 있다. 동방박사의 행적과 관련해 『신약성경』에도 언급된 고도다. 자고로 비단과 벨벳, 카시(Qashi) 도자기로 유명한 고장이다. 『원사·서북지부록』에는 '가상(柯傷)'이란 지명으로 나온다.

33) 삼현시(三賢市, the City of the Three Magi)는 기독교사에서 예수 그리스도를 경배하러 온 세 명의 동방박사(Three Magi)가 출발한 곳으로 전해온다. 이에 관해 성경에는 '동방'에서 왔다고만 하였지 구체적으로 그 지점(지명)이 어디인지는 밝히지 않았다. 그러나 오도릭은 본 여행기에서 이란의 서북부 도시 카싼이 바로 그 지점이라고 못 박고 있다. 그러면서 그들이 이곳에서 50일간이란 긴 여정으로 예루살렘에 갔다고 한다. 이에 앞서 마르코 폴로는 『동방견문록』(121~122쪽)에서 그들의 출발지를 이란의 수도 테헤란에서 서남쪽으로 약 122킬로미터 떨어진 사바(Sava, Saba, Savah, Saua)라고

지목하면서, 이 도시에는 매우 크고 아름다운 그들의 성묘 세 기가 있는데, 유해는 아직 온전하고 머리카락과 수염도 그대로 남아 있다고 전한다. 동방박사 세 사람은 발타사르(Baltasar, Beltasar, Baldasar)와 가스파르(Gaspar), 멜키오르(Melchior)라고 각각의 이름까지 밝히고 있다.

34) 마기(Magi)는 기원전 8세기에서 6세기까지 기간에 이란 서부지역에서 발생한 조로아스터교의 사제 계급을 이르는 말이다. 「마태복음」에 의하면, 그들 가운데 세 명이 예수의 탄생에 즈음해 예루살렘을 방문했다고 하는데, 그들을 일컬어 '세 명의 동방박사(Three Magi)'라고 한다.

35) 이에스트(Iest, Iasd, Jasd)는 테헤란 동남방 5백 킬로미터의 이란 고원 언저리에 펼쳐진 사막 한가운데 있는 조로아스터교의 성지로서, 오늘의 야즈드(Yazd, 耶兹德)다. 오늘날 야즈드가 조로아스터교의 성지라는 것을 입증하는 가시적인 전거로는 '침묵의 탑'과 '불의 집' 두 가지를 들 수 있다. 시 남쪽 변두리 사막의 나지막한 언덕에 각각 높이 50미터와 70미터쯤 되는 흙모래산 두 개가 나란히 마주 보고 있다. 그곳이 바로 '다크메이 자르토슈티얀', 즉 '조로아스터교 신도의 장지'인데, 보통 '침묵의 탑(타크메)'이라고 부른다. 이러한 '침묵의 탑'은 이곳만이 아니라 조로아스터교 신도들이 있는 곳이면 어디에나 있다. 탑 정상에는 조장(鳥葬)을 치르는 넓은 구덩이가 있다. 최초의 계시종교인 조로아스터교(일명 마즈드교)에서는 영혼과 육체를 분리하여, 영혼은 영원하지만 육체는 일단 죽으면 불결한 흉물로 변해 신성한 흙이나 물, 불과 접촉할 수 없다고 한다. 그래서 토장이나 화장은 할 수 없으니 결국 시신은 땅과 분리된 높은 곳에 얹어놓고 독수리 같은 새가 뜯어 먹게 해 그 존재를 없애버려야 한다는 것이다. 한편, 시내에 있는 아테슈카데(페르시아어로 '불의 집'이란 뜻)라고 하는 조로아스터교 사원 정문에는 '바른 생각, 바른 행동, 바른 말'이라는 이 종교의 3대 준칙이 횡서로 쓰여 있는 커다란 문장이 걸려 있다. 그리고 이 사원 안에는 2012년 현재 1540년 동안이나 꺼지지 않고 타오르고 있는 불이 있는데, 이는 2500여 년의 긴 역

야즈드의 조장터인
'침묵의 탑'.

사를 자랑하는 조로아스터교의 끈질긴 생명력을 말해준다. 이 종교에서 불은 선신(善神)의 상징 중 하나로서, 불을 통해 신의 본성을 깨달을 수 있다고 볼 뿐, 불 자체를 숭상하는 것은 결코 아니다. 따라서 불을 숭배하는 종교인 양 '배화교(拜火敎)'로 한역(漢譯)한 것은 이 종교의 본연에 어긋나는 것으로 지양해야 할 것이다. 그 밖에 '천교(祆敎)'라는 한역도 있는데, 이것은 이 종교를 화천(火祆), 즉 '불의 신'을 믿는 종교로 오해한 데서 나온 또 하나의 오역이라고 판단된다.

36) 사해(沙海, the Sea of Sand)는 '모래바다'라는 뜻으로, 바다처럼 넓은 사막을 지칭하는 것이지 어떤 고유명사(사막명)는 아니다. 이것은 본 여행기의 문맥을 통해서 추론할 수 있다. 오도릭은 여행기에서 이곳은 아무런 물기도 없는 아주 메마른 모래땅으로서 모래가 파도처럼 일렁이며 바람에 모래언덕이 수시로 이동한다고 서술하고 있다. 이란에는 서북부에 카비르 사막이, 동남부에 루트 사막이 실로 바다처럼 드넓게 펼쳐져 있다. 자고로 오아시스 육로는 일단 이란에 이르러서는 남북으로 이 두 사막을 지나야만 한다. 루트 사막의 언저리에 있는 야즈드에서 하루 거리에 있는 사막이라면 십중팔구 루트 사막일 것이다. 더구나 루트 사막이 바로 오도릭이 묘사한 사해와 상황이 비슷하다. 페르시아어로 '디시티 루트'라고 하는 이 사막의 면적은 약 5만 1200제곱킬로미터로 길이는 320킬로미터, 너비는 160킬로미

터에 달하는 꽤 큰 전형적인 모래사막이다. 평균 높이 3백 미터의 저지대로서 가뭄이 극심하고 뜨거운 기온과 낮은 습도로 인해 여름철에는 사람이 살 수 없는 지경이며, 큰 모래언덕의 연속이다. 오도릭의 기록과 실제 상황이 진배없으므로 이 여행기에서 말하는 사해는 곧 루트 사막이라고 추단해도 큰 무리가 없을 것이다.

37) 무화과(無花果, fig)는 뽕나뭇과에 속하는 낙엽관목으로, 키는 2~4미터이며 줄기는 초록빛이 도는 갈색이다. 열매인 은화과(隱花果)는 과실이나 가공품으로 먹기도 하지만, 단백질 분해효소가 많아 소화제와 신경진정제로도 쓰인다. 원산지는 소아시아다. 이집트에서는 4천 년 전에 이미 재배했다는 기록이 남아 있어 무화과는 세계에서 가장 오래된 과실이다. 아담과 이브가 금단의 열매를 따 먹고 알몸을 나뭇잎으로 가렸는데, 그 나무가 바로 무화과나무라고 한다. 그래서 성경에는 지혜와 번영, 평화를 상징하는 식물로 등장한다.

38) 코메룸(Comerum)은 여정이나, '성벽 둘레가 50마일' 정도로 큰 도시라는 등의 기술을 감안하면, 고도 페르세폴리스(Persepolis)와 그 궁전으로 추정된다. 페르세폴리스는 그리스어로 '페르시아의 도시'란 뜻이다. 이란인들은 '타크데 잠시드'라고 부르는데, '타크데'는 '옥좌'란 뜻이고, '잠시드'는 이란 전설 속에 나오는 한 왕의 이름이다. 따라서 '타크데 잠시드'는 '왕의 옥좌'란 뜻이다. 아케메네스조 페르시아의 궁성으로서, 다리우스 1세 때인 기원전 518년에 짓기 시작해 5대인 그의 손자 아르타크세르크세스 1세 때인 기원전 469년에 완공했으니, 짓는 데만 약 50년이 길렸다. 중동에서 가장 크다고 하는 이 궁성의 총 면적은 약 12만 8800제곱미터(460×280미터)로서 111개의 돌계단으로부터 시작해 날개 돋친 인면수신상(人面獸身像)을 조각한 '만국의 문', 조공자 행렬도와 동물투쟁도 등 각종 도상이 실감나게 돋을새김되어 있는 높이 20미터의 일흔두 개 돌기둥으로 지어진 아파다나 궁전, 사방 70미터의 부지에 1백 개의 돌기둥 흔적이 남아 있는 백주지(百柱

址, 일명 백주의 방) 등 실로 화려하고 웅장한 문명의 모임터 유적이다. 사자가 목우(牧牛)를 습격하는 동물투쟁도는 뱀이 거북이를 감고 있는 우리네 현무도(玄武圖)의 발상원(發想源)으로 관련지을 수 있을 성싶다. 일세를 풍미한 이 거대한 왕도는 기원전 330년 알렉산드로스 동정군이 지른 불로 하룻밤 사이에 잿더미로 변하고 말았다. 영존을 꿈꾸던 철옹성도 고작 180년 남짓한 단명으로 역사의 뒤안길로 사라져버렸다. 역사의 무상 속에서 2260년 동안이나 숨을 죽이고 파묻혀 있다가 1931년 미국 시카고대학교 고고학팀의 6년간에 걸친 발굴에 의해 비로소 그 영화가 유물로 재현되었다.

39) 후즈(Huz)는 오늘날 이란 서남방 후지스탄(Khūzistān, 고대는 후지야 Hujiya) 주의 주도 아바즈(Ahváz, Hawaz)로서 이라크와의 접경지대에 자리하고 있다. 고대 엘람 왕국시대부터 알려지기 시작한 고도로, 메소포타미아 문명과 페르시아 문명의 접지였다. 1908년 마스지드 술라이만 유전이 발견된 이래 후즈는 이란 유수의 원유산지로 부상하였다. 근교에는 이란 최대의 유전인 아자데간 유전이 있다.

40) 만나(manna, 甘露蜜)란, 남유럽과 서아시아가 원산인 물푸레나뭇과에 속하는 만나나무의 수피에 상처를 내면 나오는 수액에서 얻는 물질로서 향기롭고 달콤한(각종 당분이 70여 퍼센트 함유된) 담황색 덩어리를 말한다. 물에 녹으며, 변을 무르게 하거나 설사시키는 완하제(緩下劑)로 쓰인다. 한편, 만나의 다른 의미는 모세의 지휘하에 애급을 탈출한 이스라엘 백성이 광야에 이르러 굶주릴 때 하느님이 내려준 신비한 양식('하늘에서 내린 빵')을 말한다. 만나는 40년간 그들의 주식이었다.(『구약성경』) 예수는 스스로를 가리켜 '하늘에서 내린 참다운 빵'이라고 말함으로써 기독교에서는 만나가 성찬식의 상징으로 전해지고 있다.(『신약성경』)

41) 베네치아 그로트(Venetian groat)는 베네치아의 은화(銀貨) 단위를 말한다. 그 밖에 베네치아에서 사용한 금화로는 두카트(ducat)와 그로소(grosso, 복수형은 grossi)가 있는데, 1두카트는 18그로소와 맞먹는다.

42) 자고(鷓鴣)는 맛 좋은 엽조(獵鳥, 주 13 참고)의 일종으로, 메추리와 비슷하며 날개의 길이가 약 17센티미터이고, 산과 들에 서식한다.

43) 칼데아(Chaldea, 아시리아어 Kaldu, 바빌로니아어 Kasdu, 히브리어 Kasddim)는 지리적 명칭과 왕국의 명칭 두 가지로 알려지고 있다. 지리적 명칭으로는 페르시아 만 북안까지 이르는 이라크의 티그리스와 유프라테스 두 강 하류 지역(삼각주)을 말하는데, 최초의 기록은 아시리아 왕인 아슈르나시르팔 2세(기원전 884~859년 재위)의 연대기에 보인다. 기원전 850년에 아시리아 왕 샬마네세르 3세는 칼데아에 침입해 페르시아 만까지 진격하고 그곳을 '칼두의 바다'라고 칭하였다. 한마디로, 지리적 명칭으로서의 칼데아는 남부 바빌로니아(현 이라크 남부) 지역을 지칭하였다. 한편, 왕국의 명칭으로 쓰인 것은 칼데아 왕국이 건립되면서부터이다. 아시리아가 약화된 틈을 타서 칼데아 출신의 총독 나보폴라사르(Nabopolassar, 기원전 ?~605)는 기원전 625년에 신바빌로니아 왕국을 세웠으며, 왕국은 기원전 539년에 페르시아의 내침으로 멸망하였다. 이 왕국은 두 강 하류지역의 고대 메소포타미아에 건립된 셈족계의 마지막 왕국이다. 수도 바빌론은 당대의 세계적 상업도시로, 그곳에 유명한 바벨탑과 공중정원이 축조되었다. 그리하여 고대 작가들은 칼데아를 성직자나 발달된 바빌로니아 학문, 특히 천문학과 점성술을 교육받은 사람들의 상징으로 삼았다. 오도릭이 본 여행기에서 페르시아 만 동안에 자리한 고도 후즈가 북변에서 칼데아와 접경하고 있다고 한 기술은 정확무오하다.

44) 바벨탑(the Tower of Babel, 通天塔)은 『구약성경』「창세기」 제11장에 나오는 벽돌로 하늘 높이 파라미드형으로 쌓아올린 성탑(聖塔)으로서, 고대 메소포타미아의 바빌론 부근에 자리하고 있었다고 한다. 성경의 기록과 역사가 및 고고학자 들의 고증에 의해 그 면모가 얼마간 밝혀지기는 했지만, 나름의 시각에서 해석이 분분하다. 「창세기」에 의하면, 인류역사의 개창기, 즉 대홍수가 휩쓸고 간 뒤 노아의 후손들은 다시 시날(바빌로니아) 땅에 모

대(大) 피터르 브뤼헐, 〈바벨탑〉, 1563, 빈 미술사박물관 소장.

여들었다. 그들은 이름을 떨치고 싶었다. 또 홍수와 같은 신 야훼의 심판을 다시는 당하지 않기 위해 꼭대기가 하늘에 닿는, 세계에서 가장 높은 이 탑을 세우기로 작정한다. 이에 노한 야훼는 그들의 마음과 언어를 혼란스럽게 하여 서로 멀리 흩어지게 함으로써 결국 탑의 건설은 중단되고 만다. 성경의 언어인 히브리어에서 '바벨(Babel, Bavel)'은 '혼동시키다'라는 뜻이다. 사실 바벨탑은 서른 개의 성탑(聖塔)인 지구라트(Ziggurat) 중 가장 높은 탑이다. 헤로도토스의 『역사』 등의 기록과 1913년 독일에 의해 발굴된 유적 연구에 의해 그 역사와 규모가 대략 밝혀졌다. 피라미드형 7층탑으로, 각층 규모는 상이하다. 1층은 길이와 너비가 각각 90미터에 높이 30미터이며, 7층은 길이와 너비가 각각 24미터에 높이 15미터이다. 탑을 짓는 데 총 8500만 개의 벽돌이 들어갔다고 한다. 이 탑은 기원전 아케메네스조 페르시아의 침공과 알렉산드로스의 동정에 의해 치명적으로 파괴되었다. 이 성탑이 지니는 역사적 의미를 놓고 설왕설래 자못 이야기가 많다. 인간의 과욕과 공상에 대한 경고로 그 의미를 해석하기도 한다. 탑 건설의 중단에 관해서 신의 '혼동'이나 징벌로 부회적인 설명은 되겠지만, 건설의 목적은 신에 대한 도전이라기보다 지구라트식 성탑으로서 신으로부터의 구제나 축복을 바라는

데 있었을 것이라고 사료된다.

45) 이 대목에서 오도릭은 '칼데아'를 '대왕국'이라고 기술하면서, '바벨탑'에서 4일 여정거리쯤에 있는 도시라고 하였다. 사실 '바벨탑'은 바그다드의 남쪽 80킬로미터 지점에 있어, 4일 여정거리쯤이라고 해도 대차(大差)는 아닐 것이다. 그리고 '칼데아'를 '대왕국'이라고 표현한 것은 왕국의 명칭 개념(주 43 참고)에서 출발해 칼데아를 이슬람 대제국의 수도였던 바그다드로 인지했기 때문인 것 같다. 이 점은 착각이다. 왜냐하면 바그다드는 1258년 몽골군의 제3차 서정으로 함락되어 압바스 이슬람 제국의 수도로서의 위상을 상실하고, 그 원정의 결과로 탄생한 일 칸국의 한 도시로 전락하고 말았기 때문이다.

46) 대양해(the Ocean Sea, 大洋海)는 오도릭이 칼데아(오도릭은 '인도'로 오인)를 떠나 이 바다를 거쳐 오르메스, 즉 호르무즈에 도착했으며, 거기서 다시 배로 23일 만에 인도 서해안의 타나에 이르렀다고 한 항정을 감안하면, 어떤 고유한 바다 이름이 아니라 '드넓은 바다'라는 뜻에서 사용한 것이며, 그곳은 페르시아 만이라고 추단된다.

47) 오르메스(Ormes)는 호르무즈(Hormuz, 忽里模子, 忽魯謨斯)의 와전이다. 역사 속에서의 호르무즈는 신·구 호르무즈 시와 호르무즈 섬, 호르무즈 해협 등 여러 개념이 복합되어 이해에 다소 혼동을 일으키고 있다. 마르코 폴로의 『동방견문록』(115, 127, 134, 136, 138, 510쪽)과 오도릭의 본 여행기 및 『이븐 바투타 여행기』(1권, 237, 305, 338, 395쪽)의 관련 내용을 종합하면 대체로 윤곽이 드러난다. 원래 그리스 문헌에 나올 정도로 일찍이 해안가 유지에 오늘날의 호르무즈간 주의 주도인 반다르압바스(Bandar Abbās)의 자리에 구호르무즈가 있었다. 이 도시가 바로 마르코 폴로가 말하는 쿠르모스(Curmos, Cormos, Chormos, Cremosa, Cremessor, Cremosor, Ormus, Formose 등)다. 이븐 바투타는 이 도시를 무그 아스탄(Mugh Astan)이라고 불렀다. 그러나 마르코 폴로가 다녀간 이후 전쟁으로 인해 이 구호르무즈가 파괴되자

도시는 바로 서쪽 3파르사크(1파르사크는 6.24킬로미터) 떨어져 마주 보이는 제룬(Jerun) 섬, 즉 오늘날의 호르무즈 섬으로 옮겼다. 따라서 마르코 폴로의 기술은 구호르무즈(쿠르모스)에 관한 것이고, 오도릭과 이븐 바투타는 신호르무즈에 관해 유사한 내용을 전하고 있다. 호르무즈간 주의 주도인 항만도시이자 이란 3대 국제무역항인 반다르압바스는 17세기 샤르압바스 1세 때 이곳에 사는 반다리라는 민족의 이름과 왕의 이름을 합성해 '반다르압바스'로 개명한 것이다. 호르무즈 섬은 해안선의 길이가 24킬로미터, 최대 너비가 약 7킬로미터밖에 안 되는 작은 섬이다. 여기에 제룬이라는 도시가 있었다. 섬의 이름은 일찍이 본토 대륙부에 있었던 항구도시 하르모지아(Harmozia)에서 유래했다고 한다. 지봉(芝峯) 이수광(李睟光, 1563~1628)은 우리나라의 첫 백과사전인 『지봉유설芝峯類說』(1614) 권2 「제국부諸國部」에서 이곳을 '홀로모사(忽魯謨斯)'라고 지칭하면서 다음과 같은 기록을 남겨놓았다. 즉 "홀로모사는 서남해의 가운데에 있다. 땅이 두터워서 농사짓기에 제격이다. 사람들은 수수하고 정직하며 얼굴과 체격은 크고 준수하다. 부처를 섬기는 일을 좋아한다. 타계(駝鷄), 복록(福鹿), 영양(靈羊), 마합수(馬哈獸)를 생산한다. 한시(韓詩)에 의하면, 사자국(獅子國, 현 스리랑카)과의 사이에 화물이 오간다"고 기술하고 있다. 이 기록 가운데서 부처를 섬긴다는 것은 착각이다. 왜냐하면 이 지역은 이미 오래전에 이슬람화되었기 때문이다. 이 섬은 14세기 이후 페르시아 만 무역의 요지로, 1507년에 포르투갈인들의 거류지가 되었으며, 1622년에는 영국의 개입하에 이란에 병합되어 영국의 페르시아 만 무역중계지가 되었다. 호르무즈 해협은 너비가 약 50킬로미터, 최대수심이 190미터의 좁은 해협으로서, 북부에 케심과 라라크, 호르무즈 등 몇 개의 섬이 산재해 있으며 교통의 전략적 요충지다. 특히 세계적 산유국인 사우디아라비아와 쿠웨이트, 이란 등 페르시아 만 지역에서 생산되는 석유의 90퍼센트 이상이 이 해협을 통과해 수출된다. 그래서 '석유해협'이라고 부르기도 한다.

2편

동남아시아

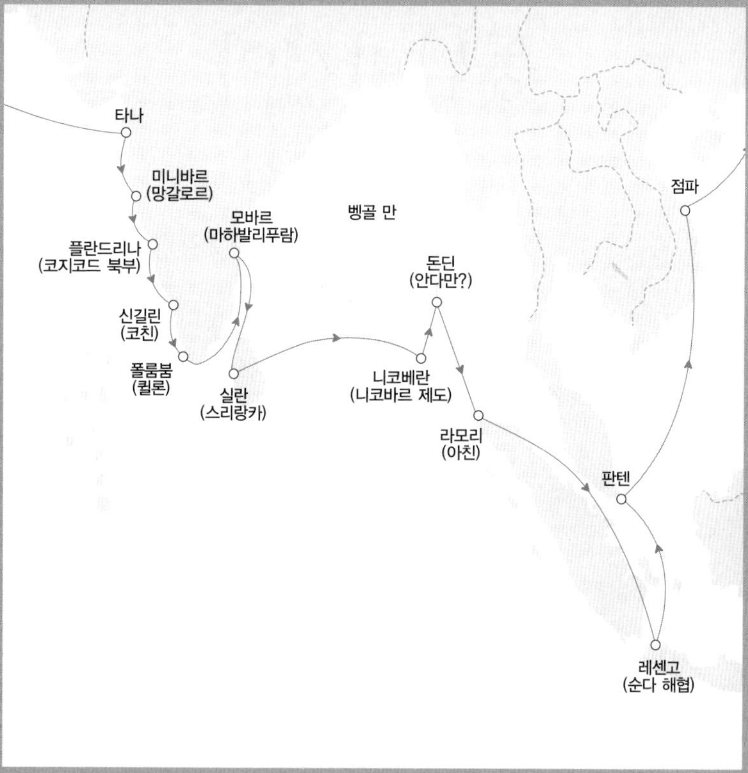
타나
미니바르
(망갈로르)
플란드리나
(코지코드 북부)
신길린
(코친)
폴룸붐
(퀼론)
모바르
(마하발리푸람)
실란
(스리랑카)
벵골 만
돈딘
(안다만?)
니코베란
(니코바르 제도)
라모리
(아친)
점파
판텐
레센고
(순다 해협)

5. 선체에 쇠붙이를 박지 않은 배; 수사 오도릭은 이러한 배를 타고 인도의 타나에 도착하였다

이 나라 사람들은 자세[1]라고 부르는, 끈으로만 봉합(縫合)한 배를 이용한다. 내가 바로 이러한 배 하나를 탔는데, 배 안에서 철붙이라곤 통 찾아내지 못하였다. 나는 이러한 배를 타고 28일 만에 타나[2]에 도착하였다. 이곳에서 기독교의 신앙을 위해 우리의 소형제 네 분이 영광스럽게 순교하였다. 이 도시는 위치상 적지(適地)이며, 빵과 와인이 비축되어 있으며 수목이 무성하다. 옛날엔 여기가 자못 거룩한 고장이었다. 여기가 바로 알렉산드로스 왕[3]과 맞서 그토록 어마어마한 전쟁을 치러낸 그 포루스 왕[4]이 살았던 황성이었으니까. 그때부터 백성들은 불과 뱀, 심지어 나무까지도 숭배하다보니 결국 우상숭배자가 되고 말았다. 이 땅은 무력으로 점거한 사라센인들의 치하에 들어갔으며, 지금은 딜리 제국[5]에 신복되어 있다.

여기에는 갖가지 야수들, 특히 흑사자(黑獅子)[6]가 많이 서식한다. 그 밖에 원숭이와 비비,[7] 비둘기만 한 박쥐도 있다. 또한 셰르피(scherpi)라고 하는, 우리네 개만큼이나 큰 쥐도 있다. 이렇다보니 보통 쥐를 잡는 짐승이나 고양이 따위는 아예 쓸모가 없어 결국 쥐는 개로나 잡게 마련이다. 이 나라에서는 사람마다 집 앞에 기둥만큼이나 굵은 나무 한 그루씩을 심어놓았는데, 일단 물을 주기만 하면 시들어 죽지는 않는다. 그 밖에 귓맛을 돋우는 이상야릇한 일들도 꽤 있다. 〔이곳 여인들은 벌거숭이다. 여인이 시집갈 때는 말 위에 올라타고 남편은 말 엉덩이에 앉아 칼로 그녀의 목구멍을 겨냥한다. 그들은 주교관(主敎冠, mitre, 영어 마이터, 라틴어 미트라)[8]처럼 꽃으로 장식한 높은 모자 외에는 아무것도 머리에 쓰지 않는다. 소녀들은 너나없이 모두 신랑신부 앞에 줄을 지어 집에 도착할 때까지 노래를 부른다. 그러고 나선 신랑신부만 남게 되며, 다음 날 아침에 일어날 때 보면 그들은 여전히 벌거숭이 상태다.〕

〔이 나라에는 로흐[9]라고 하는 술을 만들어내는 나무가 있는데, 그 술은 금방 취할 정도로 몹시 독하다. 이곳 사람들은 시신을 매장하지 않고 성대한 의식 속에 들판으로 옮겨서 짐승이나 새들이 게걸스레 뜯어 먹게끔 내버린다.[10] 그리고 그들은 아주 훌륭한 소를 갖고 있는데, 소뿔의 길이(둘레?)가 족히 반보(半步)는 되며, 등에는 낙타처럼 혹이 있다. 이 도시로부터 판체(파로체?)[11]까지로 가는 데 14일이 걸린다.〕 이 타나라는 곳은 내가 바로 앞에서 언급했다시피, 네 명의 소형제 수사들이 기독교의 신앙을 위해 영광스럽게 순교한 곳이다. 그 경과는 다음과 같다.

6. 네 수사의 타나 시 순교사

앞에서 언급한 수사들이 오르메스에 체류하고 있을 때, 어떤 배가 그들을 폴룸붐[12]까지 태워다주기로 하고 계약을 맺었다. 그런데 막상 배에 오르고 보니 수사들의 소원과는 달리, 엉뚱하게 그만 타나에 끌려가고 말았다. 여기에는 열다섯 가구의 기독교도들, 이를테면 분열주의자이며 이단인 네스토리우스파[13] 교도들이 살고 있었다. 이곳에 온 수사들은 이들 기독교도들 가운데 한 집에 기숙하게 되었다. 한창 머물고 있던 어느 날, 점잖은 집주인과 아내 사이에 말다툼이 일더니 급기야 밤중에 주인은 아내를 한바탕 두들겨 패는 것이었다. 아침이 되자 아내는, 그들의 말로 주교라고 하는 카디[14]한테 가서 구타당한 일을 고소하였다. 그러자 카디는 그녀에게 진술한 것에 대해 어떤 증거가 있느냐고 묻는다. 그녀는 충분한 증거가 있다고 대답한다. "왜냐하면," 그녀가 말하기를 "그 사람이 나에게 손찌검을 할 때, 집에는 네 명의 프랑크 랍반[15](우리말로는 네 명의 종교 성직자)이 있었기 때문입니다. 그들에게 문정(問情)하면, 그들은 당신에게 진상을 알려줄 것입니다"라고 하였다. 부인이 이런 말을 하고 있을 때, 현장에는 알렉산드리아[16] 출신의 한 남자가 지켜보고 있었다. 그는 카디에게 성경에 정통한 그들과 종교에 관해 변론한다면, 무언가 유익한 점이 있을 성싶다고 말하면서, 사람을 보내 그들을

문정 중인 카디.
왼쪽에 앉은 사람이 카디다.

데려오라고 간청한다. 이 말을 듣고 있던 카디는 곧 사람을 보내 우리의 형제들을 데려왔다. 그들, 즉 안코나[17] 경내의 톨렌티노[18]에서 온 수사 토마스, 파도바의 수사 자메스, 게오르기 출신의 세속교우(世俗敎友)[19]이자 달변인 수사 데메트리우스(시엔나[20]의 수사 페테르는 집에 남아서 물건을 지킴)가 카디 앞에 불려왔다. 카디는 곧바로 그들에게 우리의 신앙에 관해 시비를 걸어왔다. 이교도들은 이런 식으로 그들과 논쟁하면서 그리스도는 사람일 뿐, 신은 아니라고 우겨다짐한다. 수사 토마스가 변론에 응해 여러 가지 증거와 실례를 들어가면서 신인합일(神人合一)을 논증하였다. 드디어 그는 사라센인들로 하여금 더이상의 반론을 고집할 수 없을 만큼 당혹하게 만들었다.

7. 속편

자신이 많은 사람들 앞에서 이런 낭패스러운 꼴을 당하게 되자 카디는 큰 소리를 지르기 시작한다. "그렇다면 너는 무함마드[21]를 어떻게 보는가? 무함마드를 어떻게 보는가?" 이렇게 하는 것은 사라센인들의 버릇일진대, 그들은 어떤 논리로도 자신들의 주장을 지켜내지 못할 때면, 으레 검이나 주먹다짐으로 우겨대기 일쑤다. 카디가 이렇게 수사 토마스에게 묻자, 이 교우는 "우리는 여러 가지 증거와 실례로 그대에게 이 세상에 종교를 전한 그리스도는 참신이자 인간이며, 그의 뒤에 무함마드가 와서 전자와 상반되는 종교를 전파하였습니다.[22] 그대가 진정 총명하다면 어떻게 그를 생각해야 하는지 필시 알 것이 아닙니까"라고 답변한다. 그러자 카디와 다른 사라센인들은 그저 고래고래 소리만 지르면서 "다시 묻건대 당신은 무함마드를 어떻게 보는가?"라고 되캐묻는다. 그러자 수사 토마스는 "기왕 그대들이 나더러 '그를 어떻게 보는가'라고 거듭 묻기만 하니, 나로서는 그대들의 물음을 거절하는 데 대한 모멸감을 느끼지 않을 수가 없다. 그렇다면 나는 답하면서 그대들에게 고하노니, 무함마드는 지옥의 자식으로서 그와 그의 마귀 아버지가 있을 자리는 마굴뿐이다. 그만이 아니라, 그의 모든 추종자들과 신봉자들은 언필칭 위선자, 가해자, 저주받는 자들이라서, 모두가 하느님과 영혼의 구제를 거역한다"고 화답한다. 사라센인들은 이 말을 듣자마자 모두 한결같이 "선지자를 모독한 저자를 죽여라, 저자를 죽여라"라고 고함을 지른다. 그러고 나서 그들은 수사들을 꽁꽁 묶은 채 불볕 속에 버려두어 지긋지긋한 혹염에 참사를 당하도록 하였다. 그곳 더위는 얼마나 혹심한지 누군가가 불볕 속에 〔맨머리로〕 1회 미사시간만 서 있어도 금세 죽어버린다. 그러나 수사들은 그 불볕 속에서도 하느님을 찬미하고 찬송하면서 3시과(時課)[23]부터 9시과까지 상심 하나 없이 유쾌하고 아무런 탈 없이 버텨갔다. 사라센인들은 이 광경을 보자 무언가 함께 숙덕거리더니 교우들 앞에 다가와서 "우리는 활활 타오르는 불을 지펴 너희를 그 속에 던져 넣으려고 한다. 너희가 집착하는 교리가 참이라면 불길은 너희를 태워 죽이지 않을 것이고, 가짜와 사악한 것이라면 너희는 깡그리 소진될 것이다"라고 말하는 것이었다.

그러자 교우는 이렇게 대답한다. "카디여, 우리는 이미 불 속에 뛰어들, 감옥에 갇힐 준비가 다 되어 있다. 또한 우리의 종교를 위해 그대가 우리에게 가하는 모든 것을 감내할 준비가 다 되어 있다. 어차피 그대는 우리를 평결(評決)하도록 되어 있으니깐. 그러나 그대가 꼭 알아두어야 할 일이 하나 있다. 즉, 불이 우리를 태워버린다 해도 이것이 우리 종교(의 잘못) 때문이라고 생각하지 마라. 이것은 오로지 우리의 죄 때문이며, 하느님은 우리가 잘 타도록 헤아려주실 것이다. 이토록 우리의 종교는 세상에서 가장 완벽한 지고의 종교다. 이 세상에 이 종교 말고는 사람들을 구제할 만한 신앙은 더 없다."

8. 속편 이야기

수사들을 화형(火刑)한다는 명이 내려지자, 그 소식이 번개처럼 온 도시에 퍼져나갔다. 남녀노소 할 것 없이 도대체 어떤 일이 일어날 것인지를 지켜보려고 함께 무리를 지어 나섰다. 때마침 교우들은 굉장히 큰 불길이 활활 타오르고 있는 메단,[24] 즉 도시의 광장으로 끌려가고 있었다. 수사 토마스는 자진해 불 속으로 뛰어들었다. 그럴 때 웬 사라센인이 그의 후드[25]를 붙잡고 "아니, 가지 마세요. 이렇게 연로하신데. 그대가 지닌 묘술이 그대를 태우지 않을 수도 있을 텐데. 다른 사람더러 가라고 합시다!"라고 말한다. 이때 사라센인 네 사람이 곧바로 파도바의 수사 자메스를 우격다짐으로 잡고 불 속에 밀어넣는다. 자메스는 그들에게 "그만둬, 내가 스스로 들어갈 테니" 라고 말한다. 그러나 그들은 그의 말에 아랑곳도 하지 않은 채 억지로 불 속에 집어넣는다. 그들의 이런 짓으로 자메스가 불 속에 던져졌을 때, 불길은 그토록 높고 넓게 활활 타오른다. 이제 사람들은 더 이상 그를 볼 수는 없지만, 끊임없이 성모의 이름을 기구(祈求)하는 그의 목소리가 들린다. 불은 거의 다 꺼졌는데 수사 자메스는 등걸불 속에 의연히 서서 환희와 의기양양 속에 두 손을 하늘로 번쩍 추켜들고 십자가를 그으면서 굳은 의지와 순결한 마음으로 연신 하느님을 찬미한다. 불길이 그렇게 거셌는데도 그의 신상에는 아무런 상처나 화상이 없다. 이 광경을 지켜본 사람들은 한결같이 "그들은 성인이다! 그들은 성인이다! 그들을 해치는 것은 범죄다. 우리는 그들의 종교야말로 참으로 훌륭하고 신성하다는 것을 봤다"라고 함성을 지른다. 그들이 이렇게 외칠 때, 수사 자메스는 불 속에서 불려 나왔다. 그는 추호의 상처도 없이 온전한 몸으로 밖으로 나왔다. 이것을 보자 카디도 고래고래 소리를 지르기 시작한다. "저자는 성인이 아니다! 그가 불에 타지 않는 것은 등에 아브라함 땅[26]의 옷을 걸치고 있기 때문이다. 그러니 발가벗겨서 불 속에 다시 처넣어라!"

그것이 유효할 것이라고 여겨서 몇몇 사라센 폭도가 나와서 아까보다 두 배 더 큰 불을 다시 지폈다. 그러곤 자메스를 발가벗겨 몸을 씻기고는 그의 몸에 기름을 한가득 뿌린다. 또한 불길이 더 거세게 타오르게 해 더 빨리 수사를 태워 죽이기 위해 나뭇더미 위에도 많은 기름을 붓는다. 그런 다음 수사 자메스를 불 한가운데에 억지로 던져 넣는다. 수사 토마스와 데메트리우스는 불 바깥에서 무릎을 꿇은 채 열렬하고 절박하게 기도를 한다. 그렇지만 수사 자메스는 전과 같이 아무런 상처 없이 다시 나왔다.

9. 속편 이야기

이 광경을 목격한 사람들은 다시 한 번 한목소리로 "이것은 죄악! 성인인 그들을 해치는 것은 죄악!"이라고 울부짖는다. 그러자 사람들 속에서 한바탕 큰 소동이 일어났다. 이 같은 두번째 기적을 목격한 이 도시의 멜릭,[27] 즉 행정관은 수사 자메스를 불러다놓고 옷을 입힌 다음 이렇게 말한다. "가십시오, 교우들이여. 하느님의 은총 속에. 그대들은 우리의 손에 더이상 해를 입지 않아야 합니다. 당신들이야말로 선량하고 신성한 사람들이라는 것을 잘 봤습니다. 당신들의 종교는 훌륭하고 신성하며 진실이라는 것, 우리는 의심 없이 봤습니다. 그러나 당신들의 안전을 고려해서 우리는 당신들이 되도록 빨리 이곳을 떠나기를 권유합니다. 왜냐하면 카디가 앞으로 안간힘을 다해 당신들의 목숨을 다시 노릴 것이기 때문입니다."

그가 이 말을 할 때는 바로 저녁기도 시간이었다. 모든 백성들, 우상숭배자들과 그외 사람들은 저마다 경외와 놀라움 속에 빙 둘러서서는 "우리는 이들에게서 이처럼 위대하고 불가사의한 일을 목격하였습니다. 도대체 우리는 어떤 교법[28]을 따르고 지켜야 하는지 정말 모르겠습니다"라고 입을 모은다. 그들이 그렇게 말하자 멜릭은 세 수사들을 도시에서 얼마 멀지 않은 만(灣)으로 호송했는데, 마침 그곳은 시에 속하는 교외구역이다. 그들이 거처했던 집의 주인이 그들과 동행하였다. 그래서 그들은 어느 한 우상숭배자의 집을 피난처로 삼았다. 그들이 그곳에 머물고 있을 때, 카디가 멜릭을 찾아와서 이런 말을 건넸다. “우리는 도대체 무얼 하고 있단 말입니까? 이제 다른 조처를 취하지 않는다면 무함마드 교법은 무너지게 될 것입니다. 이들 프랑크 랍반들은 곧바로 전국적으로 전도를 행하게 될 것입니다. 그들이 이토록 대단한 기적을 만들어내고 있는 것을 모든 백성들이 이미 봤으니, 모두가 그들을 따라 개종하게 될 것입니다. 그렇게 되면 무함마드 교법은 무력해질 것입니다. 그렇게 되지 않으려면 당신은 한 가지 사실을 꼭 유념해야 할 것입니다. 그것은 무함마드가 『꾸란』[29](즉 그의 교법)에서 ‘기독교도 한 명을 사살하는 것이 메카에 순례하는 것과 맞먹는 공덕’[30]이라고 지시한 사실입니다.” (『복음서』가 기독교인들의 교법인 것처럼 『꾸란』은 사라센인들의 교법이라는 것을 이제 당신은 알아야 한다. 메카는 무함마드의 매장지[31]로서 기독교도들이 성묘(聖墓)[32]를 순례하는 것과 마찬가지로 사라센인들도 그곳을 순례한다.)

그러자 멜릭이 카디에게 “그렇다면 가셔서 당신이 원하는 일이나 하세요”라고 내답한다.

10. 속편 이야기

멜릭의 이런 말이 떨어지기 바쁘게 카디는 수사들을 살해하라고 네 명의 무장인원을 보냈다. 그런데 그들이 막 물(강)을 건너려고 하는데 땅거미가 내려앉는다. 이런 늦은 시각에 수사들을 찾아내기란 만무하였다. 한편, 때를 같이해 멜릭은 시내에 있는 모든 기독교인들을 잡아다가 감옥에 가두라고 명하였다. 마침 자정이 되자 수사들은 일어나서 아침기도를 올리고 있었다. 그들을 살해하라고 파견된 사람들은 드디어 수사들이 있는 곳을 알아냈다. 그들은 수사들을 교외의 한 그루 나무 아래로 끌고 가서 "우리는 카디와 멜릭의 명령을 받고 당신들을 살해하러 왔습니다. 그러나 당신들은 선량하고 신성한 사람들이라서 결코 이 일이 내키지는 않습니다. 그렇지만 우리에겐 딴 방법이 없습니다. 우리가 그들의 명령을 집행하지 않으면 우리와 우리의 처자식들은 죽임을 당하게 됩니다. 당신들은 반드시 이 점을 알아야 합니다"라고 말하였다. 이에 수사들은 "기왕에 당신들이 이렇게 왔으니 우리는 속세의 죽음으로 영생에 다다를 것입니다. 그러니 명령받은 대로 하십시오. 우리의 종교를 위해, 우리의 주 예수 그리스도의 사랑에 보답하기 위해, 당신들이 우리에게 가하는 어떠한 혹형(酷刑)도 용감하게 감내할 준비가 되어 있습니다"라고 대답했다. 그들이 이렇듯 담대하고 지조 있는 대답을 하자, 그들과 동행하던 한 기독교도와 네 명의 악한들 사이에 날카로운 언쟁이 벌어졌다. 그는 악한들에게 이렇게 쏘아붙인다. "나에게 칼 한 자루만 있어도 너희가 이러한 짓을 하지 못하게 막을 수 있을 텐데. 아니면 나도 그네들과 함께 죽여달라." 그러자 악한들은 수사들을 발가벗긴다. 곧바로 손으로 십자가를 긋는 수사 토마스가 맨 처음 화를 당한다. 그의 머리가 잘린다. 이어 다른 한 악한이 수사 자메스의 머리를 강타한 다음 눈 언저리까지 쪼개곤 즉시 머리를 자른다. 수사 데메트리우스 역시 먼저 가슴에 치명적인 한 칼을 찔린 후 머리가 잘린다. 그들이 이렇게 순교해서 영혼을 하느님께 바칠 때, 하늘은 갑자기 밝아지면서 놀라울 정도로 반짝인다. 때맞춰 휘영청 둥근 달이 차오르면서 환한 빛을 뿌린다. 이윽고 어마어마한 우레와 번개가 일고 섬광이 번뜩인다. 사람들은 거개가 바야흐로 종말이 다가온다고 생각하였다. 본래 그들을 폴룸붐으로 실어 갔어야 했으나, 그들의 희망과 달리 그들을 타나로 옮겨놓은 그 배는 결국 바다 밑에 가라앉고 말았다. 그래서 배나 배의 선원들에 관해선 더이상 알려진 것이 없었다.

11. 속편

아침에 카디는 숙소에 사람을 보내 수사들이 가지고 있는 짐을 가져오도록 하였다. 숙소에 남아 있던 세 수사들의 동료인 시엔나의 페테르도 카디에게 데리고 왔다. 카디와 다른 사라센인들은 그에게, 만일 자신의 신앙을 버리고 무함마드를 인정하기만 하면 큰 혜택이 있을 것이라고 그를 구슬려댔다. 그러나 그는 비웃으며 그들을 놀라게 할 태도로 그들의 제안을 일언지하에 묵살해버렸다. 그러자 그들은 그에게 폭행을 가하기 시작한다. 아침부터 정오까지 고문이란 고문은 다 들이대지만, 페테르는 시종일관 추호의 동요도 없이 자신의 신앙을 굳건히 지키면서 용감하게 그들의 교의를 통척하고 그 허구성을 꼬집는다. 그가 결코 신념을 굽히지 않으리란 것을 알아챈 사라센인들은 그를 나무에 매달아놓았다. 페테르는 9시과(時課)[33]부터 어두워질 때까지 줄곧 매달려 있었다. 밤이 깊어지자 가까스로 풀려났는데, 아무런 상처도 없었다. 이것을 본 사라센인들은 무턱대고 그를 칼로 산산조각 냈다. 그러나 아침에 보니 페테르는 흔적 하나 남기지 않고 어디론가 가뭇없이 사라져버렸다. 그런데 어느 한 믿을 만한 사람에게 내린 계시에 의하면, 그의 시신을 거둬들인 하느님은 언젠가 적당한 시기가 오기만 하면 기꺼이 사실을 공개할 것이라고 한다.

하느님은 그들의 영혼이 이미 천국으로 회향한 것을 증명이라도 하려는 듯, 이 축복받은 수사들이 영광스러운 순교자가 된 바로 그날, 멜릭은 깊은 잠에 빠졌다. 잠 속에서 영광스러운 수사들이 눈앞에 나타나 마냥 태양처럼 빛나고 반짝이는 것이 아닌가. 자신을 향해 손에 잡은 검을 휘두르는데, 당장 산산조각 날 것만 같았다. 이런 무시무시한 환영 앞에서 멜릭은 그만 겁에 질려 고함을 지르기 시작한다. 소란스러운 소리에 가족이 달려와 대관절 무엇 때문에 괴로워하는지, 또 무엇을 하려고 하는지를 보러 왔다. 그러자 그는 "내가 죽이라고 한 프랑크 랍반들이 칼을 들고 여기에 나타나 나를 죽이려고 했으니까"라고 대답한다. 그래서 카디를 불러와서 당한 일을 설명하고는, 이 일을 어떻게 하면 좋을지 자문한다. 왜냐하면, 메디 역시 자칫 그들의 손에 의해 자신도 깡그리 없어지게 될 것이라고 확신했었기 때문이다. 이에 카디는 살해된 자들의 손아귀에서 벗어나려면 무언가 그들을 위한 자선사업 같은 것을 해야 한다고 타이른다. 그러자 멜릭은 곧바로 사람을 보내 감금된 기독교인들을 데려오게 해서는 마치 동료나 형제처럼 친절하게 대해준다. 그러곤 겸허하게 그들에게 자신이 취한 행동에 대해 양해를 구하는 것이었다. 그 밖에도 그는 앞으로 그 누구라도 기독교인들을 해치면 죽음을 면치 못할 것이라고 엄명도 내렸다. 그 이후 멜릭은 수사들에게 경의를 표하고자 네 개소의 모스크, 즉 교회당을 지어 사라센 사제[34]들이 각각 상주하도록 하였다.

12. 속편 이야기

딜리의 황제[35]는 수사들이 그토록 참혹한 극형에 처해졌다는 사실을 알게 되자 사람을 보내 멜릭을 체포하여 손을 묶어 압송해 오라고 명을 내렸다. 멜릭이 황제 앞에 끌려오자, 황제는 왜 수사들을 그렇게 참혹하게 살해하였는지 따져 물었다. 그러자, "신이 그들을 죽인 것은 그들이 우리의 법을 뒤집으려고 하며, 선지자를 모독했기 때문입니다"라고 대답한다. "이 극악무도한 개 같은 놈! 두 번이나 하느님이 그네들을 불 속에서 구출하신 것을 똑똑히 봤음에도 불구하고 네놈이 감히 그네들을 살해했단 말인가?"라고 호통을 지르고는 그와 온 가족을 능지처참하라고 명령하였다. 결국 멜릭은 우리 교우들이 광영을 누리도록 한 바로 그 치사법(致死法)으로 이제 그 자신이 응분의 천벌을 받게 되었다. 카디는 이 소식을 듣자 도시에서 줄행랑을 쳐 황제의 영토를 영영 떠나고 말았다.

이 지방에서는 죽은 사람을 매장하지 않고 시체를 들에 버리는 한 가지 유습이 있다. 시체는 순식간에 폭염에 망가지고 끝내는 없어진다. 수사들의 시체도 햇볕 아래 열나흘이나 방치되었다. 그렇지만 영광스러운 순교의 그날처럼 그들의 시체는 썩지 않고 그대로 생생하였다. 이 모든 것을 현장에서 목격한 기독교인들은 시체들을 수습해 묘소에 매장하였다.

13. 수사 오도릭은 어떻게 네 수사의 해골을 수습하였는가; 그로부터 발생한 기적

그때 나, 수사 오도릭은 바로 이 지역에 당도하였다. 수사들의 영예로운 순교사를 듣고는 그들의 분묘를 파헤쳐 겸허하고 경건한 마음으로 해골을 꺼냈다. 하느님은 늘 성도(聖徒)들을 통해 위대한 기적을 행하시는바, 이 네 분들을 통해 기꺼이 엄청난 기적을 현현하셨다. 그리하여 나는 그들의 해골을 꺼내 깨끗한 손수건으로 감쌌다. 이때 교회의 한 교우와 잡역부 한 사람이 나와 동행하였다. 나는 해골을 가지고 상인도[36]의 모처(某處)에 있는 교우 수사의 집에 이르렀다. 그러다가 어느 한 민가에 기거하게 되었는데, 잠을 잘 때 나는 이 해골들, 더 적절하게 말하면 성골(聖骨)들을 베고 자곤 하였다. 그렇게 잠을 자던 어느 날 갑자기 집에 불이 났는데, 알고 보니 사라센인들이 방화를 한 것이었다. 그들은 사람들의 환호 속에서 나를 방화자로 몰아붙여 치사(致死)케 하고자 한 것이다. 어떤 집이든 일단 화재가 나기만 하면 죽임을 당해야 한다는 황제의 칙령에 따른 것이다. 집에 불이 나자 교우와 잡역부는 나와 해골을 집에 남겨둔 채 자신들만 피신하였다. 나는 교우들의 해골을 품에 안고 하느님의 도움을 기구하면서 불붙는 집 한구석에 쭈그리고 앉아 있었다. 이윽고 세 구석은 모두 타버렸는데, 유독 내가 있는 구석만 남겨놓았다. 불길은 앉아 있는 내 머리 위에서 삼킬 듯 맴돌고 있었지만, 나는 아무런 화상도 입지 않았으며, 내가 앉아 있은 구석은 조금도 타지 않았다. 내가 줄곧 해골을 껴안고 있는 한, 불은 아래로 내려오지 않고 대기(大氣)처럼 머리 위에 걸려 있기만 하였다. 그러나 내가 이 집을 떠나자마자 집은 폭삭 무너졌으며, 곁붙어 있는 여러 채의 집들도 타버렸다. 나는 그렇게 무사히 탈출하였다.

14. 속편

그 여행 도중에 이와 비슷한 일이 나에게 또 한 번 일어났다. 내가 교우들의 해골을 가지고 폴룸붐이라고 하는 도시(후추[37]가 성산되는 곳)로 항해할 때였는데, 갑자기 불던 바람이 뚝 멎어버렸다. 우상숭배자들은 좋은 바람을 내려주십사 하고 그들의 신에게 빌어댔지만 아무런 소용이 없었다. 이어 사라센인들의 차례가 와서 그들도 안간힘을 다해 바람을 내려달라고 빌었지만, 그 기도도 하등의 소득이 없었다. 그제야 그들은 나의 동료와 나더러 바람을 내려주도록 우리 하느님께 기도해야 한다고 주문한다. 만일 이것이 효력을 발생한다면 우리에게는 더없는 영예가 차려질 것이다. 이때 선장은 남들이 알아듣지 못할 것 같은 아르메니아어로 나에게 "우리가 바람을 얻지 못한다면 우리는 당신들의 해골을 바다에 던질 것입니다"라고 말한다. 그래서 나의 동료와 나는 하느님 자신에게 기도를 올리고 또 올렸다. 그러나 여전히 바람은 일지 않았다. 오로지 바람을 얻고자 하는 일념에서 성모 마리아께 많은 미사를 약속드렸다. 이렇게까지 하였지만 끝내 아무런 바람도 얻지 못하였다. 그러자 나는 해골 속에서 뼈 하나를 꺼내 잡역부에게 주면서 빨리 뱃머리에 가서 바닷속에 던지라고 하였다. 뼈가 그렇게 바다에 던져지자마자 멈출 줄 모르는 순풍이 일어나 우리를 항구까지 이르게 하였다. 이렇게 우리는 수사들의 공덕으로 무사히 그곳(폴룸붐)에 당도하였다.

15. 속편

우리는 폴룸붐 항에 도착해서 정크[38]라고 하는 다른 배로 갈아탔다. 앞에서 언급한 바와 같이 상인도에 가서는 자이톤[39]이라는 도시에 이르렀다. 거기에는 우리 수사들이 성골(聖骨)들을 안치하기 위해 집 두 채를 마련하고 있었다. 배에는 선원들과 상인들을 합쳐 족히 7백 명은 되는 사람들이 타고 있었다. 우상숭배자들에게는 이러한 관행이 있다. 즉, 그들은 부두에 들어가기 전에 전체 배 속에 무엇이 있는가를 확인하기 위해 배를 샅샅이 수색한다. 만일 죽은 사람의 해골이 발견되면 즉시 바다에 처넣는다. 왜냐하면, 그들의 말로는 해골 같은 것이 배에 있으면 죽음이라는 큰 재난을 몰고 오기 때문이다. 이러한 관행에 따라 배를 샅샅이 수색하였지만, 그리고 배에는 적잖은 해골이 있었지만, 그 어떠한 형적도 찾아내지 못하였다. 이렇듯 하느님의 윤허 속에 우리는 무사히 해골을 교우의 집에 가지고 가 예를 갖춰 대단히 존엄하게, 그리고 적절히 안치하였다. 이들 성도(聖徒)들을 통해 전능하신 하느님께서는 기타 많은 기적을 현현하셨다. 그 진실은 이교도들이나 사라센인들마저도 공히 인정하고 있다. 그들이 병에 걸렸을 때, 수사들이 피살된 곳에 가 흙을 가져다가 물에 씻은 다음 그 물을 마시면 금방 만병이 치유되곤 하였다.

16. 수사 오도릭은 네 수사의 일을 마침; 지금 미니바르 왕국과 후추 생산에 관해 언급

지금 당신이 후추가 어떻게 얻어지는지를 알고 싶다면, 내가 당신에게 말해주지. 후추는 내가 일찍이 상륙한 바 있는 미니바르[40]라고 하는 제국에서 자란다. 이 나라 말곤 세계 어디에서도 생산되는 곳은 없다. 후추가 자라는 숲이 얼마나 넓은지, 둘러보는 데 18일이나

'인도항로' 개척자인 바스쿠 다 가마의 플란드리나 상륙 지점.

걸리는 구간에 걸쳐 펼쳐져 있으며, 숲 속에는 두 개의 도시가 있다. 하나는 플란드리나[41]라고 하고, 다른 하나는 신길린[42]이라고 한다. 플란드리나 시의 주민 가운데는 유대인들과 기독교인들이 있는데, 두 도시 간에는 늘 티격태격 싸움이 벌어지고 있다. 결과는 언제나 기독교인이 유대인을 격파하고 압도하곤 한다.

지금 이 지방 사람들은 이런 방법으로 후추를 얻고 있다. 즉 우선, 후추는 담쟁이덩굴처럼 잎사귀가 날려 있는 식물로 자란나. 마치 우리네 포도나무처럼 키 큰 나무 곁에 심는데, 포도송이 같은 열매가 맺힌다. 열매는 그토록 많이 맺히는데, 마치 나무 밑에서 무언가 터지는 것만 같다. 열매는 익을 때 녹색이고, 수확기에 포도를 수확하는 것과 마찬가지로 열매를 수확해 햇볕에 말린다. 마르면 항아리에

신길린(현 코지코드 지역)에 있는 성 프란체스코 성당의 외관.

저장한다. 〔신선한 후추로는 당과류를 만드는데, 나는 먹어봐야 할 만큼 많이 먹었다.〕 숲 속에 있는 강에는 포악한 악어, 즉 큰 뱀이 서식하고 있다. 〔숲 속에는 갖가지 큰 뱀이 득실거려 사람들은 지푸라기와 밀짚에 불을 지펴 태워 죽인다. 그래야 안전하게 가서 후추를 거둬들일 수가 있다.〕 〔여기에는 사자가 많고 우리 프랑크 지역[43]에 없는 각종 짐승도 있다. 그리고 여기서는 소목(蘇木)[44]을 땔감으로 쓰며, 수림 속에는 야생 공작새도 흔하다.〕

그 후추 숲 남단에는 폴룸붐[45]이라고 하는 도시가 하나 있다. 그곳에서 자라는 생강(生薑)[46]은 세계 어느 곳의 것보다도 질이 좋다. 이 도시에서 판매되는 제품은 사람들이 믿기 어려울 만큼 종류가 다양하고 수량이 많다.

17. 수사 오도릭이 폴룸붐 우상숭배자들의 풍속을 기술

〔이곳 사람들은 모두 알몸이다. 그저 치부나 겨우 가릴 정도로 작은 천 조각을 등에 걸치고 있을 뿐이다.〕 이 지역 사람들은 소야말로 신성한 동물이기 때문에 신으로 숭배한다고 말한다.[47] 〔쇠고기는 먹지 않는다.〕 그들은 소를 6년간 부리고서 일곱번째 해가 되면 모든 노역에서 해방시켜준다. 그리고 이제부터는 봉헌(奉獻)되는 신성한 동물이라고 선언하면서 지정된 공공장소에 보낸다. 그들은 다음과 같은 가증스러운 미신을 아직도 지키고 있다. 즉, 매일 아침 금이나 은으로 만든 대야 두 개를 들고 나와서는 소가 외양간에서 끌려 나올 때 그 대야를 소의 몸뚱이 아래에 놓는다. 그러곤 하나에는 오줌을, 다른 하나에는 똥을 받는다. 받은 오줌으로는 얼굴을 씻고, 똥은 자신의 몸에 바른다. 먼저 이마 한가운데에 바르고, 다음에는 두 볼에, 마지막으로 가슴 한가운데에 바른다. 이렇게 몸 네 곳에 두루 바르고 나면 그들은 자신이 성결(聖潔)된 것으로 여긴다(그날은). 평범한 백성들이 이렇게 하는가 하면, 왕이나 왕후도 역시 이렇게 한다.

그들은 또한 반인반우(半人半牛)의 다른 우상도 숭배한다. 이 우상은 입으로 응답하기도 하고, 항시 40명 처녀의 헌혈을 요구하기도 한다. 그곳의 남자나 여자 들은 아들이나 딸을 흔쾌히 우상에게 바친다. 이것은 마치 우리네 남자나 여자 들이 아들이나 딸을 수도회에 보내는 것과 진배없다. 이것으로 인해 많은 사람들이 목숨을 잃게 된다.

그 사람들이 행하는 여느 모든 일들, 심지어 무엇을 적는다든가 들려주는 일마저도 사사건건 지긋지긋하기만 하다. 거기서 생산된다든가 성장한다든가 하는 기타 여러 가지 사항들을 지루하게 늘어놓아봤자 무익한 일일 뿐이다. 이 지역 우상숭배자들에겐 또 한 가지 악습이 있다(내가 꼭 지적해야 할). 사람이 죽으면 화장을 한다. 미망인이 있으면, 그녀는 다른 세계에 가서도 남편과 함께 있어야 한다고 말하면서 산 채로 남편과 함께 불태워 죽인다. 하지만 미망인에게 남편에게서 낳은 아들이 있을 경우, 그녀의 소원에 따라 아들과 함께 살 수 있다. 그러나 한편, 부인이 사망했다면 법률적으로는 상처한 남편에게 이런 일을 강요할 수 없다. 뿐만 아니라, 남편이 원한다면 다른 여자를 아내로 맞아들일 수도 있다. 이곳에서는 또한 여자는 술을 마셔도 되지만, 남자는 안 되는 이색적인 풍속도 있다. 여성은 이마를 면도질하지만, 남성은 턱수염을 깎을 수 없다. 그 밖에 차마 기술할 수 없는 기괴하고 역겨운 악습들이 많이 있다.

18. 모바르 왕국에 관해, 거기에 성 토마스의 시체가 있다

이 지역에서 열흘간 가서 모바르[48]라고 하는 다른 왕국에 도착하였다. 이곳은 대단히 넓으며 예하에 많은 도시와 마을이 있다. 이 왕국에 사도인 성 토마스[49]의 시체가 있다. 그의 교회당은 우상들로 가득 차 있으며, 근처에는 열다섯 가구쯤 되는 네스토리우스인들이 살고 있다. 그들은 말이 기독교도들이지, 실은 상스럽고 간악한 이단들이다. 그리고 또 이 왕국에는 인도의 모든 주들이 대단히 존경하는 기괴한 우상이 하나 있다. 그 우상은 화가가 통상 그리는 성 크리스

카라바조, 〈의심하는 토마스〉, 1601~1602년, 포츠담 상수시 궁전 소장.

토퍼[50] 상 만큼이나 큰 순금제상으로서, 역시 금으로 만든 우람한 보좌 위에 정좌하고 있다. 목에는 진귀한 보석 목걸이를 두르고 있다. 이 우상이 있는 묘당도 순금으로 만들어졌으며, 지붕(과 벽)이나 포장길도 마찬가지다. 기독교도들이 멀리까지 가서 성 베드로[51]를 순례하듯이, 이곳 사람들도 멀고 먼 곳에서 와 이 우상을 향해 기도한다. 기도를 하기 위해 오는 사람들의 행태는 이러하다. 즉, 어떤 사람은 목에 굴레를 쓰고 걸어가고, 어떤 사람은 목에 걸려 있는 판자에 손을 얹고 있다. 그런가 하면 어떤 사람은 팔에 칼을 찌른 채 오다가 우상 앞에 이르러서야 비로소 뽑으니 팔이 만신창이일 수밖에 없다. 또 어떤 사람은 상당히 다른 방법으로 가고 있다. 그들은 집을 나선 후 세 걸음 걷다가 네번째 걸음에는 온몸을 땅에 대고 궤배(跪拜)를 한

인도 동남부의 해안도시 모바르(현 마하발리푸람)에 있는 기암(奇岩) 크리슈나 버터볼(Butter Ball).

다.[52] 그리고 향로를 들고 오면서 궤배의 전 구간에 향을 피운다. 이런 일은 우상에 다가설 때까지 계속된다. 사람들은 가끔 이러한 행태를 취하는데, 그럴 경우에는 많은 시간을 들여야 우상한테 이를 수 있다. 그런데 이러한 방식대로 가다가 다른 일이 생길 때면 바로 그 장소에 얼마나 왔는지를 알리는 표시를 해둔다. 그 표시를 보고 그들은 (제자리에 돌아와서) 다시 우상에 이를 때까지 걸음을 이어간다.

19. 우상숭배자들의 다른 풍속에 관해

이 우상 묘당의 가까이에 바로 인공 못 하나가 있다. 이곳에 온 순례자들은 우상숭배와 묘당의 유지를 위해 금은보석을 못에 마구 던져 넣는다. 그리하여 많은 금은보석이 못 바닥에 수북이 쌓여 있다. 묘당을 위해 공사가 필요할 때면 못을 샅샅이 훑어 던져진 모든 것을 건져낸다.

해마다 우상을 제작한 기념일에는 지역 사람들이 몰려와서 우상을 자리에서 꺼내어 화사한 꽃수레에 싣는다. 그러면 왕과 왕비, 모든 순례자들과 백성들은 큰 소리로 노래를 부르고 각종 악기를 연주하면서 한데 모여 우상을 묘당 밖으로 끌어낸다. 많은 소녀들이 짝을 지어 앞에서 걸으면서 기이한 방식으로 성가를 부른다. 이 성전(聖典)

에 참석하기 위해 온 많은 순례자들은 자신들의 신을 위해 헌신하겠다고 말하면서, 꽃수레 밑에 몸을 던지고 수레바퀴가 밟고 지나가라고 한다. 수레는 사정없이 그들을 깔고 지나면서 짓뭉개고 산산이 쪼개버린다. 급기야 그들은 현장에서 즉사한다. 그들은 이러한 방식으로 마냥 관행으로 정해진 모처까지 우상을 끌고 갔다가 다시 노래를 부르고 연주하면서 원래 있던 곳으로 끌고 되돌아온다. 이 놀음에 1년도 채 안 되는 사이에 무려 5백 명이나 되는 사람들이 목숨을 잃는다. 산 자들은 그들이야말로 자신들의 신을 위해 헌신한 신성한 사람들이라고 호언하며 시체를 화장한다.

이런 유의 풍속이 또 하나 있다. 어떤 사람이 와서 "나는 나의 신을 위해 기꺼이 헌신하려고 한다"라고 하면, 그의 친구들과 친속들, 이 지역의 모든 연주자들이 한데 모여 신을 위해 죽겠다고 결심한 그 사람을 위해 성전을 거행한다. 그의 목에 서슬이 시퍼런 칼 다섯 자루를 걸어놓은 채 큰 소리로 노래를 부르면서 그를 끌고 우상에게로 간다. 그러자 그는 칼 한 자루를 뽑아 들고 큰 소리로 "나는 나의 살점을 떼어 신께 바칠지어다"라고 말한다. 그러곤 칼 가는 대로 살 한 점을 베어 우상 앞에 던진다. 그러면서 "나는 나의 신을 위해 살신(殺身)한다"고 한마디 덧붙인다. 끝내 그는 그곳에서 자결하고 만다. 사람들은 곧바로 시신을 수습해 화장한다. 그가 우상을 위해 헌신한 이상, 으레 그를 성인으로 간주하기 때문이다. 그 사람들은 실로 경악을 자아내는 다른 일들도 제법 저지르고 있다. 그에 관해서는 별로 기술하고 싶지 않다.

그러나 이 섬이나 주(州)의 왕은 금은보석의 거부(巨富)다. 이 섬에서는 세계의 어느 곳보다도 질 좋은 진주가 많이 생산된다. 이 섬에는 여느 물건들도 많다. 다 기술하려면 장황할 수밖에 없다.

20. 라모리란 나라, 북극성이 은몰하는 곳에 관해; 또한 수몰트라에 관해

그 지방을 떠나 남쪽을 향해 대양해를 건너 50일 만에 라모리[53]란 나라에 도착하였다. 거기서부터 나는 더이상 북극성을 볼 수가 없었다. 지구가 가로막고 있기 때문이다. 그 나라는 너무 더워서 남녀 할 것 없이 모든 사람들이 여하불문하고 알몸이다. 그들은 도리어 이 일로 해서 나를 크게 비웃는 것이었다. 그들의 말인즉, 원래 하느님은 아담을 벌거숭이로 만들었는데, 내가 굳이 하느님의 의지를 거역하면서까지 옷을 입는다는 것이나. 지금 이 나라는 공처제(公妻制)[54]로서, 그 누구도 감히 이 사람은 나의 처요, 혹은 이 사람은 나의 남편이오라고 단언할 수가 없다. 그렇지만 일단 여자가 자식을 낳으면, 그 아이를 마음에 드는, 그리고 일찍이 교제한 바 있는 남자에게 주며 그를 아버지라고 한다. 마찬가지로 모든 땅도 공유로서, 그 누

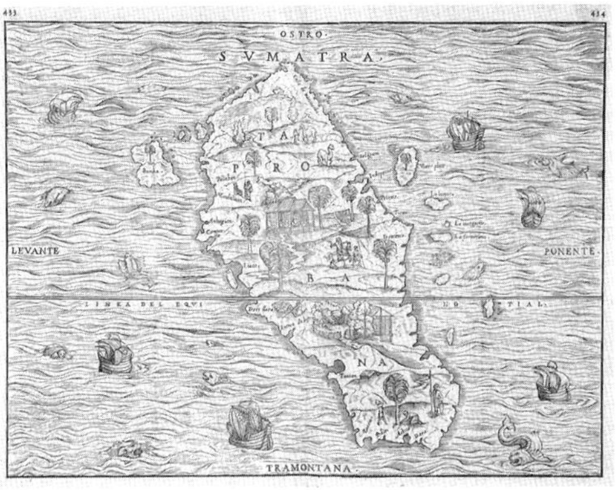

16세기에 제작한
수몰트라(현 수마트라) 지도.

구도 감히 이 돼기 땅이나 저 돼기 땅이 자신의 것이라고 확언할 수 없다. 그러나 집만은 개인 사유로서 공유는 아니다.

이들은 사악하고 가증스러운 일족이다. 마치 우리가 쇠고기를 먹듯 인육(人肉)을 먹는다. 그렇지만 이 나라 자체는 아주 훌륭한 나라다. 육류와 밀, 쌀이 성산되고, 다량의 황금과 침향(沈香),[55] 장뇌(樟腦)[56]가 있으며, 기타 많은 물건들이 생산된다. 멀리서 상인들이 이 섬에 오는데, 어린이들을 데리고 와서는 가축처럼 우상숭배자들에게 팔아넘긴다. 우상숭배자들은 그애들을 사서는 도살장에서 도살해 고기를 먹는다.[57] 기타 선악(善惡)이 겸행(兼行)하는 많은 일들이 있는데, 미처 다 기록하지 못하였다.

같은 섬에서 남쪽으로 가면 '수몰트라'[58]라는 이름의 다른 왕국이 있는데, 이곳에는 기이한 일족이 살고 있다. 사람들은 뜨거운 쇠붙이로 얼굴에 열두 개의 낙인을 찍는데, 남녀 모두 그렇게 한다. 이 사람들은 자주 다른 벌거숭이들과 싸우곤 한다. 이 나라는 생산물이 풍족하다. 〔여기는 돼지와 닭, 버터와 쌀이 거래되는 큰 시장이다. 또한 무씨[59]라는 맛있는 과일도 있다. 황금과 주석도 생산한다.〕

이 나라 가까이 남쪽으로는 레센고[60]라는 다른 한 왕국이 있다. 많은 물건이 생산되지만, 기록하지 못하였다.

21. 수사는 자바라는 훌륭한 섬에 관해 언급

이 나라의 이웃은 자바[61]라는 이름의 큰 섬이다. 섬 둘레는 족히 3천 마일(4828킬로미터)이나 된다. 이 섬나라의 왕은 공식적으로 즉위한 일곱 명의 왕을 신복(臣服)시키고 있다. 섬의 인구는 대단히 많으며, 현존하는 섬들 가운데서 두번째로 훌륭한 섬이다. 이곳에서는 장뇌, 필징가,[62] 소두구,[63] 육두구[64]와 기타 여러 가지 진귀한 향료가 생산된다. 또한 술을 제외하고는, 먹거리란 먹거리는 죄다 있다.

이 섬의 왕은 참으로 기괴천만한 궁전을 가지고 있다. 굉장히 큰 데다가 넓고 높은 대형계단이 달려 있다. 이 대단히 웅장한 계단의 발판은 번갈아 금과 은으로 장식하였다. 마찬가지로 궁전 도로도 한 장은 금제 타일을, 다른 한 장은 은제 타일을 엇바꿔 깔았다. 궁전의 성채 내측도 황금 판으로 엮었으며, 성채 위에는 순금으로 조각한 무사상들이 놓여 있다. 무사들의 머리 위에는 큼직한 금환(金環)이 얹혀 있는데, 마치 우리가 성인들의 머리 위에 그려 넣는 환과 같다. 환에는 빠짐없이 보석을 박아 넣었다. 뿐만 아니라, 천장도 모두 순금으로 꾸몄다. 한마디로, 이 궁전이야말로 현세에 남아 있는 그 어느 궁전보다도 더 풍요롭고 화려하다.

작금 거란의 대칸은 여러 번 이 나라 왕에게 싸움을 걸어왔다. 그러나 왕은 번번이 물리치고 전승하였다.[65] 아직도 내가 써내지 못한 일들이 많다.

22. 탈라마신이란 나라, 밀가루를 주는 나무와 기타 불가사의한 일들에 관해

이 나라 인근에는 판텐[66]이라는 다른 나라가 있는데, 어떤 이들은 탈라마신[67]이라고도 부른다. 그 나라 왕은 많은 섬들을 관장한다. 그 나라에는 밀가루나 꿀을 생산하는 나무가 있는가 하면, 세상에서 가장 치명적인 독약을 만들어내는 나무도 있다. 아직까지는 한 가지 해독제밖에 알지 못한다. 만일 그것을 사람이 음독했다면, 대변을 배설시키고 물로 관장한 다음 이 해독제를 복용하면 독은 말끔히 가

신다. 〔이 나라 사람들은 거개가 해적이다. 그들이 전쟁하러 갈 때면 저마다 길이가 1패덤[68]쯤 되는 대나무 통을 가지고 간다. 이 통의 한쪽 끝에 독약이 묻은 쇠바늘을 집어넣고, 다른 한쪽을 불면 바늘은 쏜살같이 날아가서 과녁이 된 사람을 맞힌다. 이렇게 맞은 사람은 즉사한다.〕

밀가루를 생산하는 나무에 관해서 말하면, 그 상황은 이러하다. 즉, 나무는 대단히 무성하나 키는 그다지 크지 않다. 도끼로 둥글게 밑둥치를 자르면 갖풀 같은 액체가 졸졸 흘러나온다. 이 액체를 나무 잎사귀로 엮은 바구니 속에 담아 햇볕을 보름 동안 쬔다. 이 기간이 지나면 액체가 가루로 변한다. 가루를 이틀 동안 바닷물에 담갔다가 맹물로 씻는다. 그러면 세계에서 으뜸가는 가루반죽이 되며, 그것으로 갖가지 애호식품과 양질의 빵을 만든다. 나, 수사 오도릭은 이러한 식품들을 진작 맛보았다. 이 모든 일들을 나는 직접 내 눈으로 봤다. 이러한 빵은 겉은 흰데 속은 거무스레하다.[69]

이 나라의 남쪽 편에 있는 해안은 사해(死海)[70]라고 하는 바다의 해안이다. 바닷물은 시종 남쪽을 향해 흐른다. 사람이 물속에 떨어지기만 하면 더이상 찾지 못한다. 〔선원들이 해안에서 조금만 멀리 떨어져도 이내 바닷속으로 빨려들어가 다시는 돌아오지 못한다. 그들이 어디로 밀려갔는지, 아무도 모른다. 이렇게 많은 사람들이 목숨을 잃어가는데, 누구도 그들이 어떻게 되었는지 알지 못한다.〕

이 나라에는 보통 큰 나무만 한 등나무[71]와 갈대가 있는데, 키는 족히 60보(步)는 된다. 이곳에는 또 별종의 카싼[72]이라고 하는 등나무가 있다. 이 나무는 우리네 개풀[73]처럼 늘 지면을 따라 자라며, 마디마다 뿌리가 나서 길게는 1마일(약 1.6킬로미터)까지 뻗어간다. 이런 등나무 속에 웬 돌이 끼어 있는데, 그 돌을 몸에 지니고 다니면 어떤 형태의 철제 병기에도 상해를 입지 않는다고 한다. 그래서 이 나라의 남성들 대부분은 이런 돌을 지니고 다닌다. 그들은 아들이 아직 어릴 때, 불러다놓고 팔에 조그마한 구멍을 뚫고는 그 속에 이 돌을 채워넣는다. 그러면 도상(刀傷)을 막는 일종의 호신부가 된다. 아들의 팔에 난 작은 상처는 모종의 물고기 가루를 바르면 금방 아문다.

이 돌의 어마어마한 효력 때문에 돌을 지닌 사람은 전장에서 용장이 되기도 하고, 대해적이 되기도 한다. 한편, 이 해역을 항해하면서 해적들의 독수(毒手)를 당하던 뱃사람들은 위해를 피하는 구제방법 한 가지를 찾아냈다. 그들은 공격무기로서 아주 단단한 나무로 만든 예리한 창과 끝에 철붙이가 없는 화살을 가지고 다닌다. 해적들은 갑옷 같은 것을 별로 입고 있지 않기 때문에 뱃사람들은 이러한 목제무기로 그들을 살상하고 찌를 수 있다. 뱃사람들은 이러한 방법으로 아주 용감하게 자신들을 성공적으로 지켜낸다.

그들은 이 카싼이라고 하는 등나무로 배의 돛이나 접시, 집, 그 밖에 그들에게 아주 유용한 갖가지 물건들을 만든다. 그리고 이 나라의 다른 많은 일들은 한 번 읽거나 듣기만 해도 경악을 자아낸다. 그래서 지금은 별로 기술하고 싶지 않다.

23. 점파 국왕은 어떻게 많은 코끼리와 처를 거느리고 있는가

이 왕국에서부터 여러 날의 여정거리가 되는 곳에 점파[74]라고 하는 다른 왕국이 있다. 아주 아름답고 식량이 넉넉하며, 좋다는 물건은 죄다 있는 고장이다. 내가 그곳에 있을 적에 들은 말에 의하면, 이 나라 왕은 자녀가 족히 2백 명은 된다고 한다. 그가 숱한 처와 여인들을 거느리고 있으니 그러할 법도 하다. 이 왕은 또한 1만 4천 마리의 잘 길들인 코끼리를 소유하고 있다. 우리가 협동인(協同人)에게 소와 여느 가축을 맡기는 것처럼, 왕은 코끼리를 농사꾼들에게 맡겨 기르고 보살피도록 한다. 〔그곳에서 사람들이 코끼리를 기르는 것은 보통 우리가 소를 기르는 것과 매일반이다.〕

이 나라에는 정말로 신기한 일이 한 가지가 있다. 바다에서 사는 물고기치고 어느 종류라 할 것 없이 모두 이 나라를 찾아온다. 이렇게 많은 물고기가 몰려올 때면 바닷속은 물고기밖에 아무것도 없는 성싶다. 물고기들이 바닷가에 바싹 다가와서는 해안으로 펄떡펄떡 튀어 오른다. 그러면 사람들은 와서 내키는 대로 주워 간다고 한다. 물고기는 연거푸 2, 3일간 해안으로 몰려든다. 이어 두번째 종류의 물고기가 찾아오는데, 첫번째 물고기와 다를 바 없는 양상이 벌어진다. 여느 물고기들도 마지막까지 잇따라 순서대로 질서정연하게 이

점파(중부 베트남)의 후에 왕궁.

렇게 한다. 이런 일은 한 해에 한 번뿐이다. 당신이 그 나라 사람들에게 도대체 어떻게 이런 일이 일어날 수 있느냐고 물으면, 그들은 대답하기를 물고기들이 이런 식으로 와서 연출하는 것은 나름대로 제놈들이 황제에게 존경을 표하기 위해서라고 한다.

나는 그 나라에서 거북이도 봤는데, 그 둘레가 파도바[75]의 성 안토니오 성당[76] 돔보다 더 크다. 이와 비슷한 다른 일들도 숱하게 많다. 직접 보지 않고는 믿기 어려울 것이다. 그래서 그것들을 다 기록하고 싶지는 않다.

이 나라에서는 결혼한 남자가 죽으면 화장한다. 살아 있는 미망인도 그렇게 따라 한다. 이렇게 함으로써 미망인은 다른 세상에서도 남편과 함께할 수 있다고 그들은 말한다.

24. 니코베란 섬에 관해, 그곳 남자들은 개 얼굴을 하고 있다

그 나라를 떠나서 남쪽 방향으로 대양해를 건넜다. 그러면서 많은 섬과 나라를 발견했는데, 그 가운데 니코베란[77]이란 곳이 있다. 큰 섬인데, 섬의 둘레는 족히 2천 마일(3218킬로미터)이나 되며, 그곳의 남녀들은 모두 개 얼굴을 하고 있다. 그리고 그곳 사람들은 소를 신으로 숭배한다. 그래서 늘 이마에 금이나 은으로 만든 소의 형상을 붙이고 다닌다. 이것은 소가 그들의 신이란 표시다. 남녀를 포함해 이 나라의 모든 사람들은 너나없이 알몸이다. 손수건으로 치부를 가릴 뿐, 몸에는 아무것도 걸치지 않는다. 그들은 건장하며 전투에서는 용맹하다. 전쟁을 하러 갈 때는 본래대로 알몸으로 가되, 머리부터 발까지 가리는 방패를 쓴다. 그들이 어쩌다가 전쟁에서 사람을 생포하면 속전(贖錢)을 물게 하는데, 물 수 없으면 곧바로 잡아먹는다. 그러나 포로에게서 돈이 생기기만 하면 곧바로 풀어준다.

이 나라 왕은 굉장히 큰 3백 개의 진주를 꿴 목걸이를 걸고 매일 3백 번씩 신에게 기도한다. 또한 그의 손에는 루비라고 하는 보석이 쥐어져 있는데, 길이와 너비는 각각 한 뼘은 실히 된다. 그가 쥐었을 때 보석은 불꽃처럼 반짝인다. 들은 바에 의하면, 이 보석은 현존하는 세계에서 가장 귀중하고 값비싼 보물이라고 한다. 일찍이 거란의 타타르[78] 대왕은 무력이나 금전으로, 심지어 갖은 간계를 다 부려봤지만, 종시 이 보물을 손에 넣진 못하였다. 왕은 선정을 베풀고 그 보물을 고이 간수해나갔다. 그래서 온 나라 백성은 평안을 누릴 수 있었다. 이 왕국에는 그 밖에도 많은 일들이 있지만, 별로 기술하고 싶지 않다.

25. 실란, 그곳의 놀랄 만한 일들

실란[79]이란 또 하나의 섬이 있는데, 둘레는 족히 2천 마일은 된다. 이곳에는 헤아릴 수 없이 많은 뱀과 기타 야수, 특히 많은 코끼리가 있다. 이 나라에는 대단히 큰 산이 하나 있다. 이곳 사람들의 말에 의하면, 아담이 산 위에서 무려 1백 년 동안이나 아들을 위해 애도했다고 한다. 산 한가운데에 아름다운 평지가 있다. 거기에 못 하나가 있는데, 그리 크지는 않지만 상당히 깊다. 섬사람들은 이 못이 아담과 이브의 눈물이 흘러서 된 것이라고 말하지만, 나는 그것이 사실이라고는 믿지 않는다. 왜냐하면, 물이란 원래 자연스럽게 땅에서 솟아나는 것이기 때문이다.

이 못 밑바닥에는 보석이 그득하며, 물에는 거머리가 욱실거린다. 왕은 자신을 위해서는 보석을 캐내지 않지만, 영혼의 선행을 위해서

실란(현 스리랑카)의 고도 시기리야(sigiriya)에 있는 암석 궁전(높이 100미터). 5세기경 만들어진 것이다.

는 해마다 한두 차례씩 가난한 사람들더러 물속에 들어가 가급적으로 찾아낼 수 있는 보석은 다 찾아내 가져가게 한다. 그들은 안전하게 진수(進水)하기 위해 레몬을 가져다가 잘 짓찧어 온몸에 잔뜩 바른다. 그런 뒤 잠수하면 거머리들이 달라붙지 않는다. 이렇게 가난한 백성들은 못 속에 들어가 재량껏 보석을 캐낸다.

산에서 흘러내리는 물은 바로 이 못에서 모였다가 다시 흘러나온다. 여기서 가장 좋은 루비가 채굴되며, 양질의 다이아몬드와 기타 많은 보석도 나온다. 물이 바다로 흘러들어가는 유입처에는 고급 진주가 눈에 띈다. 그래서 이 나라 왕은 세계의 어느 나라 왕보다도 더 많은 보석을 가지고 있다는 말이 나오게 된다. 섬에는 각종 짐승이 서식하고 있으며, 조류와 기타 생물들도 있다. 이 나라 사람들은 말하기를, 그곳 짐승들은 외국인은 해치지 않고, 다만 섬 토착민만 해친다고 한다. 여기에는 또한 대가리가 두 개 달린 거위만 한 새도 있다. 섬에는 식량도 넉넉하며, 내가 기록하지 않은 기타 물건들도 많다.

26. 돈딘이라는 섬에 관해, 그리고 그곳의 악습

이 섬을 떠나 남행해 돈딘[80]이란 큰 섬에 상륙하였다. 돈딘은 '불결(不潔)'과 동의어다. 섬에 사는 사람들은 사악한 일족으로서, 생고기와 온갖 오물들을 마구 먹어댄다. 그들 가운데 남아 있는 잔인한 폐습의 하나는 아버지가 아들을, 아들이 아버지를, 처가 남편을, 혹은 남편이 처를 잡아먹는 것이다. 그런 폐습은 다음과 같은 식으로 나타난다. 즉, 가령 어떤 사람의 아버지가 병에 걸렸다고 하자. 그러면 아들은 점성가나 승려(그 사람이 그 사람인)를 찾아가 "나으리, 비나이다, 비나이다. 그리고 묻노니 우리네 신이여, 아버지의 병이 나을까요, 아니면 돌아가실까요"라고 물으며 애원한다. 그러면 승려와, 아버지가 병환 중인 아들 두 사람은 금이나 은으로 만든 우상에게 찾아가서 기도하면서 이렇게 말한다. "주여, 당신은 우리의 신입니다. 우리의 신인 것만큼 우리는 당신을 숭배합니다. 우리의 애원에 제발 답을 주소서. 그리고 사람이 중병에 걸렸을 때 죽어야 합니까, 아니면 그의 병은 치유되어야 합니까? 당신께 삼가 묻나이다." 그러면 마귀는 우상의 입을 빌려 이렇게 답한다. "너의 아버지는 죽지 않고 병이 치료될 것이다. 네가 이러이러한 일들을 하면 아버지는 완치될 것이다." 그러면서 마귀는 아들에게 아버지의 병을 치료하기 위해 해야 할 일들을 일일이 지시한다. 지시대로 아들은 아버지에게 돌아가서 열심히 간호한 끝에 드디어 아버지의 병은 쾌차한다. 그러나 만일 아버지가 사망할 것이라고 마귀가 대답하면, 승려는 그길로 환자에게 가서 아마포로 입을 막아 질식사시킨다. 이렇게 죽이고는 시신을 토막 내고서는 모든 벗들과 친척들, 그리고 전 지역 연주자들을 초청해 토막 낸 시신을 말끔히 먹어치운다. 그들은 먹으면서 노래를 부르고 흥겨운 판을 벌인다. 뼈는 남겼다가 제법 엄숙하게 땅에 파묻는다. 이러한 성연(盛宴)(이른바)에 초청받지 못한 친지들은 자신이 심한 모욕을 당한 것으로 여긴다.

나는 이 사람들의 이러한 짓을 날카롭게 꾸짖으면서 "왜 당신들은 전적으로 이성에 반하는 짓을 하는가? 설령 개를 죽여서 다른 개에게 던졌을 때, 그 개는 절대로 먹지 않는데, 하물며 보아하니 이성을 부여받았다고 하는 당신들이 왜 이런 짓을 하는가?"라고 하였다. 그랬더니 그들은 "우리가 이렇게 하지 않으면 시신의 고기는 벌레가 먹어치울 것입니다. 만약 벌레가 먹어치우면 그의 영혼은 모진 아픔을 겪게 될 것입니다. 우리가 고기를 먹어버리면 영혼은 아무런

인도양과 아라비아 해가 만나는 인도 남단 해협.

아픔을 겪지 않을 것입니다"라고 대답한다. 그럴진대, 내가 하고픈 말은, 그들은 결코 다른 견해는 믿지 않을 것이며, 자신들의 풍속도 버리지 않을 것이라는 점이다.

27. 인도와 그곳 도서에 관한 한마디

그 지역에는 내가 미처 적지 못한 수많은 기이한 일들이 있다. 눈으로 직접 보지 않고서는 결코 쉬이 믿을 수 없는 일들이다. 전 세계 어느 곳에도 그 지역(인도의)만큼 많은 기적은 없다. 내가 쓴 것은 내가 직접 확인했거나, 아니면 내가 기술했듯이 나로서는 의심할 수 없는 것들뿐이다.

인도에 관한 한 나는 인도 사정을 잘 아는 많은 사람들에게 자문을 구하였다. 그들은 이구동성으로 나로 하여금 다음과 같은 것들에 대해 확신을 갖도록 하였다. 인도 영역 내에는 무려 2만 4천 개의 섬[81]이 있는데, 그 가운데 64개 섬에는 공식적으로 즉위한 왕이 있다. 이런 섬들 대부분에는 사람들이 북적인다. 여기까지로, 나는 인도에 관한 소개를 마치면서, 더이상의 언급은 삼갈 것이다. 단, 상인도에 관해서만 당신에게 좀더 이야기하고자 한다.

주석

1) 자세(jase, 페르시아어 jahaz)는 아랍인들과 페르시아인들이 쓰던 목조선의 이름이다. 마르코 폴로는 『동방견문록』에서 호르무즈에서 본 이 배의 건조법과 구조에 관해 비교적 상세하게 기술하고 있다. 우선, 이 배를 쇠못 대신 나무로 만든 핀을 실로 서로 꿰매 만드는 이유에 관해서 폴로는 쇠가 없기 때문(137쪽)이라고 한다. 그렇지만 다른 판본의 보충문에는 도자기처럼 깨지기 쉬운 단단한 나무에 못을 박으면 갈라져버리기 때문에 쇠 송곳으로 조심스럽게 나무판에 구멍을 뚫은 다음 나무못으로 고정하고 끈으로 묶는다(136쪽)고 설명한다. 사실 쇠가 귀해서라면 몰라도, 쇠가 없어서라고 한 폴로의 이유는 신빙성에 의문이 가고, 후자의 이유 설명에 오히려 수긍이 간다. 사실 쇠못을 쓰지 않으면 조악하게 만들어져 얼마 쓰지 못하며, 폭풍에도 취약해 항해하는 데 위험이 따르기 마련이다. 단, 인도산 밤나무 껍질로 만든 끈을 사용하면 소금기 있는 바닷물에도 썩지 않고 오래간다고 한다. 다음으로, 자세 배의 구조는 돛대와 돛, 그리고 키가 각각 하나씩이며 갑판은 없다. 소형 자세의 경우, 보호장치로 짐을 실을 때 물건 위에다 동물 가죽을 덮는다. 이처럼 쇠못을 쓰지 않고 끈으로 묶는, 이른바 '선봉선(線縫船)'에 관한 한적(漢籍)의 최초 기록은 4세기 계함(稽含)의 『남방초목상南方草木狀』에 보인다. 이 책에는 일종의 야자나무 상록관목인 "광랑(桄榔)나무는 병려(栟櫚, 종려나무)나무처럼 단단한데, 그 껍질로 밧줄을 꼬아 물속에 넣으면 부드러워진다. 호인(胡人)들은 그것으로 나무를 묶어 배를 만든다"고 적고 있다.

2) 타나(Tana, Tima, Canam, 塔納)는 인도 서북부의 살세타(Salsetta, Salsette)

섬에 있는 항구도시 타나(Thana)다. 오도릭이 본 여행기에서 언급하다시피, 기원전 4세기 인도 서북부에 침입한 알렉산드로스와 맞대결을 한 포루스 왕의 거성으로서, 오랜 역사를 지닌 고도이기도 하다. 인도 제2의 도시 뭄바이 북방 20마일 지점에 있어 오늘날은 그 위성도시가 되었으며, 교통의 요로다. 마르코 폴로의 『동방견문록』(486~487쪽)에 의하면, 타나는 인도 서해안에 위치한, 누구에게도 조공을 바치지 않는 크고 훌륭한 독립왕국으로서 고유한 언어를 갖고 있으며, 교역이 매우 발달해 수많은 선박들과 상인들이 그곳으로 폭주한다. 가죽과 목화 등을 수출하고 말과 금·은·동 등을 수입한다. 해적들이 득실거리는데, 왕과의 협정에 따라 빼앗은 말은 왕에게 바치고, 대신 빼앗은 금·은·동은 자신들이 소유한다. 후추 같은 향료는 없으나 유향을 생산하며, 우상을 숭배한다.

3) 알렉산드로스(King Alexander, Alexandros the Great, 亞歷山大帝, 기원전 356~323)는 마케도니아 왕위에 오른 후 동방원정에 대한 부왕의 유지를 받들어 10년간(기원전 334~323) 동방원정을 단행하고 알렉산드로스 대제국을 세웠으며, 사상 초유의 동서문명 융합물인 헬레니즘을 창출하였다. 당대 최고 철학자인 아리스토텔레스에게서 3년 동안 배운 다양한 지식과 호메로스의 시(원정 때 내내 지니고 다님), 그리고 원정 중에 받은 '신의 아들'이란 신탁(神託)과 그로부터 산생한 만인동포관(萬人同胞觀)은 알렉산드로스의 원정과 제국 건설 및 헬레니즘이란 새로운 융합문명 창출에 사상적 기반이 되었다. 흔히 서양사상(문명)의 2대 원류로 헤브라이즘과 더불어 헬레니즘을 꼽는다. 그러나 작금 헬레니즘에 대한 이해에서는 편견을 발견하게 된다. 알렉산드로스 제국의 건립에서부터 마지막 프톨레마이오스조가 로마에게 망할 때(기원전 30)까지 약 3백 년 동안 지속된 헬레니즘시대에 그리스-로마와 장기간 공존하고 부대끼면서 실제로 헬레니즘의 탄생과 성장을 주도하고 실현한 세력은 파르티아조(Partia, 安息) 페르시아다. 헬레니즘이란 문명적 융합이 이루어진 현장의 주무대는 다름 아닌 페르시아다. 비유컨대,

그리스 문화라는 '신부'가 페르시아라는 '신랑'에게 시집와서 출산하고 키워낸 것이 바로 헬레니즘이란 영아(嬰兒)다. 그래서 헬레니즘을 '유럽과 아시아의 결혼'으로 비유하기도 한다. 이렇게 보면, 이 헬레니즘 문화는 어디까지나 오리엔트에서 탄생한 융합(融合, fusion)문화지, 결코 제3의 새로운 융화(融化, deliquescence)문화는 아니며, 오리엔트 문화가 그리스 문화에 일방적으로 흡수되어 생긴 동화(同化, assimilation)문화는 더더욱 아니다. 따라서 헬레니즘이 '기본적으로 그리스 문화'라든가, '그리스화한 세계문화'라는 주장은 재고해야 할 편견이라고 판단된다.

4) 포루스 왕(King Porus, Poros, 波魯斯)은 기원전 4세기 인더스 강 유역을 통일한 마가다 왕국의 국왕으로서, 기원전 326년 4월 알렉산드로스가 이끈 3만의 원정군과 일전을 벌였다. 기원전 326년 3월 힌두쿠시 산맥을 넘어 인도에 침입한 알렉산드로스 원정군은 승승장구하며 계속 남하하다가 포루스의 강력한 저항에 부딪힌다. 포루스의 군대는 보병 3만, 기병 4천, 전차 3백대, 코끼리 2백 마리(일설에는 각각 20만, 8만, 2천 대, 3천 마리)로서 원정군의 진격을 저지할 수 있을 만큼의 대병력이었다. 특히 원정군에게는 처음 대하는 코끼리 군단이 대단히 위협적이었다. 양군은 하이다스페스(젤룸) 강 양안에서 대치하다가, 원정군이 폭우 속의 야음을 타 진영에서 16마일(약 25.7킬로미터) 떨어진 상류의 강폭이 좁은 곳으로 도하해 배후에서 기습을 가해 격전은 원정군의 승리로 끝났다. 알렉산드로스는 갠지스 강 유역까지 진격하기를 원했지만, 5하(河)의 마지막 강에 이르러 8년간의 고된 원정에 지칠 대로 지친 병사들은 진격하라는 왕명을 거부하였다. 알렉산드로스는 조금만 더 전진하면 세계의 끝자락에 이르게 되며, 그렇게 되면 '세계제국'의 야망을 실현할 수 있을 것이라 생각했지만, 사병들은 미지의 세계에 대해 호기심보다는 두려움을 더 느끼고 있었다. 결국 알렉산드로스는 철군을 결심하고 원정군의 최종 점령지점을 표시하기 위해 그들이 섬기는 열두 신을 상징하는 열두 개의 석조 계단을 쌓아올렸다. 알렉산드로스는 점령지역을 자

신이 구상하는 제국의 주(州)로 편입시켜 페르시아나 마케도니아의 지사를 주재시키거나, 아니면 원주민 지배자들로 하여금 계속 통치하도록 하였다. 알렉산드로스의 이러한 유화책 속에 포루스는 펀자브 지방의 일곱 개 소국을 지배하는 지사로 임명되었다.

5) 딜리 제국(the Empire Dili, the Empire of Delhi, 底里帝國)은 1206년부터 1526년까지 320년 동안 델리를 수도로 한 4대 이슬람 왕조를 말한다. 4대 이슬람 왕조는 ①노예 왕조(1206~1290), ②힐지 왕조(1290~1320), ③투글루크 왕조(1320~1414), ④로디 왕조(1451~1526)다. 이 4대 왕조는 외래의 경략(經略) 왕조이고 위정자 모두가 무슬림이라는 공통점이 있으나, 지배층이 아프가니스탄과 터키계로 대별되는 상이점 또한 가지고 있다. 이러한 공통점과 상이점으로 인해 비록 인도에 대한 이슬람의 경략은 이루어졌지만, 경략 과정에서 정책의 일관성이 결여되고 내부갈등이 격심해져 각 왕조의 통치 기간은 짧았다. 그 결과 힌두문명에 미친 이슬람문명의 영향이나 두 문명 간의 교류는 미미할 수밖에 없었다. 그러나 이러한 난맥상을 극복하고 경략을 확고하게 실현하여 두 문명 간의 융합과 교류에 뚜렷한 족적을 남긴 세력이 이 4대 이슬람 왕국을 이은 3백 년간의 무굴 제국(1526~1857)이다. 오도릭이 1321년경에 서인도 지방에 도착했으니, 제3대 이슬람 왕조인 투글루크조가 갓 출범한 시기다. 이 왕조를 세운 기야슷 딘 투글루크(Ghiyāsu'd Dīn Tughluq)는 인도 중부 데칸에 제2의 수도를 건설하고 남방으로 영토 확장을 시도하였다. 그를 계위(繼位)한 피루즈 샤(Firūz Shāh)는 성군으로서 37년간 집권하면서 관개시설 확충을 비롯한 농업시설 개선과 사원, 병원, 학교 등 문화시설 건설에도 관심을 기울였다. 그는 독실한 무슬림으로서 이슬람 교리를 철저히 지키고, 이슬람교로 개종한 하층인에게는 인두세를 면제해주는 등 포섭정책을 시행함으로써 그의 치세를 계기로 인도의 이슬람화가 크게 추진되었다. 그러나 이 왕조는 티무르의 내침으로 붕괴하고 말았다. 이러한 역사적 배경은 오도릭의 인도 여행을 이해하는 데 일조가 될 것이다.

6) 마르코 폴로는 코일룸(Coilum, 오도릭의 『동방기행』에는 폴룸붐Polumbum, 현 인도 서남부의 퀼론Quilon)의 짐승에 관한 이야기를 하면서 세계 어느 곳에서도 볼 수 없는 희한한 동물로 '어떤 색이나 반점도 섞이지 않은 새까만 사자'를 들고 있다.(『동방견문록』, 479쪽) 이 흑사자(黑獅子, black lion)가 바로 그러한 사자일 것이다.

7) 비비(狒狒, baboon)는 긴꼬리원숭잇과(Cercopithecidae)의 개코원숭이속(Papio)에 속하는 몸집이 큰 원숭이로서 5종이 있다. 아랍과 아프리카 사하라 남부에 분포하고 있는 것으로 알려지고 있으나, 오도릭의 이 현지 기록으로 인도 서부에도 서식하고 있음을 알게 된다. 몸무게는 14~40킬로그램, 길이는 70~140센티미터, 꼬리 길이는 55~70센티미터로 원숭이 가운데서는 큰 편이다. 지능이 높고 응집력이 강하다. 농작물에 심한 피해를 주며, 비교적 공격적인 위험한 동물이다.

8) 주교관(主敎冠, 法冠, 영어 마이터miter, 라틴어 미트라mitra, '머리띠' 또는 '두건'이라는 뜻)은 가톨릭교회와 정교회, 성공회 등의 교파에서 성직자들이 전례용으로 머리에 쓰는 전통적인 관모를 말한다. 주교관은 특별한 권위의 상징으로 보통 오각형으로 길고 뾰족하며 양쪽 옆이 기울어져 있으며, 뒤쪽에는 두 개의 장식용 띠가 아래로 길게 드리워져 있는데, 끝자락에 술이 달려 있다. 가톨릭교회에서는 교회법에 따라 주교와 대수도원장만이 주교관을 쓸 수 있으나, 추기경과 교황으로부터 주교로 임명받지 않은 사람도 특별한

주교관.

권한을 부여받으면 쓸 수 있다.

9) 로흐(loahc, 洛赫)는 '술을 만들어내는 나무'라고 했는데, 아마 이 나무 열매로 술을 빚는다는 뜻일 것이다. 그러나 정확한 실체는 알 수 없다.

10) 조장(鳥葬)은 지금도 티베트나 네팔 같은 곳에서 행해지고 있는 일종의 장례법이다. 원래 하늘과 더불어 새를 신성시하는 신앙에서 비롯되었다. 이러한 신앙에 따르면 새는 인간의 영혼을 하늘로 운반하는 매개체이며 영물이다. 그런데 그 운반 과정을 단축시키기 위해, 이를테면 새에게 빨리 뜯기기 위해, 별별 끔찍한 짓을 불사하는 관행이 있는가 하면, 여러 가지 미신도 엉켜 있다. 이란 조로아스터교의 경우, 새가 죽은 자의 오른쪽 눈을 먼저 파먹으면 죽은 자의 영혼이 선인으로 낙원에 가고, 왼쪽 눈을 먼저 파먹으면 악인으로 지옥에 떨어진다는 속설이 있다. 그러나 이란은 이러한 조장법이 전근대적이란 이유로 70여 년 전에 법으로 금지시켜 지금은 토장을 한다.

11) 판체(파로체, Panche, Paroche, 班赫, 巴洛赫)는 타나(Tana)에서 남쪽으로 14일 여정거리에 있는 곳이라고 하는데, 구체적으로 비정할 수가 없다.

12) 폴룸붐(Polumbum, 波郞布)은 인도 남단의 서해안에 있는 오늘날의 항구도시 퀼론(Quilon)이다. 오도릭의 본 여행기에는 '폴룸붐(Polumbum)'으로, 아랍이나 서구 문헌에는 Kaulam, Columbum, Columbo 등의 이름으로 나온다. '카울람(Kaulam)'은 페르시아어로 '검은 후추'란 뜻으로, 이곳에서 검은 후추가 많이 생산된 데서 유래하였다고 한다. 이 도시는 고대 남인도 촐라(Chola) 왕국시대부터 알려지기 시작해 베나드(Venad) 왕국에 이르러서는 왕국(9~12세기)의 도읍지였다. 촐라는 이수광의 『지봉유설』「제국부」에 주련국(注輦國)의 이름으로 소개되고 있다. 후추가 생산되는 이곳을 밟은 첫 유럽인은 포르투갈인들이며(1502), 이어 네덜란드(1661)와 영국(1795)이 동방 진출의 주요한 거점으로 삼아 통제하였다. 마르코 폴로는 이곳을 '코일룸(Coilum)'이라고 부르면서 비교적 상세한 기록을 남겼다. 누구에게도 조공을 바치지 않는 독립왕국으로서 고유한 언어를 갖고 있으며, 원

주민은 우상숭배자들이지만 기독교도들과 유대인들도 섞여 살고 있다. 햇볕이 얼마나 뜨거운지 달걀을 강물에 담그면 금세 익어버릴 정도다. 물산으로는 코일룸산 소방목(Coilomin brazil, 蘇枋木)과 후추, 인디고(indigo, 청람색 물감), 특이한 흑사자와 앵무새, 공작새 등을 열거하고 있다. 엄청난 더위 때문에 쌀을 제외한 곡식은 별로 생산되지 않으며, 사탕수수로 맛있는 술을 빚는다. 남녀 모두 피부가 검고 천으로 국부만을 가릴 뿐 알몸으로 다니며, 근친혼을 한다. 만지(남중국)나 아랍, 레반트와 교역을 한다. 이븐 바투타도 여행기에서 '카울람(Caulam)'이라고 거명하면서 이러한 기술을 남기고 있다. 즉 호상(豪商)들이 많고 술탄은 이교도이지만 무슬림들을 존중하며 절도와 음란행위를 엄히 다스린다. 어느 날 술탄은 사위와 함께 출유하다가 한 화원에서 사위가 떨어져 있는 포도 한 알을 무심코 주었다고 하여 배를 가르는 형벌에 처하였다.(『이븐 바투타 여행기』 2권, 244~245쪽)

13) 네스토리우스파(Nestorianism, 聶思脫里教)는 5세기 전반 콘스탄티노플의 총주교였던 네스토리우스(Nestorius)의 교리를 추종한 기독교의 한 종파다. 네스토리우스는 길리키아(Gilicia)의 동(東)게르마니카(Germanica)에서 출생하였다. 시리아의 수도 안티오키아(Antiochia, 안도성安都城) 교외에 있는 유프레바우스 승원에서 수행한 후 427년 동로마제국의 수도 콘스탄티노플의 총주교로 발탁되었다. 그는 성모 마리아에게 '테오토코스(신을 낳은 사람)'라는 칭호를 붙이면 예수의 인간적 본성을 손상시킨다는 신모설(神母說)을 비판하고, 예수의 신성과 인성의 독립성을 강조하면서 예수의 신인-인격설(神人-人格說)을 부정한다는 혐의를 받고 에페소스 공의회(431)와 칼케돈 공의회(451)에서 이단으로 몰려 파문된다. 네스토리우스는 이집트 사막으로 유배되어 그곳에서 객사하고, 나머지 추종자들은 박해를 피해 서아시아나 중앙아시아, 특히 이란 지역으로 근거지를 옮겨 전도활동을 계속하였다.(네스토리우스에 관해서는 김호동의 『동방기독교와 동서문명』, 까치, 2002, 89~98쪽 참고) 오늘날 '페르시아교회'라고도 불리는 이 교파의 신자 수는

약 17만 명으로, 주로 이라크나 시리아, 이란에 분포하고 있다. 역사상 이 교파는 몇 차례 가톨릭교회와의 이합(離合) 과정을 겪었다. 인도에 전파된 이 교파는 '토마의 그리스도교'로 알려지면서 1599년에는 로마가톨릭과 합쳤다가 분리되기도 하였다. 이들 중 절반은 시리아의 단성론자(單性論者)인 야코부스파에 영입되었다. 흔히 고대 동방기독교(경교景敎)로 알려진 이 교파는 초당(初唐) 때 중국에 전해졌다.

이단과 파문이라는 우여곡절을 겪으면서 페르시아와 중앙아시아를 거쳐 당 태종 정관(貞觀) 9년(635)에 대진(로마)의 대덕 아라본(阿羅本, Alopen)이 '참된 경전(眞經)'을 가지고 황제의 공식적 환영을 받으면서 장안에 도착한 이래 덕종(德宗)에 이르기까지 5대 약 150년간 당나라에서 일시 흥행하였다. 덕종 건중(建中) 2년(781)에 세운 '대진경교유행중국비(大秦景敎流行中國碑)'(서안西安 '비림碑林'에 소장)의 비문에는 이 교의 기본교리와 중국 내에서의 전파 상황을 비교적 정확하고 소상히 기술하고 있다.(이 비문의 한국어 완역과 비문에 나타난 경교의 교리 및 중국 전파 상황에 관해서는 졸문 「'대진경교유행중국비' 비문고碑文考」, 『문명교류사 연구』, 사계절, 2002, 77~108쪽 참고) 그러다가 회창법란(會昌法亂)(845)과 황소(黃巢)의 난(878) 등 일련의 소요에 휘말려 중원 일원에서는 거의 멸적되고 말았다. 잔존 세력들은 북상해 극렬부(克烈部)와 내만부(乃蠻部), 왕고부(汪古部) 등 몽골의 몇몇 부족들 속에서 원대를 거쳐 오늘날까지도 간신히 명맥을 이어오고 있다. 그 밖에 일부는 오도릭이 방문한 천주와 양주 등 일부 동남부 지역으로 피난하였다. 오도릭의 기록으로 미루어보면, 원대에는 기독교에 대한 칸들의 친화적 태도에서 비롯해 강남 일대에 경교가 유행하였음을 알 수 있다. 원대에는 기독교와 경교를 일괄해 '야리가온교(也里可溫敎)', 혹은 '십자사(十字寺)'라고 칭했는데, '야리가온교'의 어원에 관해서는 그리스어, 시리아어, 돌궐어, 몽골어, 아랍어라는 등 여러 설이 있다. 원대 이후에는 이런 이름이 사용되지 않았다. 중국과 서양 간의 교통을 전문 연구해온 장성랑(張星烺)의 기록에 의하면 원대의 대도(大都, 현 북경), 서경(西京, 현 산서山西 대동大同), 사주(沙州, 현 돈황), 당올(唐兀, 현 영하寧夏) 등 서북 지역과 양주(揚州), 진강(鎭江), 항주(杭州), 천주(泉州), 온주(溫州), 운남(雲南) 등 강남 지역에 야리가온교 교당과 신도들이 산재하였다.(張星烺, 「元代中國各地教堂考」, 『中國交通史料匯編』 第1冊, 中華書局, 2003年 新版, 395~406쪽) 19세기 말~20세기 초에 신강 이리(伊犁)와 투루판(吐魯番), 돈황, 북경 방산(房山), 천주, 양주(원대 라틴어로 쓰인 기독교도의 묘비 두 기 발견) 등지에서 원대 경교도들의 묘장과 묘석, 비명('十字碑') 등 경교 유물이 적잖게 발굴되었다. 원대에 야리가온교가 교당이나 신도 수에서 차지한 종교적 위상은 불교와 도교에 이어 세번째였다. 원대에는 전문 관장기관으로서 불교에는 선정원(宣政院)이, 도교에는 집현원(集賢院)이 있는가 하면, 야리가온교에는 숭복사(崇福司)가 있었다. 숭복사 산하에 일흔두 개의 교당이 있었다. 이러한 점으로 미루어 오도릭이 얌자이(양주)에 네스토리우스파 교회가 세 곳 있었다고 한 것은 바른 기록이라고 판단된다. 우리나라에서 삼국시대부터 발해와 고려에 이르기까지 갖가지 십자가상과 성 마리아상을 비롯한 기독교적 유물이 나타나는 것은 바로 이 고래 동방기독교의 영향이라고 짐작된다. 오도릭의 본 여행기에서도 그러하거니와 오늘날까지도 한국을 비롯한 일부 나라에서는 이 교파를 분열주의 이단으로 간주해 언급조차 꺼려왔다. 그러나 적어도 '대진경교유행중국비'의 비문 내용을 꼼꼼히 검토해보면, 이러한 구태의연한 시각은 교정되어야 한다는 결론에 이르게 된다. 비문에 언급된 기본교리를 보면, 신관(神觀, 하느님의 유일성, 창조성, 영원성 등)은 물론, 성관(聖觀, 예수관, 마리아관)이나 구원관은 해당되는 기독교의 정통교리와 일치한다. 문제시되어온 그리스도의 신인양성론이나 마리아의 신성론도 비문의 내용에서는 그 맹점을 찾아볼 수 없다. 비문에서 보다시피, 당대 경교는 그 명명에서부터 일부 의례나 용어에 이르기까지 불교, 유교, 도교 등 타종교의 요소들이 다분히 참입되어 있다. 그리하여 일부에서는 경교의 기독교적 본질마저 의심하고,

심지어 '비경사불(非景似佛, 경교가 아니라 불교와 비슷하다)'이라는 혹평까지 내리고 있다. 이것은 경교가 전도 과정에서 이례적으로 행한 타종교와의 융화 타협에 대한 편단이다.(경교와 경교의 중국 전파사에 관해서는 路遠, 『景教與景教碑』, 西安出版社, 2009 참고)

14) 카디(Cadi, Qādī, 哈的)는 이슬람법인 샤리아(al-Sharī'ah)에 준해 판결을 내리는 이슬람교의 법관을 일컫는 말이다. 정통칼리파시대(632~661)의 제2대 오마르 때에 이슬람움마(공동체) 내에서 일어나는 분쟁을 샤리아 정신에 근거해 해결하기 위해 처음으로 카디 제도를 도입하였다. 이후 시대의 변천에 따라 제도 자체에 많은 변화가 생겼다. 오늘날의 이슬람 세계에서는 서구 근대법의 영향을 받아 근대적인 형사법과 전통적인 민사법이 병존하고 있지만, 원래 이슬람 초기에는 이 두 법이 구분 없이 오로지 이슬람법, 즉 샤리아의 법 정신과 규정에 따라 이슬람 법정 한 곳에서만 운영되었다. 시대의 흐름에 따라 이 두 법은 점차 분리되면서, 카디는 주로 결혼, 상속, 후견, 종교부금(宗教賦金, 자카트), 분쟁 등 민사 판결만을 담당하게 되었다. 행정체계가 정비된 곳에서는 행정관과 형사재판관 외에 민사재판을 담당하는 카디가 반드시 존재한다. 이것은 일종의 삼과두(三寡頭) 정치체제라고 말할 수 있다. 그렇지만 왕왕 카디의 역할과 권능은 상대적으로 부단히 확대되어왔다. 특히 이슬람교가 새로이 전파된 비아랍-이슬람권 무슬림 사회에서는 카디의 역할이 절대적이었다. 카디의 자격은, ①심신이 건전한 무슬림 성인 남자, ②이성과 공정성을 지닌 자, ③샤리아에 정통한 자, 이렇게 세 가지다. 그 밖에 4대 법학파를 비롯한 각 교파는 해당 교파의 이념이나 법리에 밝은 각 파의 카디를 따로 두고 있다.

15) 프랑크 랍반(Frank Rabbans, 法蘭克列班)에서 '프랑크'는 아랍인들이 서구인을 지칭하는 말이고, '랍반'(히브리어)은 초기 예루살렘교회에서 장로를 비롯한 성직자의 호칭이었다. 따라서 '프랑크 랍반'은 '서구의 성직자'란 뜻이다.

16) 알렉산드리아(Alexandria, 亞歷山大, 아랍어로는 알 이스칸다리야al-Iskandariyah)는 이집트 나일 강 하류 삼각주의 서북단에 위치한 오랜 항구도시다. 기원전 332년 동방원정에 나선 알렉산드로스가 이곳에 침입해 세운 도시다. 이곳의 옛 이름은 '라케티트(콥트어로 '라코티')'였다. 323년 알렉산드로스가 급사하자 부장 프톨레마이오스 1세가 이곳을 수도로 해 프톨레마이오스 왕조를 세웠다. 그는 이곳에 박물관과 유명한 도서관을 지었는데, 장서가 무려 40만 권(일설은 70만 권)에 달하였다. 세계적인 학문의 중심지, 가장 부유한 곳, 가장 교양 있는 사람만 사는 고장이었다. 기원전 30년 이집트가 로마의 속국이 되면서 이곳은 로마 통치의 수부(首府)가 되었다. 69년경에 기독교가 들어오기 시작해 교세를 확장하자, 그리스인들과 유대인들로부터 배척을 당해 250년부터 360년 기간에 종교분쟁이 극심하였다. 그후 비잔틴과 페르시아가 번갈아 침입하면서 파괴되었다. 중세에 이르러 알렉산드리아는 지중해의 중요한 교역중계지로 변모하여 크게 번성하였다. 여덟 개의 도로가 시가를 종횡으로 연결하고, 세계 7대 불가사의의 하나인 파로스(Pharos) 등대가 지중해의 교역항로를 밤낮으로 밝혀주고 있었다. 이 유명한 등대는 원래 알렉산드로스가 이 도시를 건설할 때 해중 외딴섬에 축조한 것인데, 후일 프톨레마이오스 1세와 2세가 육지와 연결하는 길이 약 1281미터, 폭 183미터(후에 두 배로 증축)의 둑을 쌓았다. 이 하얀 대리석으로 축조한 둑은 공사비만도 총 8백 탈란트(talent, 그리스 화폐단위)가 소요된 대역사였다. 세 개의 계단으로 된 높이 96.99미터의 탑식 등대와 폭 1.61미터의 낭하에, 지하에는 통로가 있었으며, 동시에 2만 명을 수용할 수 있었다. 이 자료는 이븐 바투타가 1326년 이곳에 들렀을 때 직접 보고 기록한 것이다. 그러나 그가 중국에까지 갔다가 23년 만에 다시 찾아왔을 때(1349)는 이미 등대는 물속에 잠겨 흔적도 없었다. 세월의 무상함이다. 알렉산드리아는 동서양 해상교역의 중계지였고, 문물의 집산지였다. 12세기 중엽에 벌써 세계 스물여덟 개 국가나 지역의 통상대표가 상주해 교역업무를 관장하였

다고 하니 그 위상을 가히 짐작할 수 있다.

17) 안코나(Ancona, 昻科納)는 이탈리아 중부 마르케 주의 주도이며, 아드리아 해에 면한 항구도시다. 기원전 고대 그리스시대에 건설된 고도로서, 인구는 약 10만 명(2007년)이다.

18) 톨렌티노(Tolentino, 多倫蒂羅)는 이탈리아 중부 마세라타 주의 인구 약 2만 명을 가진 읍이다.

19) 세속교우(世俗敎友, lay brother)란 수도원에서 잡역을 맡아 일하는 수사를 지칭한다. 일명 범인수사(凡人修士)라고도 한다.

20) 시엔나(Sienna, 錫耶納)는 이탈리아 중부 시엔나 주의 주도이며 농업 중심지다. 피렌체 남부에 자리한 이 도시는 역사상 늘 피렌체와의 경쟁 속에서 부침을 거듭해왔다. 13세기에는 중요한 금융중심지였으나, 14세기 초 경제 침체와, 1348년에 창궐하기 시작한 흑사병으로 인해 도시는 거의 황폐화되었다. 아이러니하게도 흑사병 이후에 신앙심은 더욱 돈독해져서 두 명의 성인을 배출했으며, 지금은 대주교관구가 설치되어 있다. 시엔나의 대성당은 12세기에 로마네스크 양식으로 건축이 시작되었으나, 13세기에 모양이 변형되어 지금은 이탈리아 고딕 양식의 가장 뛰어난 본보기로 각광을 받고 있다. 또한 이곳은 예술의 도시로서 시모네 마르티니, 사세타 등 여러 명의 유명한 화가들도 배출하였다. 이탈리아 포도주의 명품인 키안티의 고향이 바로 이 고장이다. 인구는 약 5만 4천 명(2001년)을 헤아린다.

21) 무함마드(Muhammad, Machomet, 謨罕黙德, 570~632)는 '코끼리 해'인 570년 사우디아라비아의 메카를 중심으로 할거한 꾸라이시 부족의 하심 가문에서 태어났다. 증조부는 하심 가문의 조상이고, 조부는 메카 순례자들의 음식과 물 공급책이었으며, 부친은 대상무역을 하다가 무함마드가 태어나기 두 달 전에 객사하였다. 모친은 그가 여섯 살 때 친정이 있는 메디나를 찾아갔다가 급서하였다. 2년 뒤에는 양육자인 조부마저 사망해 졸지에 고아가 된 그는 족장인 삼촌 슬하로 들어갔다. 방목을 하면서 대상에도 참가해

세상사에 눈을 뜨기 시작하였다. 스물여섯 살 때 대상무역의 고용자인 마흔의 미망인 카디자와 결혼해 2남 4녀를 두었으나, 딸 하나만 남고 다 요절하였다. 결혼 후 생활에 여유가 생기자 메카 북동쪽 근교의 히라 동굴(해발 624미터)을 찾아가 깊은 명상에 잠기기 15년, 드디어 나이 마흔(610년)에 평범한 인간에서 성인으로 대오각성한다. 그리하여 알라의 계시를 인간에게 전달하기 시작한다. 그후 20여 년간 성사(聖使)로서 이슬람을 뿌리내리게 하고 정교합일(政敎合一)의 위정자로서 첫 이슬람공동체(움마)를 세운다. 그는 기독교로부터 이러저러한 영향을 적잖게 받았으나 예수의 신인양성론(神人兩性論)은 받아들이지 않고 자신은 인간일 뿐이라는 단성론(單性論)을 일관되게 견지하였다. 무함마드는 금욕주의자라 할 정도로 절제하고 근면하고 소박했으며 너그러웠다. 그는 메카에 무혈입성(無血入城)하면서, 그토록 자신을 비방하고 위해하던 모든 사람들을 다 용서하였다. 그럼에도 불구하고 그는 정적들과 종적(宗敵)들로부터 '미친놈'이라는 등 온갖 비난과 심지어 살해의 위협까지 여러 차례 당한다. 그는 20여 년간 천사 가브리엘을 통해 알라(하느님)의 계시를 받아 난세를 헤쳐나가려 하였다. 그 첫 계시가 "읽어라"이며, 그러한 계시들을 한데 묶은 것이 경전 『꾸란』('읽다' 동사의 동명사, 즉 '읽기' '읽음'이란 뜻)이다. 박해가 점점 심해질 때 메디나인들의 요청이 있어 70명의 추종자들(무하지룬 혹은 솨히부라고 부름)과 함께 622년 비밀리에 메카에서 북방으로 4백 킬로미터 떨어진 메디나로 옮겨 간다. 이 '옮김'을 '히즈라(성천聖遷)'라고 하며, 그 옮긴 해가 바로 이슬람력의 원년이다. 히즈라 후 메디나에서 수차례의 전투를 승리로 이끌어 첫 이슬람 국가체제인 '움마'를 성공적으로 건설하고 아라비아 반도의 이슬람화를 완성하며 이슬람교를 정립하였다. 이러한 무함마드의 역사적 공적은 ①아랍 민족사에 파천황적(破天荒的) 변화를 가져왔다. 몽매시대(자힐리야)를 마감하고 문명시대를 열었으며, 혈연적 부족단합을 가치공유적 민족단합으로 승화시켰다. ②이슬람교를 창시하고 이슬람문명의 기틀을 마련함으로써 인류문

천사 가브리엘(왼쪽)이 무함마드에게 알라의 계시를 전달하고 있는 장면을 그린 그림.

명사 전개에 불멸의 업적을 쌓았다. ③이른바 '무함마드식' 위인의 전범(典範)을 창출하였다. 다른 위인이나 예언자와 달리 무함마드는 자신이 예언한 사명을 생전에 수행한 유일한 예언자이며, 신성이 아닌 인간성으로만 위인으로서의 빛을 발하였다. 요컨대, 종교의 개조(開祖)일 뿐만 아니라, 탁월한 정치지도자(위정자)이면서 유능한 군사지휘관, 명민한 전략가이기도 하다. 이것이 바로 '무함마드식' 위인의 본보기다.(무함마드에 관해서는 졸저 『이슬람문명』, 창비, 2002, 61~82쪽 참고)

22) 오도릭은 무함마드는 그리스도와 '상반되는 종교를 전파했다'고 서술하고 있는데, 이것은 이슬람교와 기독교 간의 친연성(親緣性)은 무시한 채 상이성만 보거나 강조한 데 기인한다고 판단된다. 이 두 종교는 인간에 비유하면 사촌지간 같은 친연종교다. 그 근거는, ①혈연적(血緣的) 친연성이다. 공동시조인 아브라함의 적자 이삭이 그리스도를 비롯한 기독교인들의 조상인 데 비해, 무함마드를 비롯한 무슬림들은 아브라함의 서자 이스마일을 조상으로 삼는다. 그러니 같은 혈통인자를 공유하고 있는 셈이다. ②지연적(地緣的) 친연성이다. 유대교를 포함해 두 종교는 다 같이 동아랍 지역(팔레스타인과 사우디아라비아)에서 출현하였다. 이것은 공통적인 역사 및 문화적 배경을 갖고 있다는 뜻이다. ③교연적(敎緣的) 친연성이다. 유일신

관(唯一神觀)을 비롯해 두 종교의 근본교리는 대동소이하다. 이슬람 경전 『꾸란』에서 초기 기독교상을 찾아보라는 것은 결코 우연하게 나온 말이 아니다. 상통점이 많다는 의미다. 그렇다고 이 두 종교가 똑같은 것은 아니고, 상이점도 분명히 있다. 그 상이점은, ①교조의 신인성(神人性)에서 기독교는 신인양성을, 이슬람교는 인성만을 인정한다. ②인생관에서 기독교는 원죄관이나, 이슬람교는 성선관(性善觀)이다. ③성직자관에서 기독교와 달리 이슬람교에는 성직자가 따로 없다. ④창조관에서 기독교는 성직자(예언자)에 의한 종교의 피조성(被造性)을 주장하나, 이슬람교는 종교의 창조는 오로지 하느님(알라)에 의해서만 가능하다고 본다. 따라서 이슬람신학에서는 무함마드를 이슬람교를 만들어낸 교조(敎祖)라고 지칭하는 것은 이슬람적 창조관에서 이탈된다고 부정한다. 그러나 흔히 무함마드를 '교조'라고 부르는 것은 타종교의 관행을 따른 묵인에 불과할 뿐, 신학적 인정은 아니다. 문제는 이러한 상이점을 확대 과장하고 절대시함으로써 두 종교와 두 문명 간의 충돌이 불가피하다고 주장하거나 또는 본 여행기에서 보다시피 '상반되는 종교'로 곡해하면서 수화불상용시(水火不相容視)하는 데 있다.

23) 시과(時課, Canonica Hour, Hour)는 가톨릭교회에서 성무일과(聖務日課)를 수행하는 시간대(時間帶)를 말한다. 초기교회에서는 하루에 오전과 오후 두 번씩 기도를 올렸으나, 6세기 중엽에 이르러서는 대체로 세 시간을 한 단위(대)로 하루에 여덟 개 시간대를 설정하고 그에 맞춰 기도와 일과를 진행하였다. 시간대는 보통 종을 쳐서 알렸다. 시과는 다음과 같다. 즉, 조과(朝課, Matins)는 성무일과가 시작하는 새벽 2시 30분~3시 30분, 찬과(讚課, Lauds)는 새벽 5시~6시, 1시과(Prime)는 해 뜨기 전인 7시 30분, 3시과(Terce)는 9시 전후, 6시과(Sext)는 정오, 9시과(Nones)는 오후 2시~3시, 만과(晩課, Vespers)는 해 질 무렵인 오후 4시 전후, 종과(終課, Compline)는 오후 6시다. 본문에서 3시과에서 9시과까지라고 한 것은 아침 9시부터 오후 2~3시까지에 해당한다. 이때가 가장 뜨거운 시간대다. 성무일과는 1년 동

안 변함이 없지만, 수도사의 하루는 겨울과 여름 계절에 따라서 차이가 있다. 수도원 생활에서 1년은 하기와 동기로 구분된다. 하기는 부활제부터 로마력 10월 1일 전일, 즉 9월 14일까지이고, 동기는 그 이후 사순절까지다. 이렇게 하기와 동기 사이에는 사순절이라는 그리스도의 황야 40일간의 고행을 기리는 특별 기간이 설정되어 있다.

24) 메단(Medan, 麥丹)은 아랍어에서 '광장'이나 '공터'를 의미하는 '마이단(maidān)'에서 유래한 단어로, 본 여행기에서도 '도시의 광장'이란 뜻으로 쓰인다.

25) 후드(hood, 頭巾)는 머리 부분을 덮는 쓰개나 예복 따위에 드리우는 천이다.

26) '아브라함 땅(the land of Abraham, 亞伯拉罕國土)'이란, 유대교와 기독교, 이슬람교 신자들의 공동조상인 아브라함이 찾아가 정착한 땅을 말하는 것으로 보인다. 『구약성경』에 의하면, 기원전 2000년경 아브라함은 아버지 데라와 함께 메소포타미아의 우르(Ur)를 떠나 하란(Harran, 현 터키 동남부 시리아와의 접경지)에 이르러 15년간 머문다. 그러던 어느 날 "내가 지시한 땅으로 가라"는 하느님의 소명을 재차 받들고 나이 일흔다섯에 이곳을 떠나 가나안 땅으로 간다.(「창세기」 12:1~4) 아브라함이 간 땅 가나안은 오늘날의 이스라엘(팔레스타인) 땅이다. 이 땅에서 유대교가 나왔고 기독교가 싹텄다. 그렇다면 '아브라함 땅'은 분명히 유대교와 기독교가 탄생한 이스라엘 땅이다. 이 땅의 '옷을 걸친다'는 것은 유대교나 기독교에 대한 신봉이나, 또는 구체적으로 그 신봉자들이 걸치고(입고) 있는 후드 같은 성의(聖衣)를 일컫는 것일 수도 있을 것이다. 그렇다고 해도 아브라함을 공동시조로 섬기고 있는 무슬림들에게 그 '옷'이 결코 남의 옷일 수 없다.

27) 멜릭(Melic, 篾力克)은 당시 인도의 도시를 비롯한 지방 행정관에 대한 지칭이다.

28) 무함마드 교법(the law of Machomet, 伊斯蘭教 法律)이란 이슬람법, 즉

샤리아(al-Sharīah)를 말한다. 아랍어로 '샤리아'는 '물가에 이르는 길'이란 뜻이다. 건조한 사막지대에서 물은 생명이며, 물가로 가는 길은 생명의 길이고 구원의 길이 아닐 수 없다. 이러한 어원에서 인간에게 생활규범을 제시함으로써 유일신 알라에게 다가갈 수 있는 길을 열어주는 법, 즉 이슬람법을 '샤리아'라고 칭하게 되었다. 이슬람의 법개념은 현대법의 일반개념과 사뭇 다르다. 현대법은 주로 인간의 사회생활 질서를 유지하기 위한 규범의 체계로서 공사(公私)의 사회관계만을 규제한다. 그러나 이슬람법은 사회관계뿐만 아니라, 인간의 신앙적 관계마저 규제한다. 그리하여 이슬람법은 예배, 종교부금(자카트), 금식, 순례, 장례, 세정(洗淨) 등 종교적 신행(信行)에 대한 규범(이바다)과 혼인, 상속, 징세, 친자관계, 노예와 자유인, 계약, 매매, 종교기금, 소송, 재판, 비무슬림의 권리와 의무, 범죄, 전쟁 등 사회적 관계(무아말라) 전반에 대한 규범을 포함하고 있다. 이렇게 이슬람법 샤리아는 인간과 인간 간의 관계와 인간과 사회 간의 관계를 규제하는 두 부분으로 구성되어 있다. 또한 현대법이 인간의 지혜와 이성의 산물로 변화하는 사회적 요구에 부응하기 위해 만들어진 것이라면, 이슬람법은 신성한 신의 계시에 의해 불변하는 것으로 예언자 무함마드를 통해 계시된 신의 의지다. 이러한 천계법(天啓法)에서 공동체의 주권자나 입법자는 국가나 인간이 아니라 절대신이다. 따라서 신에 대한 불신과 불경은 곧 죄행으로 판결된다. 이슬람법의 법원(法源)으로 가장 근본적인 것이 알라의 계시인 경전 『꾸란』과 무함마드의 언행을 기록한 준경전격인 『하디스』다. 그 밖에 보조적 법원으로 이미 발효된 법적 범례에서 유사한 사항을 찾아내 비교 유추하거나 관행에 비추어 결정하는 유추(類推, 끼야스)와, 유추가 불가능한 경우 법학자들이 집단적으로 합의 결정하는 합의(合議, 이즈마아)가 있다. 법의 해석이나 적용범위 등에서 법학자들 간에 이견이 발생해 정통 이슬람 사회에는 하나피야파, 말리키야파, 샤피이야파, 한발리야파 등 4대 법학파가 있다.

29) 『꾸란*Alchoran, al-Qurān*』은 이슬람교의 경전이다. 이슬람에는 나

름의 경전관(經典觀)이 있는데, 요약하면, 첫째는 경전의 보편성이다. 즉 절대신 알라는 모든 예언자(선지자)들에게 계시로 경전을 내렸다고 본다. 이렇게 내린 경전은 총 114개이며, 그중 중요한 것은 『모세 5경』, 다윗의 『시편』, 예수의 『복음서』, 그리고 무함마드의 『꾸란』이다. 둘째, 모든 경전은 인간이 만든 것이 아니라, 알라의 언어로 만들어진, 일종의 초인간적 기적으로 간주한다. 그리하여 어떤 경전이든지 차별 없이 신임하고 존중한다. 다만, 선행한 모든 경전은 미완이며 오로지 『꾸란』만이 가장 완벽한 마지막 경전이라고 본다. 『꾸란』은 알라가 20여 년간 천사 가브리엘을 통해 무함마드에게 내린 계시를 한데 묶은 책으로, 이슬람교의 유일무이한 경전이다. 이 계시들의 첫 마디가 "읽어라!"이기 때문에 '꾸란'이란 말의 어원은 아랍어로 '까라아(읽다)'의 동명사 '꾸란(읽기)'에서 따온 것이다. 따라서 '코란(Koran)'이나 본 여행기 속의 'Alchoran' 같은 라틴어식 음사는 원어음에 가장 가까운 'al-Qurān'(정관사 'al'은 발음하지 않아도 무방)으로 바꿔야 할 것이다. 『꾸란』은 무함마드 사망(632) 후 곧바로 수집 정리되기 시작해 약 20년이 지난 제3대 칼리파 오스만시대에 정식으로 편집되었다. 이것을 '이맘본' 혹은 '오스만본'이라고 한다. 그러다가 이슬람문명의 전성기인 933년에 이르러 아랍어 문법이 정립되자 『꾸란』의 독법과 서법이 최종 확정되었다. 총 114장(수라)과 6천여 절(아야)로 구성된 『꾸란』의 내용은 대단히 광범위하다. 내용의 주종은 이슬람교의 교리인데, 그중에는 알라의 유일성과 무함마드는 알라가 보낸 사람(라술)이라는 근본교리와, 여기서 파생된 여섯 가지 종교적 신앙과 다섯 가지 종교적 의무, 그리고 선행을 기본으로 하는 종교적 윤리도덕이 포함된다. 전쟁과 유산, 혼인, 구제, 노예 등 각종 사회문제와 포교 과정에서 발생한 여러 가지 논쟁거리들도 다루고 있다. 그리고 유대교와 기독교의 친연성을 입증하듯, 『꾸란』에 실린 전설이나 이야기 가운데 4분의 1은 이 두 종교의 경전에 나오는 같은 유의 전설이나 이야기이며, 노아나 아브라함, 모세, 예수 등 스물네 명의 위인이나 예언자에 관한 이야기도 그대로 전재되어 있다. 이 경전의 외국어 번역은 초기 약 5백 년 동안 불허하다가, 12세기 중반부터 유럽에서 번역하기 시작해 1143년에 최초로 라틴어 역본이 출간되었다. 현대 유럽어로는 1616년 독일어 역본이 처음이다. 한국의 경우 1981년, 최초의 한글 완역본이 선을 보인 이후 지금까지 모두 세 종의 한역본이 나왔다.

30) "무함마드가 『꾸란』(즉 그의 교법)에서 '기독교도 한 명을 사살하는 것이 메카에 순례하는 것과 맞먹는 공덕'이라고 지시"했다는 내용에 관해서는 역주자의 얕은 지식 때문인지는 몰라도, 이 경전에 그렇게 쓰여 있다는 사실을 확인할 수가 없다. 무함마드 본인도 기독교 경전을 포함한 모든 종교의 경전들을 이슬람 경전 『꾸란』과 똑같이 믿고, 예수를 포함한 모든 종교의 예언자들을 이슬람교의 예언자와 똑같이 경배하는 것을 이슬람교의 6대 신앙 중 세번째와 네번째의 신앙으로 규정한 선지자인데, 과연 그런 말을 경전에 적어 남겼을 리가 있을까 하는 의심이 가는 대목이다. 그 밖에 여행기 속에는 '사라센'이란 지칭에서 시작해 이슬람이나 아랍인들에 대한 적의와 공포를 느낄 수 있는 내용들이 이곳저곳에서 감지된다. 성지를 탈환하고 지중해 세계를 되찾으려던 서구 십자군원정(11세기 말부터 13세기 말까지 약 2백 년간)의 결과가 결국 여의치 않게 되자 이슬람이나 아랍-무슬림들에 대한 기독교나 서구인들의 감정이 상했으리라는 것은 십분 이해된다. 14세기 서구 신학의 대부라고 추앙받던 토마스마저도 이슬람교를 "한 손에는 『꾸란』을, 다른 한 손에는 칼을"(『꾸란』에는 이런 말이 없음) 든 폭력종교로 묘사했으며, 그것이 지금까지도 인구에 회자되고 있는 것은 이러한 맥락에서일 것이다.

31) 메카(Mecha, 영어 Mecca, 아랍어 Makkah)는 아랍어로 '흡입'이란 뜻이다. 이 말은 목마른 사막인들이 이 도시의 금사(禁寺, al-Haram) 내에 있는 잠잠(Zamzam)이란 샘물을 들이마신다는 데서 유래했다고 한다. 메카는 홍해 연안에서 내륙으로 향해 펼쳐진 시라트 산맥에 에워싸여 있으며, 와디

(Wādī) 아브라함과 여러 짧은 지류들이 말라버린 하상(河床, 해발 277미터)에 자리하고 있다. 그러면서 사방을 둘러싼 산맥 사이에 있는 네 개의 협곡을 통해 외부세계와 연계를 맺고 있다. 메카를 무함마드의 매장지라고 한 것은 착오다. 그의 매장지는 메카가 아니라 메디나다. 메카는 무함마드의 탄생지이고 이슬람교의 발원지이며 무슬림들의 성지순례지다. 거기에 이슬람교 제1의 신성한 사원인 금사가 있어 명실상부 이슬람 세계의 제1대 성지다. 시 중심에 카아바(al-Kaábah) 신전을 포함한 금사가 있고, 주변에는 성지순례 의식과 관련된 행사지와 히라(Hirah) 동굴을 비롯한 무함마드의 유적지들이 있다. '알라의 집'이라고 불리는 검은 입방체(길이 12미터, 너비 10미터, 높이 15미터)의 카아바 신전은 아브라함의 서자인 이스마일(아랍 무슬림들의 조상)이 지었다고 전해온다. 그간 세 차례나 증수를 거친 금사의 총 면적은 18만 제곱미터나 되며 50만 명이 동시에 예배를 볼 수 있는 초대형 사원이다. 아라비아 반도의 서쪽에 홍해를 따라 남북으로 뻗은 산맥의 협곡에 위치한 이 도시는 항시 건조하고 고온이다. 연강우량은 130밀리미터 미만이며, 여름 기온은 최저가 섭씨 32도, 최고가 45도, 겨울에도 최저 온도가 15도다. 메카의 면적은 약 1200제곱킬로미터(2008년)이고, 인구는 약 179만 명(2008년)이며, 지금은 해마다 2백만 명 정도의 성지순례자들이 1년에 한 번씩 순례절을 맞아 이곳에 모여든다. 이 도시에는 무슬림들만 거주하는 게 허용되지만, 아시아와 아프리카의 여러 이슬람 나라들에서 온 여러 종족의 무슬림들을 받아들임으로써 세계에서 가장 국제적인 도시 중 하나로 꼽히고 있다. 메카는 메카 주의 주도로서, 주지사는 중앙정부의 내무장관을 겸직하고 있어 이 도시의 특수한 지위를 말해준다.

32) 기독교에서 '성묘(聖墓)'란 예루살렘에 있는 그리스도의 수난지와 그의 묘지였다고 하는 장소에 세워진 여러 복합적 건축물을 통칭하는 말이다. 그 장소는 326년 로마 황제 콘스탄티누스 대제의 어머니 헬레나가 발견하고, 황제는 거기에 성당을 지었다. 성당은 건축가 제노비우스가 설계했는

데, 구조는 대체로 네모 형상의 오랑식(五廊式) 바실리카(basilica, 가톨릭교회의 원형식 성당)로 되어 있다. 바실리카 배후에는 묘지가 있었는데, 그것이 4세기 말 아나스타시우스의 로톤다(Rotonda)라고 불리는 큰 돔으로 씌워졌다. 이곳은 기독교국에서 가장 중심이 되는 순교지로서 이후 기독교 건축에 많은 영향을 끼쳤다. 바실리카는 이제 거의 다 파괴되었고, 그 자리에 12세기에 지은 십자군 성당이 남아 있다. 오도릭은 본 여행기에서 사라센인들이 무함마드의 매장지 메디나를 순례하는 것처럼, 기독교도들도 성묘를 순례한다고 한다. 기독교의 경우, 원래 그리스도 탄생 이후 첫 천 년 동안에는 세 개의 순례길이 있었다. 첫째는 로마에 있는 성 베드로의 무덤으로 가는 길이다. 그 상징은 십자가이며, 그 길을 따라 걷는 사람을 '로마의 방랑자'라고 불렀다. 둘째 길은 바로 예루살렘에 있는 예수의 성묘로 가는 길이다. 이 길을 따르는 순례자를 수상가(手相家, palmist, 손금쟁이)라고 불렀다. 예수가 예루살렘에 입성할 때 그를 맞아주면서 사람들이 흔든 종려나무(palm)가 이 길의 상징이 되었는데, 그 음의 유사성을 따서 그렇게 부른 것 같다. 셋째 길은 이베리아 반도에 묻힌 사도 야고브의 성 유골에 이르는 길이다. 그곳은 어느 날 한 양치기가 들판 위에서 빛나는 별을 봤다는 장소다. 전설에 의하면, 예수가 죽은 후 성 야고브와 성모 마리아가 복음을 전파하기 위해 복음서의 말씀을 가지고 바로 그곳을 지나갔다고 한다. 그래서 그곳에 '콤포스텔라(별들의 들판)'라는 이름이 붙여졌고, 오래지 않아 모든 기독교 국가들의 여행객들이 모여드는 도시가 세워지게 되었다. 이 길을 걷는 사람에게는 '순례자'라는 이름이 주어졌고, 그들은 가리

예루살렘에 있는 성묘 교회.

비 껍데기를 상징으로 삼았다. 오도릭이 성년기를 보냈던 14세기는 순례의 황금시대였다. 해마다 전 유럽에서 몰려드는 1백만 명 이상의 순례자들이 로마의 성 베드로의 무덤으로 가는 '은하수 길'을 따라 걷고 또 걸었다. 그들이 밤에 은하수를 보고 길을 찾아갔기 때문에 '은하수 길'이란 이름이 생겨났다.

33) 9시과(Nones)는 오후 2시부터 3시 사이의 시간이다.(시과에 관해서는 주 23 참고)

34) 'priest'는 일반적으로 '성직자'란 뜻으로서, 가톨릭에서는 '사제'나 '신부'에, 개신교에서는 '목사'에 해당한다. 그러나 이슬람교에는 성직자가 따로 없으며, 대신 '이맘'이란 종교적 직책이 있다. '이맘'이란 '인도자'란 뜻으로서, 사원에서 거행되는 각종 종교행사를 인도하는 사람으로, 결코 성직자는 아니다. 그래서 그의 앞에서 신앙고백을 한다든가 하는 종교행위는 불허한다.

35) 당시의 딜리(델리) 제국(딜리 제국에 관해서는 주 5 참고) 황제는 딜리 제국의 제3대 이슬람 왕조인 투글루크조(1320~1414)의 건국자로서 1320년에 등극한 기야숫 딘 투글루크(Ghiyāsu'd Dīn Tughluq)다. 전대인 힐지조의 마지막 왕 쿠트붓 딘 무바라크(Qutbu'd Dīn Mubārak)가 재위 4년 만에 후스루 칸(Khusru Khan)에게 왕위를 빼앗겼다. 그러나 후스루 칸은 얼마 지나지 않아 펀자브 지사인 가지 말리크(Ghāzī Malik)에게 축출되었다. 실권을 장악한 가지 말리크는 기야숫 딘 투글루크란 이름으로 즉위해 투글루크조를 세웠다. 그는 인도 중부의 데칸에 제2의 수도를 건설하고 남방으로 영토 확장을 시도하였다. 무슬림인 그가 기독교에 대해 취한 태도나 정책은 알려진 바가 없으나, 그를 계위한 피루즈 샤(Firūz Shāh)는 성군으로서 그의 치세를 계기로 인도의 이슬람화가 크게 추진되었다.

36) 오도릭은 주석에서 이 상인도(上印度)를 남중국에 비정했는데, 이는 착각으로 보인다. 1편 서아시아 주 31에서 밝힌 바와 같이 상인도는 남중국

이 아니라, 북인도라고 사료된다. 마르코 폴로도 『동방견문록』 157장 차이톤(Çaiton), 즉 천주(泉州)에 관한 이야기 중에서 'Upper India(상인도)'는 '북인도'를 지칭한다고 하였다.

37) 후추(pepper, black pepper, 학명은 piper nigrum, 胡椒)는 후추나무의 열매다. 후추나무는 후추나뭇과에 속하는 상록교목으로 줄기는 지름 2센티미터가량의 둥근 기둥 모양인데 덩굴이 지는 성질이 있고, 잎은 끝이 뾰족한 달걀 모양이다. 원산지는 서남인도 말라바르(Malabar) 해안의 습지 정글지대였으나, 오늘날에는 지구 남·북반구의 열대지방에서 널리 재배된다. 후추에는 보통 흑후추와 백후추가 있는데, 채 익지 않은 열매를 따서 건조시킨 것이 흑후추이고, 익은 열매를 따 껍데기를 벗겨 건조시킨 것이 백후추다. 그 밖에 보통 후추보다 모양이 길게 생긴 장(長)후추도 있다. 자고로 후추는 조미료로 쓰일 뿐만 아니라, 구토, 위한(胃寒), 심복통(心腹痛), 적리(赤痢), 소화불량, 콜레라, 관절염 등을 치료하는 약재로 널리 효용되어왔다. 후추를 휴대하고 다니면 콜레라나 흑사병을 예방한다는 속설까지 있다. 유럽에서는 후추를 일찍부터 귀중품으로 진중하였다. 기원후 1세기 로마의 플리니우스는 『박물지』에서 로마인들은 '절대적인 인기'를 얻고 있는 후추를 인도에 가서 구해 오는데, 로마에서는 '금은과 동등한 가치'를 지닌다고 기술하고 있다. 그래서 화폐처럼 지불수단으로 이용하기도 하였다. 로마 황제 도미티아누스(Domitianus, 재위 81~96)는 92년 로마 시에 전문적으로 후추를 취급하는 향신료 구역을 설치하고 후추를 국고의 일부로 비축하였다. 그로부터 3백여 년 후인 408년에 로마가 서고트족에게 포위되었을 때, 로마 시민의 속금(贖金)으로 금과 함께 3천 파운드의 후추를 서고트족의 지휘관 알라리크(Alaric)에게 지불한 바 있다. 이러한 후추는 모두 인도에서 수입한 것인데, 그 수입 루트는 세 갈래였다. 첫째 루트는 인도에서 페르시아를 경유해 시리아에 이르는 육로(대상로)이고, 둘째 루트는 인도에서 페르시아 만을 경유해 시리아에 이르는 육해로(陸海路)이며, 셋째 루트는 인도에서 홍

해까지 직항해 이집트의 알렉산드리아에 이르는 해로다. 후추는 이렇게 서전했을 뿐만 아니라, 중국을 비롯한 동방 제국에도 전해졌다. 중국에 알려진 최초의 후추는 페르시아를 경유해 진(晉)나라에 들어온 인도산 후추다. 한반도에는 언제 어떻게 들어왔는지에 관해서 아직 미상이다. 중국 원대의 왕대연(汪大淵)은 여행기 『도이지략島夷志略』(1349)에서 인도 캘리컷이 세계 최대의 후추 산지이며, 그다음이 역시 인도의 퀼론이라고 적었는데, 폴룸붐(현 퀼론)에서 후추가 생산된다고 한 오도릭의 기록과 같다.

38) 정크(junk, 容克)는 전통적인 중국 범선에 대한 범칭이다. 기원후 2세기 한나라 때 만들기 시작한 이래 지금까지도 널리 이용되고 있다. 크기는 각이하고, 무게는 300~500톤이며, 승선 인원은 200~300명에 달한다. 추진력은 동력이 아닌 바람이다. 구조는 고물이 높고 이물이 삐죽 튀어나와 있으며 여러 개의 돛대가 세워져 있다. 아마포 같은 두꺼운 천(帆布)으로 된 정사각형의 돛이 달려 있는데, 긴 대나무 조각을 대어 편평하게 펴져 있다. 각각의 돛은 한꺼번에 펴거나 접을 수 있다. 거대한 타(舵)는 용골(龍骨) 구실을 하며, 선체는 세로와 가로로 설치된 수밀격벽(水密隔壁)으로 나뉘어 있다. 중세 초기부터 인도양을 비롯한 원양 항해에 투입되었으며, 15세기 정화(鄭和)의 '7차 하서양(下西洋)'에서 절정을 맞이하였다. 인도 서남해안에 위치한 항구 폴룸붐에서 7백 명이나 승선할 수 있는 중국 선박 정크로 갈아탔다고 한 오도릭의 기록으로 미루어, 당시 중국의 대형 범선이 멀리 인도양까지 항행하고 있었음을 알 수 있다.

39) 자이톤(Zaiton, Zaitun, 刺桐)은 오늘날의 중국 복건성(福建省) 동부 해안에 위치한 오래된 항구도시 천주(泉州)다. 리성(鯉城)과 온릉(溫陵)이란 다른 이름도 있으며, 중세에 아랍을 비롯한 서양에서는 자이톤 혹은 자이툰이라고 불렸다. '자이톤'은 중국 5대(代)시기에 이곳에 자동(刺桐), 즉 엄나무를 많이 심은 데서 유래된 음사라는 것이 지금까지의 일반적 견해다. 그러나 그에 앞선 당대에 '천주자동화(泉州刺桐花)'를 찬미하는 시들이 지어진

점을 감안하면, 이미 8세기 말이나 9세기 초부터 이런 이름으로 불렸을 개연성이 크다. 한편, 일부 아랍 문헌에는 아랍어의 감람(橄欖), 즉 '자이툰(zaitūn)'과 혼동해 천주를 '감람성'이라고 잘못 기술하고 있다. 진(晉)대부터 개척하기 시작한 이곳에 첫 행정기구가 설치된 것은 260년 오(吳)나라 때 신설된 동안현(東安縣)이다. 6세기 초 양(梁)나라 때는 남안군(南安郡)으로 개명되었다. 서진(西晉) 말에 발생한 중원 지구의 전란으로 인해 이민자가 유입되면서 중원의 선진 문화와 기술이 유입되었다. 당나라 때인 700년에 무영주(武榮州)가 설치되고, 711년에 천주로 개명되었다. 이때부터 해외교역의 중심인 항구도시로서의 면모를 갖추기 시작해 송·원대에는 세계에서 가장 큰 국제무역항의 하나로서 각국의 무역선이 폭주하였으며, 여러 나라 사람들이 정주해 국제적 지역사회를 이루기도 하였다. '해상 실크로드'는 천주에서 시작된다고 할 정도로 해로의 요항이었다. 마르코 폴로는 여행기에서 이곳을 '차이톤(Çaiton)'이라고 지칭하면서 이렇게 묘사하고 있다. 즉, 세계에서 상품이 가장 많이 들어오는 두 개의 항구 가운데 하나로서, 후추를 싣고 들어오는 배는 알렉산드리아 항의 백 배나 되고, 용선료(用船料)와 대칸에게 바치는 관세는 상품가치의 절반이나 되며, 우상을 숭배하는 주민들은 고유한 언어를 가지고 대칸에게 복속하고 있으며, 생활에 필요한 모든 물자가 풍부하다. 인근 도시에서는 설명하기 어려울 만큼 아름다운 자기가 생산된다. 흘러드는 큰 강 위에는 다섯 개의 다리가 있는데 그 돌교각은 아주 특수한 기법으로 만들어졌다.(『동방견문록』, 405~409쪽) 1346년경 이곳에 도착한 이븐 바투타도 여행기에서 이 항구도시를 '세계에서 가장 큰 항구 중 하나, 아니, 어찌 보면 가장 큰 항구'라고 극찬했고, 명산물로 공단(貢緞)과 주단(紬緞)

13세기 송나라 때 만든 정크선.

을 소개하면서, 특정 구역에 살고 있는 이슬람교도들의 카디(이슬람 법관)를 비롯한 무슬림 호상(豪商)들과 유지들을 만난 이야기를 전하고 있다.(『이븐 바투타 여행기』 1권, 44쪽 주 49; 2권, 328~329쪽) 오도릭은 이 장에서 "상인도에 가서는 자이톤이라는 도시에 이르렀다"고 했는데, 이것은 착오가 분명하다. 왜냐하면, 자이톤은 상인도가 아니라 중국 동남해안(즉 만지)에 위치하기 때문이다.

40) 미니바르(Minibar, Malabar, 無離拔)는 인도 서남해안 지방(나라)의 이름으로 오늘날의 케랄라 주(Kerala state) 일원이다. 『이븐 바투타 여행기』(2권 13장 4절)에서는 이곳을 '물라이바르(al-Mulaibar)'라고 부르며, 그에 관해 다음과 같은 기록을 남기고 있다. 해변가를 따라 펼쳐진 이곳은 (오도릭의 지적처럼) 후추의 산지로, 길이는 장장 2개월 여정거리에 맞먹는다. 녹음이 우거진 길가에는 반 마일마다 우물이 달린 나무집이 한 채씩 있어 길손들이 쉬어 갈 수 있게 한다. 무슬림들과 이교도들은 관습이 달라서 음식을 한그릇에 담아 먹지 않는다. 한 뼘의 땅이라도 무인지경은 없으며, 모든 사람들이 제각기 화원을 가지고 있어 집은 마치 화원 속에 묻혀 있는 것 같고, 길은 화원 속을 뚫고 지나간다. 술탄(통치자) 말고는 가축을 타고 다니는 사람이 없으며, 상인 한 사람이 1백 명가량이나 되는 짐꾼을 부린다. "이 길처럼 안전한 여행길은 일찍이 본 바가 없다. 호두 한 알이라도 훔친 사람은 사형에 처한다. 그래서 언필칭 노불습유(路不拾遺)라, 과실 하나 떨어져도 주인이 찾아갈 때까지 줍는 사람이 없다."(『이븐 바투타 여행기』 2권, 233쪽) 이 지방에는 열두 명의 술탄이 3천에서 5만 명까지의 군사를 거느리고 있지만, 서로 간에 분쟁이란 없다. 이곳에는 아부 사루르(Abu Sarur), 파카누르(Fakanur), 둔브(Dunb), 힐리(Hili), 주르파탄(Jurfatan), 다흐파탄(Dahfatan), 부드파탄(Budfatan) 등 여러 도시가 있으며, 그곳에서는 후추, 생강, 야자, 필발, 빈랑, 토란 같은 토산물이 많이 생산된다. 그 가운데서 오도릭도 말한 바와 같이 후추가 가장 유명하다. 후추나무는 포도 넝쿨과 비슷하다. 야자

수 곁에 심으면 포도 넝쿨이 뻗어 올라가듯이 야자나무 가지를 타고 뻗어 올라간다. 그러나 포도 넝쿨 같은 곁순은 없다. 잎모양은 대체로 말귀와 비슷하나 수리딸기 잎과 비슷한 것도 있다. 자그마한 열매들이 송이송이 맺히는데, 가을철이 되면 열매를 따서 포도를 말리는 것처럼 멍석 위에 널어서 햇볕을 쬔다. 바싹 말라서 색깔이 거무스름하게 될 때까지 자주 뒤집어놓는다. 그러고서 상인들에게 판다. 이러한 이븐 바투타의 기술은 후추를 포도에 비견한 오도릭의 기술과 진배없다. 중국의 장성량(張星烺)은 이곳을 『원사元史』「역흑미실전亦黑迷失傳」의 팔라발(八羅孛)에 비정하고 있다.

41) 플란드리나(Flandrina, 梵答剌亦剌)는 오늘날의 코지코드(옛 캘리컷) 이북 16마일 지점에 있는 도시로서 이븐 바투타의 여행기에는 판다라이나(Fandarāinah)로 나오며, 원대 여행가 왕대연의 『도이지략』에는 반달리(班達里)로 음사되어 있다. 이븐 바투타의 여행기에 따르면, 많은 사원과 시장을 가진 큰 도시로, 이 도시에 있는 무슬림들은 세 개 구역에 나뉘어 살고 있다. 구역마다 이슬람 사원이 하나씩 있으며, 대사원(jāmia)은 해변가에 있는데 '아주 놀라운 건물'이다. 중국 선박들은 이곳에서 겨울 한철을 난다.

42) 신길린(Cyngilin, 僧急里)은 수사 요르다누스(Jordanus, 約富努斯)의 『미라빌리아*Mirabilia*』에는 Singugli로, 수사 마리뇰리(Marignolli)의 『크로니콘*Cronicon*』(1355년경)에는 Cynkali로, 아랍 지리학자인 아불 피다(Abu'l Fidā)의 『제국 안내목록*Kitāb Taqwīmi'l Buldān*』에는 Shinkala 혹은 Shinkali로, 『원사元史』「마팔아등국전馬八兒等國傳」에는 승급리(僧急里)로 각각 음사되어 있다. 여러 기록들을 종합해보면, 이곳은 오늘날의 코지코드와 퀼론 사이에 자리한 지역(국가)으로, 일설에는 코지코드 남방 1백 킬로미터 지점이라고도 한다.

43) 프랑크 지역(the Frank countries)이란 유럽(서구) 지역 일반을 지칭한다. 주 15 참고.

44) 소목(蘇木, 일명 蘇枋木, 赤木, 紅紫, brazil-wood, pau-brazil, 학명 Caesalpinia Sappan)은 콩과에 속하는 상록교목의 열대지방 식물이다. 높이가 5~9미터

정도로 자라며, 나무줄기에는 작은 가시가 있다. 5, 6월에 황색 꽃이 피며, 9, 10월에 열매를 맺는다. 지혈과 진통제, 부인병 등에 약재로 사용하며, 적홍색 목재 부분은 홍색계 염료로, 뿌리는 황색 염료로 사용한다. 우리나라에서는 산출되지 않아 예부터 수입에 의존해왔다. 『고려사』에는 정종(靖宗) 6년(1040)에 대식(大食, 아랍) 상인들이 상역차 소목 등 물품을 가지고 개경(開京)에 왔다는 기록이 보인다.

45) 폴룸붐(Polumbum, 波郎布, 현 퀼론), 주 12 참고.

46) 생강(生薑, ginger, 학명 Zingiber officinale Roscoe)은 생강과(Zingiberaceae)에 속하는 다년생 풀이다. 인도를 비롯한 아시아 동남부가 원산지이며, 뿌리줄기가 향기롭고 톡 쏘는 맛이 있어 음식의 양념이나 향신료 및 약품으로 쓰인다. 속명(屬名)인 징기베르(zingiber)는 그리스어 징기베리스(zingiberis)에서 유래했는데, 징기베리스는 산스크리트어로 향신료 이름인 싱가베라(singabera)에서 나왔다고 한다. 중국과 인도에서는 고대부터 사용해왔고, 1세기경에 상인들에 의해 지중해 지역에 전파되었으며, 11세기경에 영국에까지 알려졌다. 16세기 스페인 사람들이 멕시코를 비롯한 라틴아메리카에 가져갔다. 줄기는 1미터 정도 자라며, 약 2퍼센트의 정유(精油)를 함유하고 있는데, 이 정유를 추출해 식품과 향수 제조에 이용한다. 생강은 고창(鼓脹)과 복통을 치료하는 약재로도 효용한다. 우리나라의 경우 고려 고종 23년(1236)에 간행된 『향약구급방鄕藥救急方』에 약용식물로 기록되어 있어서 일찍부터 재배되고 있었음을 알 수 있다.

47) 1857년 동인도회사의 인도 용병들이 일으킨 최초의 반영(反英) 저항운동인 이른바 '세포이 항쟁'의 도화선은 쇠기름과 돼지기름을 바른 화약 포장지를 입으로 물어서 열어야 하는 문제였다. 이 항쟁은 쇠고기에 대한 종교적 금기가 민족적 정서와 결합된 양상이었다. 이러한 정서가 채 가시기 전에 인도 독립운동의 영웅이자 민족주의의 두뇌이며 성자로 추앙받는 간디가 독립운동을 선양하고 민족전통을 고수하기 위해 '힌두이즘의 중심적

요소는 소를 보호하는 것'이며 암소는 '수억 인도인과 온 인류의 어머니'라고 선언함으로써 성우(聖牛)사상을 한층 고취시켰다. 이러한 역사적 맥락에서 소에 대한 숭배와 그 관행은 오늘날까지도 면면히 이어지고 있다. 그러나 모든 전통이 그러하듯이 인도의 성우전통도 현실 속에서 변화를 모색하지 않을 수 없게 되었다. 엄격한 신분제도인 카스트가 여전히 사회관계의 기제로 작동하는 인도 사회에서 굶주림에 허덕이는 천민들은 마냥 쇠고기의 유혹을 떨쳐버릴 수는 없을 것이며, 3억 마리 소 가운데서 그 5분의 2에 해당하는 1억 2천여 마리의 방랑우(放浪牛)가 온 나라 구석구석을 무법으로 헤집고 다니는 것이 사회문제로 부상하지 않을 수가 없다. 그래서 얼마 전 인도의 고대사회경제사를 전공한 한 노교수는 성우사상의 허구성과 문제점들을 파헤치는 책을 저술하였다. 그렇지만 힌두교 원리주의자들의 협박으로 인해 인도에서는 끝내 출간하지 못하고 외국에서 출판하게 되었다. 소에 대한 숭배를 둘러싼 전통과 현대 간의 갈등이다.

48) 모바르(Mobar, Maábar, 馬八兒)는 오늘날 동남인도의 코로만델(Coromandel) 해안에 위치한 해안도시 마하발리푸람(Mahābalipuram)이다. 이 도시는 타밀나두 주의 주도인 첸나이(Chennai) 남방 60킬로미터 지점에 있다. '모바르'는 '마아바르(Maábar)'의 와전음으로서 '마아바르'는 아랍어에서 '도강처(渡江處)'나 '도해처(渡海處)'란 뜻을 지닌 단어다. 『한서漢書』「지리지地理志」에 의하면, 전한 무제 때(기원전 141~87년 재위) 한나라 상선이 인도 동남해안의 황지국(黃支國, 현 칸치푸람Kanchipuram)까지 다녀왔는데, 이 마아바르는 황지국의 도해처였을 것이다. 이븐 바투타는 1344년경 이곳에 들러 술탄 기야숫 딘의 환대를 받으며 여러 가지 일들을 목격했으며, 그것을 여행기에 기록으로 남겨놓았다. 당시 이 왕국의 도읍은 '거리가 넓은 큰 도시'인 무트라(Mutrah, 현 마두라이Madurai)이고, 원래는 이슬람 왕조인 델리 왕조의 치하에 있었으나 당시는 거의 독립 상태였으며, 무슬림들과 이교도들 사이에 전쟁이 빈발하였다. 음식은 쌀밥과 육류인데, 음식에 걸쭉한 우유를 뿌려

먹는다. 이븐 바투타는 이교도들에 대한 무슬림 측의 무자비한 살육 현장을 지켜보면서 “어떠한 폭군에게서도 들어보지 못한 잔인무도한 만행”이라고 규탄한다. 특기할 것은 일찍이 이 왕국과 고려 간에는 왕래가 있었다는 사실이다. 고려 25대 충렬왕(忠烈王) 때 이 마팔아국(馬八兒國, 모바르) 왕자 패합리(孛哈里)가 침향(沈香)과 면포(棉布, 일명 서양포西洋布) 등의 공물을 보내왔다. 이에 앞서 충렬왕은 대신 채인규(蔡仁揆)의 딸을 원나라 승상 상가(桑哥)에게 공녀로 시집을 보냈는데, 상가가 피살되자 원의 신속국인 이 마팔아국 왕자에게 재가시켰던 것이다. 이러한 정략적 혼인관계로 인해 패합리가 처가인 고려에 공물을 보내온 것이다.

49) 사도 토마스(Thomas the Apostle, 도마)는 예수의 열두 사도 중 그리스도교의 동방 전도를 담당한 사도다. 그의 동방 전도는 인도에서 시작한다. 그의 인도 전도에 관해서는 몇 가지 전설이 있어 교회사가들과 역사가들 사이에 사실 여부를 놓고 논란이 많다. 그의 인도 전도에 관해서는 인도 서북부와 동남해안 및 서남부의 세 곳에서 전도했다는 전설이 전해오고 있다. 여기서는 오도릭의 여행지를 고려해 동남해안과 서남부에서의 전도에 관해서만 살펴보기로 한다. 토마스는 50~51년경 남인도의 마아바르(모바르)에 도착해 전도를 펼쳐 많은 주민들이 기독교를 신봉하기에 이르렀고, 이곳에 교회를 일곱 개나 세웠다. 이어 마일라푸르(Mailapur, 현 첸나이 부근)에 가서도 왕과 주민들을 개종시키는 데 성공한다. 그러나 그의 전도에 불만을 품은 이교도(브라만교, 힌두교) 원주민이 던진 창에 찔려 72년경에 운명하고 만다. 시신은 마일라푸르에 안장했다가 에데사로 옮긴 후, 다시 에게 해의 키오스(Chios) 섬으로 이장했으며, 지금은 이탈리아의 오르토나(Ortona)에 묻혀 있다. 그의 순교지인 마일라푸르에 있는 ‘성 토마스 교회’와 ‘성 토마스 산(山)’은 그의 이름에서 유래한 것이며, 그의 묘지는 현재 성역화되어 순례자들이 찾아오고 있다. 여러 가지 문헌기록과 발굴된 유물, 그리고 당시의 국제적 환경 등으로 미루어볼 때 아직 구명해야 할 점도 있지만, 토마스의

성 토마스 교회 내부.

인도 전도는 사실로 간주할 수 있다고 사료된다.(사도 토마스의 인도 전도에 관해서는 졸저 『고대문명교류사』 8장 2절 「고대 동방 기독교의 전파」 참고)

50) 성 크리스토퍼(St. Christopher, 聖克里斯多芬, ?~251년)의 본명은 레프로부스로서 로마 제국시대에 순교한 그리스도교의 성인이다. 흔히 어린이의 모습을 한 예수 그리스도를 업고 가는 거인 남자로 묘사되곤 한다. 산악인, 운동선수, 운전사, 철도원, 짐꾼, 여행자를 수호하는 성인으로 추앙받는다. 가나안 땅에서 태어난 그는 가난한 사람을 돕는 것이 그리스도를 섬기는 일임을 깨닫고 강가에 머물면서 가난한 여행자들이나 순례자들을 자기 어깨에 올려 태우고 건네주는 일을 해왔다. 어느 날 한 어린아이의 부탁을 받고 그애를 어깨에 태우고 강을 건너는데, 마치 세계 전체를 짊어진 듯 아이가 점점 무거워졌다. 아이는 그를 향해 "너는 지금 전 세계를 옮기고 있는 것이다. 내가 바로 네가 그토록 찾던 왕 예수 그리스도다"라고 자신을 밝힌다. 이때부터 그의 이름은 그리스어로 '그리스도를 업고 가는 사람'이란 뜻의 크리스토포로스(Christophoros)로 바뀐다. 그는 로마의 데키우스 황제 때 리키아(소아시아)에서 순교했다고 한다. 화살로 처형하려고 했으나 맞히지 못해 교수형에 처했다는 전설도 있다.

51) 사도 베드로(St. Peter the Apostle, 聖彼得, ?~64년)의 본명은 시몬(Simon)으로, 예수 그리스도의 제자다. 초기 그리스도교 교회에서는 예수의 수제자로, 로마가톨릭교회에서는 지금까지 계속되어오는 교황직을 최초로 받은 성인으로 인지되고 있다. 어부였던 그는 예수 활동 초기에는 제자로 부름을 받았으며, 후일 예수로부터 '반석'이란 뜻의 '케파(Cephas, 같은 뜻의 라틴어는 petra, 즉 피터 혹은 베드로)'라는 이름을 받았다. 그의 생애에 관한 정보는 고작 『신약성경』(4복음서)과 「사도행전」 그리고 바울의 편지 몇 통과 베드로의 편지 두 편에만 실려 있다. 오도릭은 본문에서 기독교도들이 먼 길을 마다하지 않고 성 베드로를 순례하는 것처럼, 이곳 사람들도 멀고 먼 데서 와서 우상을 순례한다고 기록하고 있다. 그렇다면 사도 베드로의 순례지는 어디일까? 초기 기독교의 성립에 여러 가지 업적과 기적을 남긴 베드로의 순교와 매장지에 관해서는 지금껏 여러 가지 설이 있어 정설 도출은 여전한 과제이다. 그가 네로시대에 로마에서 순교했다는 것은 거의 정설로 되어 있지만, 어디에 묻혀 있는지에 대해서는 여러 가지 설이 있다. 『신약성경』 같은 경전에는 그에 관한 해답이 전혀 없고, 다만 그의 '트로파이온(트로피를 상징하는 그리스어)' 비문이나 약간의 유물, 교회 관련 유적, 고고학적 발굴, 문학 전승 등 다방면의 내용을 종합해보면, 애매모호하지만 대체로 바티칸 언덕 어디에 묻혀 있으리라는 짐작이 간다. 그곳이 바로 기독교도들이 향하는 성 베드로의 순례지일 것이다.

52) 오도릭이 여기서 말하는 온몸을 땅에 대는 궤배는 불교도들의 오체투지(五體投地) 예법을 말하는 것이다. 오체투지는 불교신자가 불(佛)·법(法)·승(僧) 삼보(三寶)에 올리는 큰절의 형태로서, 고대 인도에서 행해지던 예배법 가운데 상대방의 발을 받드는 접족례(接足禮)에서 유래했다고 한다. 중생이 빠지기 쉬운 교만을 떨쳐버리고 어리석음을 참회하는 예법으로서, 자기 자신을 무한히 낮추면서 삼보에 최대의 존경을 표하는 방법이다. 그러한 의미에서 양 무릎과 팔꿈치, 이마 등 신체의 다섯 부분이 땅에 닿기

때문에 '오체투지'란 이름을 붙였다. 따라서 동작 하나하나에 삼보에 대한 존경과 겸손하게 참회하는 정신과 마음이 고스란히 담겨 있다. 오늘날 티베트불교를 비롯한 밀교 계통에서는 스스로 고통을 겪으면서 수행하는 방법으로 행해져 엎드려 온몸을 완전히 땅에 붙이는 형태를 취하기도 한다. 오체투지를 하기 어려울 때는 합장 자세에서 공손히 머리를 숙이는 반배(半拜)를 하기도 한다.

53) 라모리(Lamori, 南巫里)는 마르코 폴로의 『동방견문록』(169장)에 나오는 람브리(Lambri, 일명 Labri, Lanbri)로, 오늘날의 수마트라 섬 서북단의 아친(Achin) 부근으로 비정된다. 자바어로는 라무리(Lamuri)이고, 오도릭은 이 현지어로 '라모리'라고 음사한 것 같다. 여러 아랍 지리학자들의 기록에는 Lambri, Lamuri, al-Rami, Ramin, Ramni 등으로 음사되어 있으며, 『말레이 편년사』에는 '람브리(Lambri)'로 되어 있다. 중국 송대에는 람리(藍里)나 람무리(藍無里)로, 원대에는 남무리(南巫里)나 남무력(南無力) 등으로 표기하였다. 마르코 폴로의 기술에 의하면, 이 나라는 독자적인 왕이 있는 왕국이지만 몽골 대칸은 이 나라에 대한 주권을 주장한다. 주민들은 우상숭배자들이며, 이곳에는 소방목(蘇枋木)과 장뇌(樟腦, 오도릭도 기술), 기타 값비싼 향료들이 풍부하다. 기이한 것은 다수의 주민들은 길이가 한 뼘이 넘고 굵기는 개의 꼬리만 한 긴 꼬리를 달고 있는 점인데, 그들은 도시가 아니라 산속에 살고 있다. 그리고 일각수(一角獸, unicorn. 한 개의 뿔을 가진 전설 속 동물)와 새나 짐승 같은 사냥감도 많다.

54) 오도릭은 본문에서 이곳 라모리에서 유행하고 있는 결혼제도를 공처제(公妻制, all the women be in common)처럼 묘사하고 있으나, 내용을 보면 초기 기독교의 한 종파나 오늘날 티베트에서 유행하는 공처제, 즉 여러 남자가 한 명의 아내를 공유하는 결혼제도가 아니라, 원시공동체사회에서나 볼 법한 군혼제(群婚制, 集團婚), 즉 여러 명의 남녀가 서로 공동의 배우자가 될 수 있는 결혼제도라고 봐야 할 것이다.

55) 침향(沈香, lignaloes, 학명 Aguilaria Agallocha)은 팥꽃나뭇과에 속하는 상록교목으로서 키는 20미터 이상이고 줄기의 지름은 2미터나 된다. 잎은 어긋맞게 나는데, 가죽같이 질기며 긴 타원형으로서 길이는 5~7센티미터이며 광택이 난다. 주산지는 중국의 해남도(海南島), 베트남, 태국, 말레이시아, 수마트라, 미얀마, 부탄, 아산 등 말레이 반도를 중심으로 한 지역이다. 원래 침향의 원목은 향기가 없으나, 나무에 상처가 생기면 그곳에 수지가 배어나와 굳으면서 비로소 침향목이 되는 것이다. 그러다가 그 나무가 쓰러져서 땅속에 묻히면 다른 부분은 다 썩어버리는데 수지가 응결된 부분만은 썩지 않고 단단해지고 무거워진다. 이를 태우면 향기로운 연기를 뿜어낸다. 이렇게 땅속에 묻혀 있던 침향목은 비중이 커서 물에 넣으면 가라앉는다. 그것이 바로 침향이다. 침향은 형태에 따라 서각침(犀角沈), 연구침(燕口沈), 부자침(附子沈), 사침(梭沈), 횡격침(横隔沈) 등으로 구분되며, 주로 분향제로 쓰인다. 침향을 분향료로 가장 많이 사용한 나라는 인도다. 산스크리트어로 침향을 '아가루(agaru)'라고 한다. 그런데 침향의 가장 중요한 산지인 말레이시아에서는 침향을 말레이어로 '가하루(gaharu)' 혹은 '카유 가루(kayu gharu)'라고 하는데, 이 말은 '아가루'라는 산스크리트어에 어원을 두고 있다. 이것은 인도가 말레이시아보다 먼저 침향을 사용했음을 시사한다. 고대 인도의 약법서(藥法書)인 『사슈루다*Sashuruda*』에는 침향의 연기를 상처의 진통제로 쓴다는 기록이 있다. 분향제로 쓰이던 이 침향이 불교의 동전과 더불어 중국에 유입되었다. 기원후 3세기 전반의 오나라 만진(萬震)이 저술한 『남주이물지南州異物志』에는 침향의 산지와 형성법 및 종류 등에 관해 정확하게 기술되어 있다. 이러한 점으로 보아 3세기 이전에 이미 중국인들이 침향을 사용하였음을 알 수 있다. 그들은 주로 해남도와 말레이 반도, 수마트라 등 동남아시아산 침향을 수입해 사용하였다. 침향은 한반도에까지도 전래되었다. 신라 경덕왕(景德王) 11년(752)에 일본에 건너간 신라 사절의 대일매물명세서(對日賣物明細書)에 매물로 침향이 포함되어

있으며, 『삼국사기』에도 신라 흥덕왕(興德王) 9년(834)에 침향을 차재(車材, 수레의 재료)로 쓰는 것을 엄금하는 금령(禁令)이 기록되어 있다. 이와 같이 신라시대에 한국은 이미 침향을 수입해 분향제로뿐만 아니라, 기재(器材, 기구와 재료)로도 사용하였고, 또한 중계교역의 형식으로 타국에 수출까지 하였다.

56) 장뇌(樟腦, camphor)는 녹나무(樟)의 줄기나 뿌리, 잎을 증류기에 넣고 수증기를 통해 증류하고, 그 액을 냉각시켜 만드는 특이한 방향(芳香)의 결정체 물질이다. 색은 없고 반투명의 광택이 있으며, 물에는 녹지 않고 알코올이나 에테르 따위에만 녹는다. 분자식은 $C_{10}H_{16}O$로서 원료와 가공방법에 따라 천연장뇌와 합성장뇌, 두 종류가 있다. 방충제와 방취제(防臭劑), 의약품 등에 쓰인다.

57) 이 장을 비롯해 뒤에 오는 몇 장에서 끔찍한 식인풍습(食人風習, cannibalism)에 관한 이야기가 나온다. 식인을 오로지 일종의 악습이나 폐습으로 저주만 할 것이 아니라, 하나의 문화현상으로 고찰해야 한다는 것이 작금의 문화인류학이 풀어야 할 하나의 과제로 제기되고 있다. '식인풍습'이란 뜻의 '캐너벌리즘'이란 말은 서인도 제도에 사는 카리브족의 언어에서 유래되었다고 한다. 인류역사의 여명기부터 발생한 식인문화는 일종의 보편적 관습으로 거의 모든 대륙에서 발견되고 있다. 최근까지도 이런 식인풍습은 서부 아프리카, 중앙아프리카, 멜라네시아(특히 피지), 뉴기니, 오스트레일리아, 뉴질랜드의 마오리족, 폴리네시아 섬의 부족들, 수마트라 섬의 부족들(오도릭이 본문에서 언급하는 부족), 남북아메리카 등 세계 도처에서 여전히 유행하였다. 흔히 캐너벌리즘은 미개한 인간들에게서나 나타나는 특수한 현상으로만 보는데, 실은 그렇지 않다. 유럽이나 중국 같은 이른바 문명국가에서도 '문명적'으로 치장을 했을 뿐, 본질적으로는 다른 지역과 진배없는 식인문화가 줄곧 존재해왔다. 대만의 사학자 황문웅(黃文雄)은 저서 『중국의 식인문화』(장인한 역, 교문사, 1992)에서 기원전 206년부터 1911년

청나라가 멸망할 때까지 2100여 년 동안 중국 정사에 기록된 식인 사례만도 무려 220여 건이나 된다고 하면서, 중국의 식인문화는 5천 년을 관통하며 지속되고 있다고 밝혔다. 그는 이 식인문화를 알지 못하고서 중국의 역사와 문화를 논한다는 것은 있을 수 없는 일이며, 중국인의 보편적인 사고방식도 이해할 수 없다고 지적하고 있다. 한민족의 역사에는 극단적인 아사(餓死) 지경 말고는 식인기록이 별로 없다. 세계의 식인문화를 통관하면, 그 동기는 의례와 기아, 복수, 형벌, 충성, 권위, 윤리 등 종교적, 사회경제적, 윤리도덕적 배경에서 찾아볼 수 있다.

58) 수몰트라(Sumoltra, 蘇門答臘, 인도네시아어로 Sumatera)는 오늘날의 인도네시아 서부의 수마트라(Sumatra) 섬 혹은 록세우마웨 일원이다. Sumutra(라시둣 딘의 『집사集史』), Sumoltra(오도릭), Sumutra(『이븐 바투타 여행기』), Sumudura(蘇木都剌, 원대), 기타 Samara, Samatra, Sumatra 등 여러 가지 음사가 있는데, 이 명칭은 15세기 이전에는 섬의 서북부만을, 그 이후에는 섬 전체를 지칭한다. 면적은 약 47만 4천 제곱킬로미터에 달한다. 대(大)순다 열도에 속한 섬으로, 동북쪽으로 말라카 해협을 사이에 두고 말레이 반도와 마주 보며, 남쪽에는 순다 해협을 사이에 두고 자바 섬이 자리하고 있다. 동북쪽에서 동남쪽으로 1600킬로미터나 뻗어 있는 사리 산 산맥 가운데 있는 최고봉 케린치 산은 해발고도가 3805미터나 된다. 무덥고 습한 기후에 각종 식물군이 분포하고 있다. 수마트라인은 몽골인종의 오세아니아 계통에 속하는 종족으로서, 오스트로네시아어족에 속하는 언어를 사용한다. 미낭카바우족과 바탁(Batak)족, 가조족, 알라스족, 레장족, 레봉족, 람풍족 등 여러 종족이 살고 있다. 주민의 대부분은 무슬림이지만, 기독교와 애니미즘 신봉자들도 더러 있다. 주식용 작물은 옥수수와 근채류, 채소, 쌀이며, 목재와 석유가 생산된다. 11세기부터 이곳은 같은 섬에 있는 팔렘방(palembang, 三佛齊)의 스리위자야 왕국의 지배를 받아오다가, 1377년 자바 섬의 마자파히트 제국에게 멸망당했다. 1320년경 오도릭이 찾아갔을 때는 스리위자야 왕

국시대다. 그후 이 섬은 2차 세계대전까지 근 6백 년 동안 포르투갈과 네덜란드, 영국, 일본의 지배를 연이어 받아왔다. 그러다가 1950년에 인도네시아의 일부가 되었다. 마르코 폴로의 『동방견문록』(167장)에 의하면, 그는 악천후로 이 섬에 다섯 달 동안이나 머물면서 목격한 사실을 다음과 같이 적고 있다. 몽골의 대칸은 이 섬에 대한 종주권을 주장했고, 이곳에는 식인풍습도 있다. 세상에서 가장 좋은 물고기가 있으며, 밀은 없고 쌀을 주식으로 한다. 포도주는 없지만, 나무를 자르면 거기서 좋은 술이 흘러내린다. 술이 고갈될 때 나무 아래에 물을 부으면 다시 술이 나온다. 술의 색은 희기도 하고 붉기도 하다. 커다란 인도호두가 생산되며, 주민들은 고기라면 호불호(好不好)를 가리지 않고 다 먹는다. 이른바 술이 나오는 나무의 학명은 술나무(Arenga Saccharifera)이고, 조여괄(趙汝适)의 『제번지諸蕃志』에는 바로 이 수마트라의 팔렘방 지방의 화주(花酒), 야자주(椰子酒), 빈랑밀주(檳榔密酒)와 같이 나무에서 나오는 술이 있다는 기록이 있다. 우리의 백과전서인 최한기(崔漢綺)의 『지구전요地球典要』 권3 「남양각도南洋各島」는 수마트라(蘇門答臘)의 인문지리에 관해 여러 가지를 기술하고 있다. 섬의 길이가 약 2천리나 되고, 가운데는 긴 산이 길게 뻗어 있으며, 종족은 말라유족이라고 밝히면서 구체적으로 각종 물산을 열거하고 있다. 또한 네덜란드와 영국의 침략사도 언급하고 있다.

* 역주자의 현장체험(수마트라 두마이, 2012년 2월 5일): 수마트라의 주 종족의 하나인 바탁족은 성격이 강인하고 저돌적이며, 과격해 소리를 잘 지르며, 맵고 짠 음식과 술을 즐기며, 성(姓)을 갖고 있는(대부분의 인도네시아 종족은 성 없이 이름만 있음) 등 그들 스스로가 한국인과 유사점이 많다고 말한다. 문화인류학적 상관성을 귀띔하는 현상이 아닐까 더듬어본다.

59) 무씨(mussi, 木昔)는 일종의 바나나로, 산스크리트어의 'mocha'에 어원을 둔 아랍어 'mauz(바나나)'의 와전음으로 추측된다.

60) 레센고(Rescengo, 雷森科)는 수마트라 섬의 서남부 해안가에 있는 나

라(민족)의 이름으로, 오늘날의 소(小)순다 혹은 순다 해협 일대에 비정된다. 이 섬에 사는 한 개명한 민족은 특유의 원시문자를 가진 언어를 사용한 것으로 알려져 있다.

61) 자바(Java, 瓜哇)는 오늘날 인도네시아의 중심을 이루는 섬으로, 전체 면적은 약 13만 2천 제곱킬로미터다. 동서고금을 막론하고 이 섬은 시종 '자바(Java, Jāwah)'로 불려왔다. 일부 역사서에서는 '대자바(Java the greater)'를 보르네오로, '소자바(Java the less)'를 수마트라로 기술하고 있는데, 이는 아마 자바를 중심으로 크기에 따라 그 북쪽에 있는 보르네오 섬을 '대자바'로, 그 서쪽에 있는 수마트라 섬을 '소자바'로 본 데에서 유래한 것이라고 짐작된다. 사실은 수마트라가 자바보다 더 크다. 오도릭은 본문에서 이 섬의 크기와 궁전의 화려함을 누누이 기술하고 있다. 자바는 50만 년 전에 살았던 직립원인(直立猿人)인 '자바원인', 즉 피테칸트로푸스(Pithecanthropus)가 발굴될 정도로 인류문명의 한 발상지로 꼽히고 있다. 8세기의 보로부두르(Borobudur) 불적(佛蹟)이 말해주듯, 일찍이 불교와 힌두교가 찬란하게 꽃핀 곳이기도 하다. 오도릭이 다녀간 14세기에는 마자파이트(Majapahit) 왕국이 향료무역 등을 통해 강성해지면서 주변지역에 널리 세를 뻗치고 있었다. 이후 동점하는 이슬람 세력에 밀려 여러 이슬람 왕국들로 분열되었다가 3백여 년간 네덜란드 식민지로 전락하고 말았다. 마르코 폴로는 여행기에서 자바에 관해 이러한 기록을 남기고 있다. 선원들의 말에 의하면, 자바는 세상에서 가장 큰 섬으로 그 둘레는 3천 마일(4828킬로미터) 이상이다. 주민들은 우상숭배자들로서 누구에게도 조공을 바치지 않는다. 이곳에는 누구도 말할 수 없는 온갖 재화와 후추, 육두구, 감송, 방동사니, 쿠베브(cubeb, 후추의 일종), 정향나무 등 세상 희유의 향료들이 가득하다. 수많은 선박과 상인들이 오가며 수입을 올린다. 중국(차이톤과 만지) 상인들은 이곳에서 막대한 재화를 가져간다.(『동방견문록』 163장) 술탄의 배려를 받으면서 자와(al-Jāwah, 자바)에 15일간이나 머물렀던 이븐 바투타는 여행기에서 술탄 진현기 기술에

많은 부분을 할애했지만, 주목할 만한 몇 가지 기록을 남기고 있다. 즉, 이곳은 자바 유향(乳香)의 산지이며, 야자, 빈랑, 정향, 인도침향, 샤키(shakī), 바라키(barakī), 망고, 자문(jamūn, 올리브 비슷한 나무 열매), 감귤, 녹나무 등 여러 가지 나무가 무성하다. 향료식물은 주로 이교도들이 사는 지역에서 자라며, 무슬림들의 지역에는 적다. 주민들은 주석 덩어리나 담금질하지 않은 중국산 사금을 화폐로 사용하며, 외국 상인들의 선박이 들어오면 야자나 바나나, 망고, 물고기 같은 것을 가지고 와서는 그냥 건네준다. 그러면 상인들은 알아서 상응하는 보수를 한다. 무슬림들이 이교도들을 지배하고 있으며, 이교도들은 그들과의 화해를 조건으로 인두세(人頭稅, jizyah)를 문다. 음식은 주로 쌀밥이고, 음료로 풋카이(fuqqā', 보리로 만든 맥주의 일종으로 기포가 많다)라는 것이 있으며, 필발로 식사를 마친다. 술탄을 알현할 때는 현지의 옷(허리에 두르는 치마)과 머릿수건을 걸쳐야 한다.(『이븐 바투타 여행기』 2권, 14장 3절) 우리의 고전인 이수광의 『지봉유설』(권2 「제국부」)에도 과왜(瓜哇, 자바)에 관한 다음과 같은 기록이 있다. "자바의 옛 이름은 사파(闍婆)다. 그 나라는 부유하고 땅은 넓으며 사람들의 조밀도가 동양의 여러 번국(蕃國) 가운데서 으뜸이다. 남자의 머리털은 헝클어지고 여자의 머리털은 상투를 짠다. 남자는 반드시 허리에 칼을 차는데, 칼은 매우 정교하고 날카롭다. 매로 때리는 형벌은 없으며, 경중을 묻지 않고 죄다 칼로 베어 죽인다. 용기를 숭상하고 싸움을 좋아한다. 얼굴빛은 까무잡잡하고, 머리는 원숭이 머리이며 다리는 벌겋게 드러낸다. 음식을 먹는 데 수저가 없고, 뱀이나 개미, 벌레, 지렁이를 씹어 먹는다. 개와 함께 먹고 자면서도 더럽게 여기지 않는다. 장례법에는 수장(水葬), 화장, 견장(犬葬, 개가 뜯어 먹게 하는 장례)이 있는데, 죽은 사람의 요구에 따라 그중 한 가지를 택한다. 『당사唐史』에 의하면, '남만(南蠻)의 표국(驃國)을 역시 사리파(闍利婆)라고 부르는데, 나라가 몹시 부유해서 왕의 궁전은 황금으로 바닥벽돌을 만들고 지붕은 은기와로 덮었다'고 했으니, 아마 이 나라(자바)일 것이다." 이 마지막 묘사는 오도릭이 본문에서 자바 술탄의 궁전을 금은으로 장식했다는 내용과 일치한다. 최한기는 『지구전요』(권3 「남양각도」)에서 자바를 갈라파(噶羅巴)라고 지칭하면서 이 나라의 연혁(沿革), 강역(疆域), 산, 풍기(風氣, 기후), 인민(人民), 물산, 의식(衣食), 궁실(宮室), 기용(器用, 기물), 왕, 관(官, 벼슬), 속(俗, 풍속), 각부(各部, 행정부서) 등을 소상히 밝히고 있다. 우리 선현들의 세계인식에 관한 예지가 돋보이는 대목이다.

62) 필징가(篳澄茄, cubeba, piper cubeba)는 후추와 같은 효능의 향신료로서 이시진(李時珍)의 『본초강목本草綱目』에는 음지에서 자라는 것을 필징가, 양지에서 자라는 것을 후추라고 한다고 적혀 있다. 필징가는 자바 섬과 수마트라 섬에서 주로 재배하기 때문에 일명 '자바후추'라고도 부른다. 1640년 포르투갈 국왕이 그들이 장악한 검은 후추(piper nigirum)의 판매량을 늘릴 목적으로 필징가의 판매 금지를 한 뒤부터 필징가는 가치를 잃고 무역거래에서 거의 사라져버렸다. 한국의 『신증여지승람新增輿地勝覽』「지리서」에 의하면, 제주목에서도 토산물로 재배되었다고 한다. 필징가는 일종의 온리약(溫裏藥)으로서 비신(脾腎)을 덥히고 위를 건강하게 하는 등 의약적 효과도 크다.

63) 소두구(小豆簆, cardamon, 학명 Elettaria cardamonum)는 열대 산악지대에 널리 자생하는 관엽수로서 열매를 향신료에 이용한다. 열매는 타원형으로 녹색을 띤다. 원산지는 인도이고, 주산지는 인도, 스리랑카, 과테말라, 코스타리카, 탄자니아 등지다. 여러 종류가 있는데 모두 생강과에 속하며, 맛은 조금씩 다르다. 가장 품질이 좋고 널리 쓰이는 것은 인도 말라바르산이다. 가장 오래되고 귀한 방향신미제(芳香辛味劑) 중 하나로 사프란, 바닐라 다음으로 값이 비싸다. 11세기 노르망디인들에 의해 영국에 전해졌으며, 중세와 튜더 왕조시대에 많이 사용되었다. 소두구는 '향기의 왕'이라고도 불리며, 육류나 생선요리, 각종 제과나 제빵에 향신료로 널리 쓰인다. 뿐만 아니라, 몸을 따뜻하게 하기 때문에 호흡기 질환에 좋고, 유제품에서 오는

알레르기 증상을 중화하며 신장에도 좋다.

64) 육두구(肉荳蔲)는 육두구나무의 과실 종자를 말한다. 육두구나무(학명 Myristica fragrans)는 육두과에 속하는 상록교목으로서, 키는 20미터가량이며 잎은 가죽질로 길이가 10센티미터쯤 되고, 표면은 짙은 녹색으로 광택이 있다. 열매는 둥글고 세로의 고랑이 있으며, 익으면 두 조각으로 갈라져 씨를 토한다. 원산지는 말레이 반도의 반타 섬이며 향신료 중에서 최우수품에 속한다. 전술한 소두구가 육두구와 비슷해 육두구의 대용품으로 쓰이기도 한다. 육두구는 5세기경에 반타 섬에서 인도로 전해졌으며, 10세기 전후에 아랍인들을 통해 유럽에 알려지게 되었다. 육두구가 알려진 후 13, 14세기에 이르러 육두구와 정향(丁香)에 대한 유럽인들의 수요가 폭발적으로 급증하였다. 그것은 이 두 가지 향신료가 강력한 방부제일 뿐만 아니라, 염장한 어물(魚物)과 육류요리에 필요불가결한 최상의 조미료이기 때문이었다.

65) 마르코 폴로도 여행기에서, 너무 멀어서 항해하기 위험해 대칸(원나라)이 이곳을 정복하지 못했다고 하였다.(『동방견문록』 163장) 그렇지만 그가 중국을 떠난 직후인 1292년 쿠빌라이는 군사 2만, 전함 1천 척을 보내 자바 원정을 지시, 이듬해 수도 케디리(Kediri)까지 점령했으나, 수세에 몰려 곧 회군하고 말았다.(『원사元史』 권210 「과왜전瓜哇傳」)

66) 판텐(Panten, Pantan, 八丹)의 유사 음사로 Bantan, Bandan, Patani 등이 있다. 그리고 지명 비정과 관련해 거론되는 유사 단어들이 있는데, 말레이어의 pantai 혹은 pante는 '해안', pantan 혹은 pantian은 '해안의 땅', 자바어의 panti는 '주거지'를 의미한다. 그 밖에 말레이 반도 최남단에 말라유 혹은 말라유국(Malayu, Malayur, Maluir, 『원사元史』의 '마리예아麻里預兒')이 있었는데, 그곳에 벤탄(Bentan)이란 마을이 있었다. 풍승균(馮承鈞)은 역저 『마가파라행기馬可波羅行紀』(1936)에서 '만단(萬丹)'으로 한역(653쪽)하였다. 이상 기록들을 참고해보면, 판텐은 현 싱가포르 해협의 북안에 위치한 것으로 보인다.(『한역본』, 62쪽 역주 ① 참고). 일설로는 현 인도네시아의 빈

탄 섬이라고 한다.

67) 루서 파커(Luther Parker)는 저서 『초기 비사야족*Early Bisayans*』(1913~1914, 6쪽)에서 탈라마신(Thalamasin, 塔納馬辛)을 기원후 1000년경에 번영했던 브루나이의 반자르마신(Bandjarmasin) 왕국에 비정하고 있다. 일부에서는 말레이어나 자바어에서 '염호(鹽湖)'를 뜻하는 Talaga Masin에서 유래한 Thala Masyn이나, '염지(鹽地)'를 의미하는 Tanamasin과 관련지으나 신빙성이 덜하다.

68) 깊이나 길이의 단위인 패덤(fathom)은 1패덤이 1미터 83센티미터(약 6척)에 해당한다.

69) 소위 '밀가루를 생산하는 나무'는 종려과(棕櫚科)에 속하는 사구(sagu, 沙孤)라고 하는 나무다. 이 나무에 관해 명대 정화(鄭和)의 7차 '하서양(下西洋)'에 동행해 현장을 목격한 마환(馬歡)은 견문기 『영애승람瀛涯勝覽』에서 다음과 같이 기술하고 있다. "야산에 일등수인 사고(沙孤, 즉 사구)나무가 있는데, 사람들은 중국의 갈근(葛根, 칡뿌리)처럼 껍질을 물에 담가 침전된 가루로 녹두 크기만 하게 환을 지어 햇볕에 말렸다가 내다 판다. 이것을 사고미(沙孤米)라고 하는데, 이를 가지고 밥을 지어 먹는다(野山有一等樹名沙孤 人將此樹皮如中國葛根搗浸 澄濾其粉作丸 如綠豆大 洒乾而賣 名沙孤米 可做飯吃)."

70) 사해(死海, the Dead Sea)는 어떤 바다의 고유명사라기보다는 본문에서 기술하다시피, 들어가면 살아 돌아올 수 없을 만큼 풍랑이 심한 바다를 형용해서 '죽음의 바다'라고 일컬은 말이다. 당시 탈라마신(Thalamasin, 현 브루나이 섬) 왕국의 남부 바다를 지칭한다.

71) 원문은 '등(藤)나무(canes)'인데, 영역자 율은 '대나무 줄기(bamboo cane)'라고 해석하였고,(『영역본』, 109쪽 주 40) 한역자 하고제(何高濟)는 '대나무(竹子)'라고 번역하였다.(『한역본』, 63쪽) 문맥으로 보나, 그 길이(length, 長, 높이가 아님)가 60보나 된다는 내용을 감안하면 '대나무 줄기'나 '대나

무'가 아니라, '등나무'가 분명하다. 등나무는 콩과에 속하는 낙엽 만경식물(蔓莖植物)로 10미터까지 길게 뻗으며 자란다. 산이나 들에서 자라기도 하지만, 흔히 공원 같은 데에 녹음수(綠陰樹)로 심고 있는데, 양지바르며 다소 물기가 있는 흙에서 잘 자란다. 흰 꽃이 피는 백등(白藤)나무와 겹꽃이 피는 겹등나무 등 몇 가지 종류가 있다. 우리말에 일이 까다롭게 뒤얽혀서 풀기 어렵거나 모순이 생겼을 때 '갈등(葛藤)'이란 낱말을 쓰는데, 갈은 칡을, 등은 등나무를 가리키는 한자로, 칡은 왼쪽으로, 등나무는 오른쪽으로 감아 올라가므로 이 두 식물이 한곳에서 만나면 서로 먼저 감아 올라가려고 하기 때문에 일이 뒤얽히게 된다는 데서 유래한 말이라고 한다.

72) 카싼(cassan, 加珊)은 본문에서 언급하다시피, 등나무의 한 종류로서 돛이나 접시를 만들며, 집을 지을 때 건축자재로도 쓰인다. 앞에서 나온 동명의 카싼(Cassan, 柯傷)은 페르시아에 있는 한 고도의 이름(1편 주 32)이다.

73) 개풀(dog's grass, 狗草)은 갯가에서 자라는 일종의 야생초다.

74) 점파(Zampa, Champa, 占婆)는 2세기부터 17세기까지 오늘날의 베트남 중부 해안 지역에 있던 고대왕국이다. 지리적으로는 인도차이나 반도의 북위 18도 이남에서 케가 곶(일명 바렐라 곶)까지에 위치하고 있으며, 말레이폴리네시아계 혈통의 참족이 192년(중국 후한이 몰락한 해)에 세운 나라다. 남해로를 따라 중국으로 오가는 길목에 자리한 탓에 자고로 많은 사람들이 지나다니면서 이곳에 관한 기록을 남겨놓았다. 이름만 해도 Cinba, Cianba, Cianban, Ziamba, Zianbi, Camba, Sanf, 점팔(占八) 혹은 잠팔(蘸八, 중국 원대) 등 실로 다양하다. 중국 남북조시대에는 임읍(林邑)이라 지칭하고, 당대에는 점파(占婆)로 표기하고, 그 수도의 명칭을 따라 점성(占城)이라고도 불렀다. 산스크리트어에서는 이 지역을 참빠(Çampa)로, 그 주민은 참(Çam)으로 표기하였다. 그래서 오늘날 학계에서는 '참파'로 통용되고 있다. 인도문화의 영향을 많이 받은 참파는 건국 후 인도의 지명을 따서 붙인 아마라바티(꽝남Quang Nam), 비자야(빈딘Binh Dinh), 카우타라(나짱Nha Trang),

판두랑가(판랑Phan Rang) 네 개의 소왕국으로 분리되었다. 주민은 해안지대에 모여 살며 상업에 종사하고 해적행위도 일삼으며 강력한 함대를 보유할 수 있었다. 400년경 바드라바르만 왕에 의해 통일되었다가, 446년 중국의 침입으로 그 치하에 들어갔다. 6세기에 중국의 통치에서 벗어나 전성기를 맞았다. 8세기 이후 인근의 크메르(캄보디아)와 자바, 그리고 북베트남의 침입과 간섭을 받아 13세기 말까지 먹고 먹히는 전쟁이 끊이지 않았다. 1284년과 13세기 말에는 각각 몽골과 북베트남에게 침략을 당해 15세기 말엽부터 국력이 쇠진하기 시작하다가 드디어 17세기에는 북베트남에 흡수되어버렸다. 1291년 상반기에 이곳을 경유한 마르코 폴로는 여행기 『동방견문록』에서 참파에 관해 여러 가지를 기술하고 있다. 주요한 내용을 기술순으로 간추리면 다음과 같다. 즉, 자이톤(중국 천주泉州)에서 1500마일 떨어진 곳에 있는 참파는 매우 풍요롭고 큰 나라로서 독특한 언어를 쓰며 우상을 숭배한다. 1278년 몽골 대칸은 사신 소가투(Sogatu, 唆都)에게 많은 기병과 보병을 주어 이곳에 원정토록 하였다. 참파 왕 인드라바르만(Indravarman)은 도저히 방어할 수 없게 되자 대칸에게 사신을 보내 칭신(稱臣)하고 매해 가장 큰 코끼리 20마리를 조공할 것을 약속하였다. 이 나라 처녀들은 결혼하기 전에 왕을 만나야 하는데, 왕의 마음에 들면 왕후가 되고, 마음에 들지 않으면 그녀가 시집갈 수 있도록 도와주었다. 마르코 폴로가 이곳에 머물 때 왕은 딸과 아들 326명을 두고 있었는데, 무기를 사용할 수 있는 남자만도 150명 이상이었다. 이 나라에는 코끼리 말고도 침향이 대단히 풍부하며, 장기말과 잉크를 만드는 새까만 색의 보누스(bonus, ebano, ebanus)라는 나무가 숲을 이루고 있다. 이 보누스는 흑단(黑檀)을 가리키는 말로서, 그리스어의 ebenus, 이집트어의 heben, 아랍-페르시아어의 abnus에 해당한다. 한국 고전에도 참파에 관한 기록이 있어 주목된다. 이수광은 한국 최초의 백과전서격인 『지봉유설』 「제국부」에서 이 나라의 인문지리에 관해 다음과 같은 요지로 기술하고 있다. 즉, 점성(점파)은 옛날의 임읍(林邑)으로서 한나라 때는 상림현(象林縣)이었는데, 구련(區連)이 현령을 죽이고 왕이라 자처하였다. 당나라 원화(元和) 초에 나라 이름을 점성국(占城國)으로 개명하였다. 큰 바다 남쪽에 자리하고, 남으로는 진랍(眞臘, 현 캄보디아), 서(서가 아니라 북)로는 교지(交趾, 현 베트남의 북부지대)와 접한다. 네 계절은 항상 여름철과 같이 뜨겁고, 서리나 눈은 없으며, 초목은 늘 푸르싱싱하다(四時常熱如夏天 無霜雪 草木長靑). 풍속은 모질고 사나워서 전투에 날래다(俗獷悍 果于戰鬪). 여자를 귀히 여기고 남자를 천시하며 검은색을 미로 여긴다(貴女賤男 以黑色爲美). 사는 집은 초가집으로 높이는 3척을 넘지 못한다(所居茅茨 不得踰三尺). 나들이를 할 때는 말이나 코끼리를 타고 다닌다(出入乘馬象). 서(犀, 코뿔소)는 큰 것이 8백 근이나 되고 그 외뿔은 코끝에 있는데, 길이가 한 자 다섯 치나 되고, 말은 나귀보다 작다(犀大者八百斤 獨角在鼻端 長可尺五寸 馬小於驢). 조선시대에 한국인이 점파 일대를 다녀온 사례도 몇 가지가 있다. 그 대표적인 것이 조완벽(趙完璧)의 행상(行商)과 제주도 사람들의 표착(漂着)이다. 이수광의 문집인 『지봉집芝峯集』에 의하면, 진주(晋州) 출신의 조완벽은 정유재란(丁酉再亂, 1597) 때 일본에 끌려갔다. 한문에 능한 선비인

베트남 점파의
옛 휘이안(會安)에
있는 일본교(日本橋).

그는 교토(京都)의 한 일본 상인에게 발탁되어 그의 종자(從者, 수원)가 된 후 3년간(1604~1606) 매해 한 번씩 상역차 베트남에 다녀왔다. 당시 베트남에서 가장 큰 국제무역항은 점파 지역에 자리한 원조(阮朝)의 수도 후에(Hue) 남방 30킬로미터 지점에 있는 해안도시 회안(會安, 휘이안)이었다. 이 도시의 한가운데에 지금까지 남아 있는 '일본교(日本橋, 길이 약 10미터, 1592년 축조)'는 당시 베트남과 일본 간의 교역이 얼마나 성했는가를 입증해주고 있으며, 따라서 조완벽은 십중팔구 이곳에 다녀왔음을 시사해준다. 『지봉집』에는 조완벽의 현지 견문기를 싣고 있는데, 그 기록에 의하면 당시 베트남 사람들은 남녀 할 것 없이 봉두난발(蓬頭亂髮)이고 맨발로 다니며, 칠치(漆齒, 치아를 검게 물들임)하고, 마을마다 서당이 있어 글 읽기를 숭상하는데, 교본으로 『몽구蒙求』와 『양절반씨론陽節潘氏論』 같은 책을 즐겨 쓰고 있다. 그리고 벼농사는 2, 3모작을 하고, 후추가 많이 생산되며, 사람들은 소주를 즐겨 마신다고도 한다. 그 밖에 농업과 동식물에 관해서도 소개하고 있다. 다른 한 가지 사례는 『숙종실록肅宗實錄』(1689년 3월 4일)과 조선시대 선비 정동유(鄭東愈, 1744~1808)의 『주영편晝永編』(1805~1806)에 각각 기술되어 있는데, 그 내용을 종합하면 다음과 같다. 즉 1687년 음력 9월 김태황(金泰璜)을 비롯한 제주도인 24명이 제주 목사(牧使)가 조정에 진상하는 말을 배에 싣고 가다가 추자도(楸子島) 앞바다에서 풍랑을 만나 표류한다. 표류 31일 만에 안남국(安南國, 즉 베트남) 회안에 표착하였다. 일행 중 3명은 도착 즉시 찬물을 마시고 그만 절명하고, 나머지는 맞은편 꾸라오짬(Cu Lao Cham) 섬에 구류되었다. 때마침 중국 상인 주한원(朱漢源)과 선주 진건(陳乾)이 이끄는 상선이 이곳에 도착하였다. 일행은 이 상선과 각자가 쌀 30석을 주기로 하고 조선에 환국시켜줄 것을 약속하는 계약서를 체결하였다. 베트남 조정은 이에 동의할 뿐만 아니라, 중국 상선에 상으로 쌀 600석을 하사하고 항행에 필요한 양곡과 채소까지 제공하였다. 드디어 일행 21명은 중국 상선을 타고 1688년 9월 1일 안남 땅을 떠나 중국 영파(寧波, 현 명주明州)

의 보타산(普陀山)을 경유해 이듬해 1월 초 제주도 대정현(大靜縣)에 도착하였다. 일행은 땅이 비옥하고 논밭이 많으며, 남녀가 봉두난발하고 맨발이며, 귀녀천남(貴女賤男, 여자를 귀하게 여기고 남자를 천시)의 사회풍습 등 베트남 사회상의 이모저모를 전하였다. 이와 같은 사실은 일행 중 한 사람인 고상영(高商永)의 구술에 의해 밝혀졌다.

75) 파도바(Padova)에 관해서는 1편 주 4 참고.

76) 성 안토니오 성당(St. Anthony's church, 聖安東尼教堂)은 유명한 프란체스코 수도사였던 성 안토니오를 기리기 위해 13세기 파도바에 지은 성당이다. 성 안토니오는 1195년 포르투갈 리스본에서 출생해 파도바에서 여러 해 동안 수도사 생활을 하다가 1231년 6월 13일 선종하였다.

77) 니코베란(Nicoveran, 尼科弗朗)은 인도양(인도 벵골 만)에 있는 니코바르(Nicobar) 제도(諸島)다. 지금은 가까이에 있는 안다만 제도와 함께 인도 안다만니코바르 연방 직할주에 속한다. 행정 중심지는 유일한 도시인 카르니코바르로서 면적은 약 1645제곱킬로미터, 인구는 약 4만 2천 명(2001년)이다. 니코바르는 타밀어로 '나인(裸人)들의 나라'라는 뜻으로, 이 나인국에 관해 갖가지 기담이 전해오고 있다. 이 제도는 카르니코바르(북부), 카모르타와 난카우리(중부), 대(大)니코바르의 세 부분으로 구성되어 있다. 이 제도에 관한 최초의 기록은 인도 동남부를 지배하던 촐라 왕조 때인 1050년에 만들어진 탄자부르 비명(碑銘)에 보이는데, '나카바람(타밀어로 '벌거벗은 사람들의 땅'이란 뜻)'이란 이름으로 나온다. 덴마크 선교사들이 1756년에 이곳을 방문했으며, 1869~1888년 영국에 예속된 뒤에는 죄수 수용소로 이용되었다. 2차 세계대전 때는 한동안 일본에게 점령되기도 하였다. 제도의 북부 지역은 평평한 지형으로 토양이 기름지지만, 기타 지역에는 구릉이 많다. 가장 높은 산은 해발 642미터의 툴리에르 산이고, 코코넛, 빈랑, 판다누스, 망고, 마고사, 카수리아나 등의 나무가 울창한 숲을 이루고 있다. 주민의 대부분은 니코바르인이거나 숌펜인이며, 주요 작물은 쌀, 옥수수, 과일, 채소,

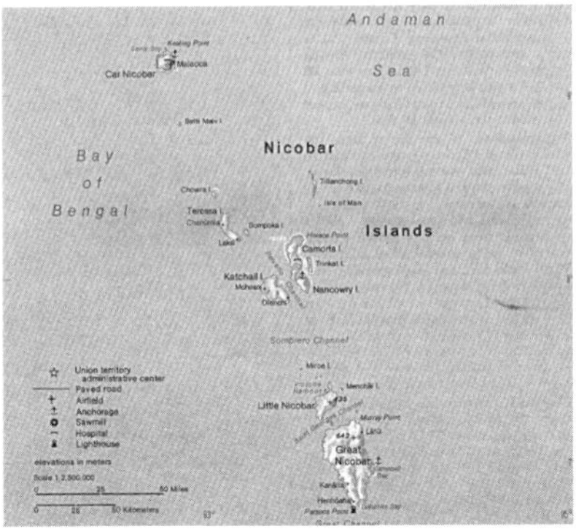

니코베란 제도 지도.

코코넛, 빈랑 열매 등이다. 오도릭은 본 여행기에서 이곳의 "남녀들은 모두 개 얼굴을 하고" 있으며, "나라의 모든 사람들은 너나없이 알몸이다"라고 기록하고 있다. 이곳의 '벌거숭이'에 관해서는 일찍부터 논란이 되어왔다. 혜초의 『왕오천축국전』 잔간본(殘簡本)에 나오는 첫 방문국이 폐사리국(吠舍釐國, 바이살리)인데, 그 첫마디가 "…〔三〕寶 赤足裸形", 즉 "삼보를 … 맨발에 알몸이다"인데, 일부 학자들은 의정(義淨, 635~713)의 『남해기귀내법전南海寄歸內法傳』(4권, 683~689년)에 나오는 '나인국(躶人國), 즉 나인국(裸人國)'이나 '나형국(躶形國)' 등을 근거로 폐사리국을 니코바르 제도에 비정하고 있는데, 이것은 설득력이 약하다. 왜냐하면, 의정이 묘사한 '나인국'이나 '나형국'은 문자 그대로 원시인간의 알몸이고, 이 첫마디 뒤에 오는 '외도(外道)' 등 종교 이야기로 미루어보아 폐사리국의 '나형'은 원시시대를 벗어난 종교적 형태로서의 알몸으로서, 이 두 가지는 서로 차원이 다르기 때문이다. 마르코 폴로는 여행기에서 이 니코바르섬에 관해 이야기하진 않지만, 그 북쪽에 있는 안가만(Angaman), 즉 안다만(Andaman)에 관해서는 서술하고 있는데, "사람들은 모두 머리와 이와 눈이 개 모양"이라든가, "사람들은 잔인해서 사람을 잡아먹는다"든가 등 내용이 오도릭의 여행기 내용과 흡사하다.(『동방견문록』, 438~439쪽) 혜초보다 6백여 년 뒤, 마르코 폴로보다 50여 년 뒤인 1345년경에 이곳을 방문한 이븐 바투타는 여행기에서 이곳에 관해 비교적 상세하게 전하고 있다. 그는 바라흐나카르(al-Barahnakar, 니코바르나 안다만 제도일 가능성이 많으나 미얀마의 네그라이스Negrais 곶 부근의 아라칸Arakan이란 주장도 있음)라는 이름으로 묘사하고 있다. 그 주요 내용은 다음과 같다. 즉, 주민들은 해변가에 갈대를 세우고 풀로 이엉을 얹은 집에 살고, 어떠한 종교도 믿지 않으며, 남자들의 입은 개의 입과 같으나 여자들은 예쁘다. 여성들은 나무 잎사귀로 몸을 가리며, 짐승처럼 내놓고 성행위를 하는데 강간은 없다. 한 남자에게 서른 명 내외의 부인이 있다. 주민들은 통나무 쪽배에 바나나, 쌀, 필발, 빈랑 열매, 물고기, 피륙 등을 싣고 와서는 해변가에서만 교역을 한다. 자바 등지에서 온 일군의 무슬림들이 특정구역에서 살고 있다.(『이븐 바투타 여행기』 2권, 308~ 310쪽)

78) 타타르의 어원과 유래에 관해서는 1편 주 19 참조. 타타르란 말을 산생시킨 몽골의 제2차 서정(1235~1244년, 일명 '바투서정')은 유럽인들에게 '지옥의 악마'가 저지른 '황화(黃禍, 황인종이 저지른 재화)'로 비쳤으며, 그 여파는 칭기즈칸의 후예로 자처한 티무르(Timur, 帖木兒, 1336~1405)와 티무르 제국시대(1369~1500)까지 이어졌다.

79) '인도양의 진주'인 실란(Silan, 錫蘭)은 현 스리랑카(Sri Lanka)를 말한다. 자고로 동서양을 바다로 연결해주는 해상 실크로드 남해로의 중간 기착지에 위치하고 있어, 동서양 해상여행자들이 반드시 들르는 섬나라다. 그만큼 이 나라에 대한 관심도 많았고, 따라서 기록도 많다. 이 나라에서 가장 오래된 역사서인 『마하완사Mahāvansa』에 의하면, 기원전 6세기경 인도 벵골의 왕자 비자야(Vijaya, 북인도 아리안인 왕국)가 이곳에 와 신할리조를 건립한 후, 기원전 247년에 인도 마우리아(孔雀)조 3대왕 아소카가 아들을 파견해 불교를 전파했다고 한다. 왕의 환영 속에 신할리인들이 브라만교(婆羅門敎, 힌두교)를 포기하고 불교로 개종하여 독자적인 남방상좌부(南方上座部) 불교를 창시함으로써 동남아 불교의 모태가 되었다. 그러다가 기원후 2세기를 전후해 남인도의 타밀인들이 도래해 북부에 독자적인 타밀 왕국을 건립하고 세를 확장해나가자, 5세기부터 16세기까지 내내 신할리 왕국과 타밀 왕국 사이에 상잔(相殘)이 끊임없이 벌어졌다. 그리하여 그 기간에 신할리

왕국은 왕도를 세 번이나 남쪽으로 옮겼다. 이 틈을 타 서세동점(西勢東漸)에 나선 서구열강들은 연이어 이 나라를 침입해 식민통치를 자행하였다. 포르투갈이 153년간(1505~1658), 네덜란드가 138년간(1658~1796), 영국이 152년간(1796~1948년), 총 443년간이나 서구열강의 식민통치를 받았다. 2차 세계대전 때는 남아시아에서의 연합군 대일전 해군기지이기도 하였다. 1948년에 독립해 국명을 '세이론'으로 했다가 1972년에 스리랑카공화국으로, 다시 1978년에는 스리랑카민주사회주의공화국으로 개명해 오늘에 이르고 있다. 그토록 오랫동안 외래통치를 받아오면서도 전통을 끈끈히 지켜온 나라로, 유네스코에 등록된 세계문화유산만도 ①성지 아누라다푸라(Anuradhapura), ②고대도시 시기리야(Sigiriya), ③고도 폴론나루와(Polonnaruwa), ④성지 캔디(Kandy), ⑤황금사원 담불라(Dambulla), ⑥갈(Galle) 구시가와 성새(城塞), ⑦신하라자(Sinharaja) 삼림보호구 등 7개다. 이 7대 도시를 연결하는 삼각형 내측은 세계적으로 유수의 대유적군으로서, 이 지대를 '문화삼각지대(Cultural Triangle)'라고 한다. 이 지대가 지금까지도 각광을 받는 것은 비단 미술적 가치가 높은 유적유물이 많다는 이유뿐만 아니라, 현재까지도 줄곧 기도의 대상물로 활용하고 있는 사실 때문이다.

마르코 폴로는 여행기에서 '세일란(Seilan)' 섬이라고 지칭하면서 몇 가지 기록을 남겨놓았다. 즉, 안담 섬에서 서남쪽으로 1천 마일(1609킬로미터) 거리에 위치한 '세계에서 가장 으뜸가는 섬'으로서 섬의 둘레가 본래는 3600마일(5793킬로미터)이었으나, 북풍으로 일부가 물속에 가라앉았기 때문에 지금은 2400마일(3862킬로미터)이며, 주민은 우상을 숭배하고 누구에게도 조공을 바치지 않는다. 다들 국부만을 가리고 벌거벗고 다닌다. 쌀 말고 다른 곡식은 없고, 기름을 짤 수 있는 깨가 난다. 세상에서 가장 좋은 브라질 소방목(蘇枋木)이 나고, 루비를 비롯한 보석들이 나오는데, 왕이 가진 루비의 길이는 한 뼘이고 두께는 남자의 팔뚝 정도다.(『동방견문록』, 440~441쪽) 높은 산들은 암벽이 가팔라서 쇠사슬을 타고 올라가는데, 어느 높은 산꼭대기에 아담의 유적이 있다. 이 유적에 대해 사라센인(아랍인)들은 아담의 무덤이라고 하고, 우상숭배자들은 사가모니 부르칸(Sagamoni Burcan, '석가모니 부처'라는 뜻)의 무덤이라고 한다.(같은 책, 470~471쪽) 당시 수도는 콜롬보 북동쪽 40마일 지점에 있는 담바데니아(Dambadenia)다. 실란에 관한 이븐 바투타의 기술 중에서 특히 주목되는 것은 전술한 아담의 유적이 있는 산에 관한 내용이다. 그 산 이름은 '사란디브(Sarandib, 일명 '아담의 발')'인데, 어원은 산스크리트어의 신할라드비파(Sinhala-dvipa, '사자가 사는 섬'이란 뜻)다. 세상에서 가장 높은 산 가운데 하나인 이 산의 꼭대기에 아담의 발자국이 있는데, 거기까지 등반하는 데는 걷기 쉬운 '마마의 길'과 꼬불꼬불해 오르기 힘든 '바바의 길' 두 갈래가 있다. 또 열 개의 쇠사슬을 잡고 여러 개의 동굴을 지나 올라간다. 등문(登門)을 지나 시드르 동굴에 이르면 평퍼짐한 곳이 나타난다. 거기에 아담 샘물과 두 개의 연못이 있으며, 바로 그곳의 거무스름한 암석에 아담의 발자국이 깊이 패어 있다. 발자국의 길이는 11시브르(1시브르는 엄지손가락 끝부터 새끼손가락 끝까지의 거리로 약 22.5센티미터)인데, 중국 사람들이 엄지발가락 부분을 떼어다가 자이톤(泉州)의 한 묘당에 소장하였다고 한다. 발자국이 있는 암석에는 아홉 개의 구멍이 있는데, 참배자들은 그 구멍에 루비 같은 보석을 넣어 시주한다. 그러면 참배자들은 앞다투어 그 보석을 꺼내 간다. 통상 참배자들은 히드르 동굴에 3일간 머물면서 아침저녁으로 그 아담의 발자국을 참배한다. 그리고 오도릭은 이 여행기에서 아담 산상에 있는 못 바닥에 보석이 가득한데, 왕은 1년에 한두 차례 가난한 사람들에게 물속에서 보석을 캐 가도록 허락한다고 하였다. 그런데 물속에 거머리가 많아 레몬을 짓찧어 몸에 바르면 거머리가 달라붙지 않는다고 한다. 이븐 바투타도 여행기에서 거머리 제거용 레몬에 관해 전하는데, 내용은 좀 다르다. 그는 아담 산을 찾아가는 길에 한 동굴에서 날아다니는 거머리(alaq)를 봤는데, 레몬즙을 짜서 거머리가 붙어 있는 자리에 바르면 거머리는 스스로 떨어져나간다고 한다.(『이븐 바투타 여행기』 2권, 276~286쪽)

한편, 이수광은 『지봉유설』「제국부」에 이 나라에 관해 다음과 같은 기록을 남기고 있다. "석란산(錫蘭山, 실론)은 큰 바닷속에 있다. 임금은 불교를 숭상하며 코끼리와 소를 소중히 여긴다. 우유를 마시지만 그 고기는 먹지 않는다. 소를 죽인 자는 사형에 처한다. 나라는 부유하고 땅은 넓으며 인구가 조밀하기로는 과왜(瓜哇, 자바) 다음간다. 서민은 상체를 벗고 하체에는 수건을 두른다. 구슬을 캐는 늪이 있어 여러 나라 상인들이 앞다투어 와서 사간다. 적인도(赤印度)라는 섬이 있는데, 사람들은 모두 굴속에 살며 남녀 모두 나체여서 야수와 같다. 그들은 낟알을 먹지 않고 물고기와 조개, 파초 열매, 파라밀(波羅蜜)을 먹는다. 알아보니 파라밀은 남해 가운데서 생산되는데 모양이 동과(東瓜)와 같다(錫蘭山在大海中 王尙釋重象牛 飮牛乳不食其肉 殺牛者罪死 國富饒地廣 人稠亞於爪哇 民上裸下纏帨 有珠池 諸番賈爭來市 有赤印度人皆穴居 男女皆裸若野獸 不粒食 食魚蝦芭蕉子波羅蜜 按波羅蜜產南海中 形如東瓜云)." 최한기의 『지구전요』 권3 「오인도五印度」 '석란(錫蘭)'에는 석란(스리랑카)의 위치, 지세, 기후, 경관, 물산, 광물 등 인문지리와 함께 포르투갈, 화란, 영국의 침입 사실에 관한 기술도 있다. 우리 선현들의 열린 세계관을 반영한 귀중한 사료다.

80) 돈딘(Dondin, 朵丁)에 관해서 본문에는 "이 섬(실란)을 떠나 남행해 돈딘이란 큰 섬에 상륙하였다"고 하는데, 실란 남쪽에는 '큰 섬'이 없고, 또 오도릭의 동행(東行) 여정상 실란 남쪽으로 갈 리가 만무하다. 율은 영역본(116쪽 주 44)에서 니코바르 제도 북쪽에 있는 안다만(Andaman)에 비정하는 가설을 내놓았으나, 아무런 근거도 제시하지 못하였다. 따라서 미상(未詳)으로 남겨둘 수밖에 없다.

81) 자고로 인도는 아대륙(亞大陸)으로서 섬나라는 아니다. 물론 오도릭이 인도를 여행할 당시는 오늘날의 파키스탄도 인도에 포함되어 인도는 명실상부한 대국임에는 틀림없었으나, 섬이 2만 4천 개나 된다는 것은 천문(淺聞)으로 보아 과장된 수치인 것 같다.

【3편】

중국

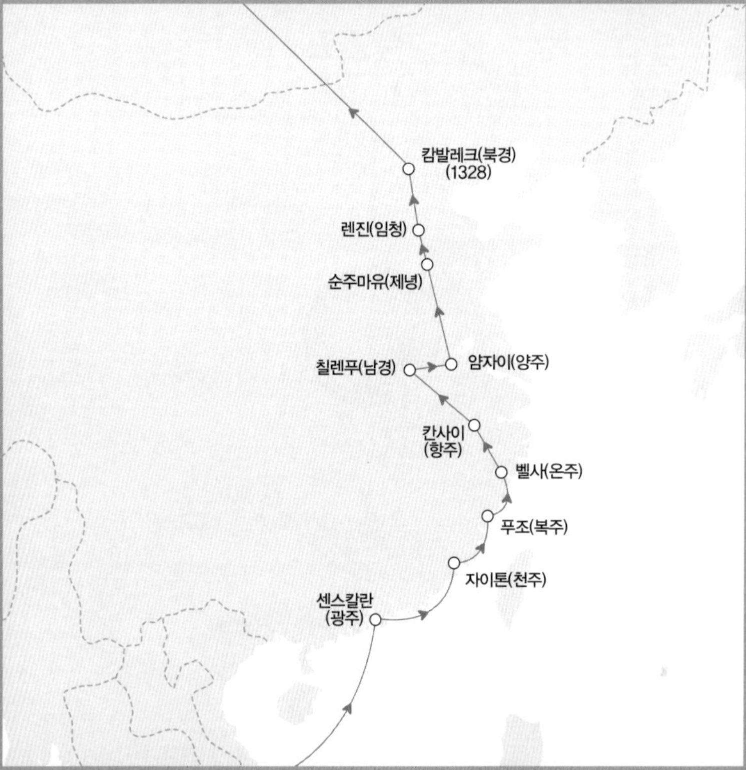
캄발레크(북경)
(1328)
렌진(임청)
순주마유(제녕)
칠렌푸(남경)
얌자이(양주)
칸사이
(항주)
벨사(온주)
푸조(복주)
자이톤(천주)
센스칼란
(광주)

28. 수사 오도릭이 상인도와 만지 성에 도착, 그곳에 관해 기술

당신도 알게 되겠지만, 나는 동쪽을 향해 대양해를 여러 날 항해한 다음 우리가 상인도라고 부르는 유명한 만지 성[1]에 이르렀다. 인도에 관한 것이기에 나는 기독교도들과 사라센인들, 우상숭배자들, 그리고 대칸들의 관원들에게 열심히 자문을 청하였다. 그들은 서로가 입을 맞춘 듯, 나에게 만지 성에는 2천 개의 큰 도시가 있다고 말한다. 여기서 내가 말하는 큰 도시란 트레비조[2]나 비첸차[3] 같은 큰 도시 축에 못 든다는 뜻이다. 사실 믿을 수 없을 만큼 이 나라에는 인구가 많다. 〔많은 지역에서 나는 예수승천일[4] 베네치아에 모이는 군중보다도 인구 밀도가 더 조밀하다는 것을 발견하였다.〕 이 땅에서는 빵과 와인, 쌀, 각종 육류와 물고기 따위, 그리고 인간이 소비하는 모든 유의 식량이 성산된다. 이 나라 사람들은 누구나 할 것 없이 상인 아니면 장인(匠人)이다. 아무리 구차해도 두 손을 놀리기만 하면 자생할 수 있으니, 동냥하는 사람은 없다. 〔그러나 빈곤이나 병약한 처지에 빠진 사람들은 좋은 보살핌을 받으며, 그들에게 필수품이 공급된다.〕

몸 생김새로 말하면, 남자들은 꽤 준수하기는 하나 핏기는 없으며, 쥐 잡는 짐승처럼 수염은 길고 멋대로 헝클어져 있다. 내가 뜻하는 것은 고양이다. 여자들로 말할 것 같으면 절세미인이다!

29. 대도시 센스칼란에 관해

내가 도착한 이 나라의 첫 도시는 센스칼란[5]이다. 베네치아의 세 배 크기의 이 도시는 바다에서 하루 여정거리에 있으며, 강 위에 자리하고 있다. 강물은 바다에서 유입되는데, 육지로 열이틀 여정거리까지 뻗어 있다. 도시의 시민들은 만지인이든 상인도인이든 간에 너나없이 모두 우상을 숭배하고 있다. 이 도시에는 해상활동이 엄청나게 활발한데, 어떤 사람들은 믿을 수 없어 한다. 사실 온 이탈리아도 이 한 도시가 소유한 만큼의 선박을 가지고 있지 못한다. 이곳에서는 1그로트[6]도 채 안 되는 돈으로 3백 파운드(136킬로그램)의 신선한 생강을 구입할 수 있다. 거위는 세상 어디 것보다 크고 좋으며 값이 싸다. 한 마리의 크기가 우리네 두 마리와 맞먹으며, 색깔은 우유 같은 유백색이다. 그런데 머리 꼭대기에 계란만 한 뼈가 불쑥 튀어나와 있는데, 핏빛처럼 빨간색이다. 목 밑에는 반 뼘쯤 되는 살가죽이 축 처져 있다. 살이 찔 대로 쪘지만, 1그로트도 채 안 되는 돈으로 잘 손질되고, 잘 양념된 거위 한 마리를 살 수 있다. 거위의 경우와 마찬가지로 오리와 닭도 그만큼 커서, 당신은 정말 놀라운 일로 생각할 것이다.

그곳에는 또한 세계 어느 곳의 것보다 큰 뱀이 있다. 숱한 뱀을 잡아 와서는 푸짐하고 맛있게 즐겨 먹는다. 뱀은 〔아주 향기로운 냄새가 풍기거나 그리고〕 유행하는 음식이다. 만찬에 초청되어 갔는데, 식탁에 뱀 요리 하나 없으면 그 사람은 헛걸음을 했다고 낙심한다. 한마디로, 이 도시에는 가능한 모든 종류의 먹거리가 그렇게 풍족할 수가 없다.

30. 자이톤이라는 유명한 도시, 그곳 백성들은 어떻게 신을 모시는가

그 지역을 떠나 숱한 도시와 마을을 거쳐 자이톤이라고 하는 유명한 도시에 당도했다. 우리의 소형제회 수사[7] 한 명이 그곳에 두 채의 집을 장만하고 있었다. 나는 예수 그리스도에 대한 신앙 때문에 순교한 수사들의 유골을 그 집에 안치하였다.

이 도시에는 인간 생존에 필요한 모든 것들이 차고 넘친다. 예컨대, 당신은 반 그로트도 안 들이고 3파운드 8온스(약 1600그램)의 설탕을 구입할 수 있다. 이 도시는 볼로냐[8]의 두 배나 되며, 거기에는 많은 독신자(篤信者)들의 수도원이 있지만, 그들 모두는 우상숭배자들이다. 내가 방문한 한 수도원(修道院)[9]에는 3천 명의 수사와 1만 1천 기의 우상이 있었다. 그 가운데 한 우상은 다른 상들에 비해 비록 작아 보이기는 하지만, 크기는 성 크리스토퍼 상만 하였다. 나는 공양시간에 맞춰 그곳에 갔다. 그래서 모든 것을 눈으로 직접 볼 수 있었다. 공양하는 방식은 이러하다. 즉, 음식을 공양하는 모든 제구(祭具, 그릇)는 펄펄 끓듯 뜨끈뜨끈하다. 거기서 피어오르는 증기가 우상의 얼굴에 닿으면, 그들은 그것이 바로 우상의 식사라고 여긴다. 그렇지만 다른 모든 음식은 남겨뒀다가 게걸스레 먹어치운다. 이런 식으로 하고서도 그들은 자기네들의 신들을 잘 공양했다고 생각한다.

이곳은 세상에서 가장 훌륭한 곳 가운데 하나다. 그것은 인간의 삶을 위해 모든 것이 마련된 점에서 과연 그러하다. 이곳에 관해서는 실로 다른 많은 것을 이야기해야 하겠지만, 지금은 더이상 쓰지 않기로 한다.

31. 푸조 시의 기사(奇事) 및 희한한 물고기잡이에 관한 수사의 언급

그곳에서 동쪽을 향해 가자 푸조[10]란 도시에 이르렀다. 둘레는 30마일(48킬로미터)이 실히 된다. 여기에는 세상에서 가장 큰 수탉이 있

19세기 후반의 푸조(현 복주) 풍경.

다. 그런가 하면 눈처럼 흰 암탉도 있는데, 깃털은 없지만 몸에 양털 같은 털이 있다. 이곳은 웅장하고 수려한 도시로서 바닷가에 면해 있다.

이곳을 떠나서 18일간 여행하면서 많은 도시와 마을을 지나고, 여러 가지 일들을 목격하였다. 마침 여행하다가 어느 한 큰 산에 이르렀다. 산 한쪽 편에 사는 모든 동물은 검은색이며, 남자와 여자 들은 이상한 생활양식을 가지고 있다. 이에 반해 다른 쪽 편에 있는 동물은 죄다 흰색이며, 남자와 여자 들은 여느 사람들과 전혀 다른 생활양식을 따르고 있다. 기혼 여성은 머리 위에 뿔로 만든 큰 통을 이고 있다. 그것으로 그녀가 결혼했음을 알 수 있다.

그곳을 떠나 18일간 더 여행하면서 많은 도시와 마을을 지나 어느 한 큰 강[11]에 이르렀으며, 〔벨사[12]라는〕 도시에 머물게 되었다. 도시에는 강에 걸쳐 있는 다리[13]가 하나 있다. 다릿목에 내가 기숙한 객

가마우지 낚시.

사가 있었다. 내가 묵은 객사의 주인은 나를 기쁘게 할 심산으로 "만일 당신이 희한한 물고기잡이를 구경하고 싶다면 나를 따라오시오"라고 말을 꺼낸다. 그러고는 나를 다리 위로 이끌고 간다. 나는 거기서 그의 배 몇 척을 보았다. 배의 횃대에는 웬 물새 한 마리가 묶여 있다. 주인은 물새가 잡은 물고기를 삼키지 못하도록 목을 노끈으로 꽁꽁 묶어놓았다. 이어 주인은 세 개의 큰 바구니를 배 한 척에 싣는데, 두 개는 이물과 고물에 각각 한 개씩 놓고 나머지 한 개는 가운데 놓는다. 그러고는 물새를 풀어놓는다. 물새는 순식간에 물속에 잠기더니 숱한 물고기를 잡는다. 그러고는 물고기를 잡는 족족 자동으로 바구니에 가져다 넣는다. 얼마 지나지 않아 바구니 셋은 꽉 찼다. 그제야 주인은 물새의 목에서 노끈을 풀어주면서 제 먹잇감으로 물고기를 잡아먹도록 다시 물속에 넣는다. 물새는 물고기를 실컷 잡아먹고 나서 횃대로 돌아와서는 종전처럼 다시 묶인다. 나는 잡은

물고기 가운데 몇 마리를 찬거리로 썼다.[14]

그곳을 떠나서 며칠 여행하다가 또 다른 물고기 잡는 법을 목격하였다. 이번에는 사람들이 배 안에 있는데, 뜨거운 물이 가득한 통을 가지고 있다. 모두 벌거숭이인데, 저마다 어깨에 자루 하나씩을 메고 있다. 곧 물속에 뛰어들더니 〔약 반 시간쯤 지나서〕 손으로 물고기를 잡아서는 메고 있는 자루에 넣곤 한다. 그들은 물에서 나오자 배에다 자루를 털어놓으면서 뜨거운 물통에 들어간다.[15] 다른 사람들도 순번에 따라 첫번째 사람처럼 한다. 이렇게 하여 많은 물고기를 잡는다.

32. 칸사이 시, 세상에서 가장 큰 도시

거기를 떠나서 나는 '천당의 도시'[16]란 뜻을 지닌 칸사이[17] 시에 도착하였다. 칸사이는 세계에서 가장 큰 도시다. 〔정말로 그토록 큰 도시여서 나는 감히 이야기할 수가 없다. 베네치아에서 그곳에 다녀온 많은 사람들을 만났으니 망정이지.〕 도시 둘레는 족히 1백 마일(160.93킬로미터)은 되며, 사람이 살지 않는 곳은 한 뼘도 없다. 그리고 열이나 열두 세대가 사는 셋집이 많다. 도시에는 몇 개의 커다란 교외(郊外)도 딸려 있는데, 그 교외의 인구는 도시 자체의 인구보다 더

성벽과 해자가 있는 페라라.

플로린 금화.

많다. 도시에는 열두 개의 주문(主門)이 있다. 개개의 문에서 시가가 약 8마일(12.87킬로미터) 정도까지 쭉 뻗어 있다. 시가 하나만도 베네치아나 파도바보다 더 크다. 그래서 당신이 어느 한 교외에서 6, 7일간 여행한다손 치더라도, 모름지기 아주 짧은 한 구간 길을 밟아본 데 불과할 것이다.

이 도시는 베네치아 시처럼 고인 물의 갯벌〔운하와 함께〕 위에 자리하고 있다. 도시에는 1만 2천여 개의 다리가 있는데, 다리마다 대칸을 위해 도시를 지키는 수비대가 주둔하고 있다. 도시의 언저리로 강 하나가 흘러간다. 그래서 도시는 포 강[18]변의 페라라[19]처럼 강 가까이에 지어졌으며, 너비보다 길이가 더 길 수밖에 없다.

나는 도시의 상황에 관해 열심히 알고자 하였다. 기독교도들과 사라센인들, 우상숭배자들, 그 밖의 모든 사람들에게 질문을 던졌다. 그들은 한결같이 입을 모아 도시의 둘레는 1백 마일이라고 하였다.

그들에게는 군주로부터 받은 칙령이 있는바, 가구[20]마다 매해 세금으로 대칸에게 1발리스,[21] 즉 비단 같은 지폐[22] 다섯 장을 납부해야 한다. 이 금액은 1.5플로린[23]과 맞먹는다. 그들에 대한 관리방식은 이러하다. 즉, 열 집 혹은 열두 집을 한 단위로 묶어 갑(甲)을 이루며,[24] 가구당 위와 같은 세금을 납부한다. 현재 이러한 가구가 총 85투만[25]이 있는데, 여기에 사라센인 가구 4투만을 합치면 총 89투만이 된다. 지금 1투만은 1만 가구에 해당한다. 뿐만 아니라 기독교인들과 상인들, 그리고 순수 과객들도 더러 있다.

이러한 것, 즉 내가 몹시 기이하게 생각하는 것은, 그 많은 인간들이 어떻게 한곳에서 살 수 있게끔 안배되었으며, 그곳에 늘 그토록 많은 빵과 돼지고기, 쌀과 와인이 장만될 수 있는가이다. 일명 비그니[26]라고 하는 와인은 훌륭한 음료로 명성이 높다. 거기에는 실로 많은 식품들이 있다.

33. 수사 오도릭이 한 우상숭배 사원에서 본 놀라운 광경에 관해

여기는 만지 황제가 이전에 거처하던 황성[27]이다. 일찍이 이 도시에 있던 우리의 네 수사가 바로 이곳에서 한 당국자를 개종시켰으며,

나는 그의 집에서 환대를 받았다. 어느 날 그는 나에게 "아타(아버지란 뜻),[28] 이곳에 가보지 않으렵니까?"라고 묻기에 나는 기꺼이 가보고 싶다고 하였다. 우리는 배에 올라타고 이곳에 사는 한 백성이 소유하고 있는 〔테베[29]라는〕 큰 사원에 이르렀다. 그는 한 승려를 불러다놓고 말하기를 "이런 프랑크 랍반(프랑크 승려란 뜻)을 본 적이 있습니까? 이분은 해가 지는 곳에서 와서 지금은 대칸의 축수를 위해 캄발레크[30]로 가는 길입니다. 어서 이분께 볼 만한 것은 다 보여주십시오. 그래야 이분이 자기 고향에 돌아갔을 때 '나는 칸사이에서 이러저러한 기상천외한 일들을 목격하였다'고 말할 수 있지 않겠습니까!"라고 하였다. 그러자 승려는 기꺼이 그렇게 하겠다고 응답하였다.

승려는 식탁에서 음식 찌꺼기가 가득한 통 두 개를 들고 우리가 가려고 하는 원림(園林)의 문을 연다. 지금은 원림 안에 싱싱한 나무로 뒤덮인〔그리고 도처에 석굴〕 자그마한 산이 하나 있다. 우리가 그곳에 서 있을 때 승려는 징을 꺼내 치기 시작한다. 수많은 짐승들이 소리를 듣고 산에서 내려온다. 에이프(꼬리 없는 원숭이, 猿)와 몽키(원숭이, 猴), 그리고 사람의 얼굴 모양을 한 많은 짐승들, 어림잡아 3천 마리쯤 되는 짐승들이 승려를 둘러싸고 제법 순서대로 제자리를 잡고 서 있다. 짐승들이 이렇게 그의 주위에 정렬하고 있을 때, 승려는 그 녀석들 앞에 통을 내려놓고 되도록 빨리 먹이를 준다. 짐승들이 먹이를 다 먹고 나자 승려는 다시 징을 친다. 그러자 짐승들은 모두 되돌아간다. 나는 한바탕 후련하게 웃고서 "나에게 말해주세요. 도대체

이것은 무슨 뜻입니까?"라고 물었다. 그러자 그가 대답하기를 "이 짐승들은 귀인들의 영혼으로서, 우리가 짐승에게 먹이를 주는 것은 곧 신을 사랑하기 때문입니다"라고 한다. 그러나 나는 "이것은 영혼이 아니라 잔인한 야수들입니다"라고 대꾸하였다. 그러자 그는 말을 이어받아 "아닙니다. 정말로 짐승들은 귀인들의 영혼일 따름입니다. 어떤 사람이 고귀하다고 할 때, 그의 영혼은 이러한 고귀한 동물 중 어느 하나의 육체 속에 들어갑니다. 하지만 시골뜨기의 영혼은 천한 동물의 육체 속에 들어가 잠재하게 됩니다!"라고 한다. 내 생각에 반하는 것만 말하니, 그 승려는 다른 것은 아무것도 믿지 않을 성싶다.

정작 누가 이 도시의 웅대함과 기적에 관해 이야기해달라고 해서, 관련 사정을 다룬다면 종이 한 첩이 모자랄 것이다. 왜냐하면, 이 도시야말로 세계 전체를 아울러서 가장 크고 가장 고귀하며, 또한 가장 좋은 통상지이기 때문이다.

34. 칠렌푸 시와 대하 탈라이, 그리고 어떤 난쟁이에 관해

이 도시를 떠나 엿새를 가서 금릉부(金陵府)[31]라고 하는 또 하나의 큰 도시에 이르렀다. 성벽 둘레가 40마일(64.37킬로미터)이나 된다. 여

탈라이(현 양자강)를 그린 〈장강만리도長江萬里圖〉(명초, 국립고궁박물관 소장, 부분도).

기에는 360개의 돌다리가 있는데, 알려진 세계의 모든 돌다리보다도 더 훌륭한 돌다리다. 만지(蠻子) 국왕의 최초 거성이 바로 이 도시였으며, 왕은 여기에 상주하였다. 이 도시는 사람이 아주 많으며, 보기만 해도 경탄을 자아내는 선박들이 그토록 많다. 도시는 교통이 편리한 곳에 자리하고 있으며, 갖가지 좋은 것들이 수두룩하다.

이 도시를 떠나서 나는 탈라이[32]라는 큰 강에 도착하였다. 현존하는 세계에서 가장 큰 강이다. 제일 좁다고 하는 곳마저도 너비가 7마일(11.26킬로미터)이나 된다. 이 강은 난쟁이국,[33] 즉 비두니[34]를 지나간다. 카탄[35]이라고 하는 그들의 도시는 세계에서 가장 훌륭하고 아름다운 도시 가운데 하나다. 이들 난쟁이들은 키가 고작 세 뼘에 불과하다. 말대로라면, 그들은 세계에서 어느 사람들보다도 면화 농사를 많이 짓고 있다. 그곳에 사는 정상 키의 남자들이 낳은 아들들도 반 이상이 이들 난쟁이처럼 키가 작다. 여자들은 다섯 살에 결혼해

이러한 작은 자식들을 헤아릴 수 없이 많이 낳아 키운다. 이 난쟁이들은 남성이든 여성이든 간에 키가 작아서 유명하다. 그러나 그들도 우리와 마찬가지로 이성적 영혼을 지니고 있다.

35. 얌자이 시와 멘주 시에 관해

나는 탈라이 강을 따라 여행하면서 많은 도시와 마을을 지나서 드디어 얌자이[36]라는 도시에 도착하였다. 우리의 소형제회 수사들이 그곳에 집 한 채를 장만하였다. 거기에도 네스토리우스파[37] 교회가 세 개나 있다. 이곳은 으리으리한 도시로 48투만에서 58투만이나 실히 되는 가구[38]가 있는데, 한 투만은 1만 가구다. 도시에는 기독교인

북경과 항주를 잇는 경항(京杭) 대운하.

들이 의지해 살아가는 각종 물품이 대단히 많다. 시장(市長)은 염세(鹽稅) 하나만으로도 5백 투만 발리스의 세입을 거둬들인다. 1발리스는 1.5플로린에 해당하니, 1투만은 1만 5천 플로린이 되는 셈이다. 그러나 백성에 대한 은전으로서, 이 시장은 200투만을 면제해 재앙의 발생을 미연에 막고 있다.

이 도시에는 한 가지 풍속이 있다. 즉, 어떤 사람이 친구들을 위해 성대한 연회를 베풀고 싶다면, 전문적으로 이러한 목적을 위해 문을 연 한 숙박업소에 찾아가 주인에게 이르기를 "나의 몇몇 친구들을 위해 연석(宴席) 하나 마련해주십시오. 연석비로는 이러저러한 것에 얼마를 쓰려고 합니다"라고 한다. 그러면 주인은 분부대로 한다. 손님들은 초대하는 사람의 집에서보다 더 융숭한 대접을 받는다.

이 도시에는 또한 많은 선박들이 있다. 도시에서 10마일(16.09킬로미터)쯤 떨어진 대하(大河) 탈라이 강 출구 쪽에 명주(明州, Menzu)[39]라는 다른 도시가 있다. 이 도시는 아마 세계의 그 어느 다른 도시보다도 더 훌륭하고 더 많은 배를 가지고 있을 성싶다. 모든 선박은 백색 도료로 칠했기 때문에 눈처럼 하얀 색깔을 띤다. 배 안에는 홀과 선술집, 그리고 기타 갖가지 편의시설이 마련되어 있는데, 어디를 보더라도 미관을 살리고 깔끔하게 정돈되어 있다. 당신이 이 지역에 있는 많은 선박들에 관해 전해 듣거나 심지어 눈으로 직접 볼 때조차도, 어떤 일은 정말 믿기 어려울 것이다.

36. 카라모란[40] 강과 수사 오도릭이 방문한 다른 도시들에 관해

그 도시를 떠나서 맑은 물길을 따라 여러 도시와 마을을 지나갔다. 8일 만에 렌진[41]이란 도시에 이르렀다. 도시는 카라모란이란 강가에 자리하고 있다. 이 강은 바로 카타이[42] 중부를 관류하는데, 만일 연안에 세워진 둑이 무너지기만 하면, 마치 페라라 시에 끼친 포 강의 위해처럼, 그 지역에 엄청난 재해를 가져오게 된다. 나는 이 길을 따라 동쪽으로 여행하면서 많은 마을과 도시를 지나 순주마유[43]

란 도시에 당도하였다. 아마 여기는 지구상의 그 어느 곳보다도 비단을 많이 가지고 있는 곳일 것이다. 거기서 비단이 가장 진중(珍重)될 때도 당신은 8그로트를 채 안 내고도 40파운드(18.14킬로그램)의 비단을 구입할 수 있다. 그곳에는 또한 갖가지 상품들이 많이 있으며, 빵과 술, 그리고 기타 좋은 물건들이 있다. 〔이곳의 인구는 내가 다른 곳에서 본 인구보다 더 많다. 왜 그런지 물었더니, 그들이 대답하기를 이곳 공기가 워낙 몹시 상쾌해서 늙어 죽는 것 말고는 다른 원인으로 죽을 일이 별로 없기 때문이라고 한다.〕

37. 수사의 캄발레크 도착과 기술, 그곳 대칸의 궁전에 관해

그곳을 떠난 나는 동쪽[44]으로 많은 도시와 마을을 지나, 마침내 그 고귀한 도시, 거란의 그 유명한 성(省)에 자리한 고성(古城) 캄발레크에 도착하였다. 타타르인들이 이 도시를 차지하고서 반 마일(804미터) 거리에 다른 도시를 건설했는데, 그들은 그곳을 대도(大都)[45]라고 불렀다.

이 뒷도시에는 열두 개의 성문이 있는데, 두 성문 사이의 거리는 족히 2마일은 된다. 그리고 이 두 도시 사이에는 꽤 많은 사람들이 살고 있으며, 두 도시의 둘레를 합치면 40여 마일(64.37킬로미터 이상)

이나 된다. 대칸은 여기에 자신의 거처와 성벽 둘레가 4마일(6.43킬로미터)쯤 되는 큰 궁전 하나를 가지고 있다. 이곳에는 그 외에도 여러 채의 화려한 궁전들이 있다. 〔대궁전 성벽 안에는 이중 울타리가 처져 있는데, 두 벽 사이의 거리는 활 사정거리의 절반쯤 된다. 두 벽 사이의 중간에는 대칸의 창고가 있고, 노예들 모두가 그곳에서 기거하고 있다. 아울러 울타리 내측에는 대칸과 그의 온 가족이 살고 있다. 가족은 대단히 많다. 그중에는 많은 자녀들과 사위들, 손자손녀들, 숱한 처첩들, 참모들, 비서들, 하인들이 망라된다. 이렇게 주위가 4마일이나 되는 궁전에는 온통 사람들이 살고 있다.〕

대궁전의 울타리 안에 나지막한 산이 있는데, 그 위에 세계에서 가장 우아한 궁전 하나가 세워져 있다. 산 전체에 나무를 심었기 때문에 '푸른 산'이란 이름으로 불린다. 산 옆에는 연못 하나를 파놓았다. 연못〔둘레가 1마일(1.6킬로미터)을 초과〕 위에는 아주 아름다운 다리[46]가 가로놓여 있다. 이 연못에는 그토록 많은 야생거위와 오리, 백조가 유유히 노닐고 있어 경탄을 자아낸다. 그래서 군왕이 오락을 원할 때, 이 연못이 있어 집을 떠날 필요가 없다. 또한 성벽 안에는 각종 야생동물로 가득 찬 우거진 숲이 있어 제 고장을 떠나지 않아도 마음대로 사냥을 즐길 수 있다.

아무튼 대칸이 사는 궁전은 웅대하고 장려하다. 궁전 기단은 지면에서 2보(步)[47]쯤 떨어져 있으며, 궁내에는 스물네 개의 황금기둥이 있다. 성벽에는 몽땅 붉은 가죽이 걸려 있으며, 세상에서 가장 멋진 가죽이라고 한다. 그리고 궁전 중앙에 큰 항아리[48] 하나가 놓여 있는데, 높이는 2보 이상이며, 몽땅 메르다카스[49]라는 보석으로 제작하였다. 〔얼마나 정교한지 내가 듣기로는 그 가치가 네 개의 큰 읍을 초과한다고 한다.〕 항아리는 금으로 테를 두르고, 모퉁이마다 격돌하는 자세를 취한 용을 배치하였다. 이 항아리에는 또한 큰 진주로 엮은 한 뼘 너비의 망상(網狀) 술이 아래로 늘어뜨려져 있다. 항아리 속 술은 궁정에서 관(管)을 통해 보내지며, 그 옆에는 많은 황금 고블릿[50]이 놓여 있어 마음대로 떠 마실 수 있다.

또한 궁전의 홀에는 황금 공작새가 많이 있다. 타타르인들은 누구나 그들의 군주를 기쁘게 해드리고 싶으면, 한 명씩 연이어 가서 손뼉을 짝짝 친다. 이를 따라 공작새는 마냥 춤추듯 날개를 퍼덕거린다. 그렇다면 이것은 틀림없이 악마의 어떤 술책이거나, 아니면 지하에 있는 기계에 의해서 일어나는 일일 것이다.

38. 수사가 칸의 궁정 사정에 관해 기술

대칸이 보좌에 정좌할 때 황후는 그의 왼편에 자리하고, 한 계단 낮은 데에 다른 두 비(妃)가 앉는다. 계단의 제일 아래층에는 다른 모든 궁실 여인들이 서 있다. 기혼자는 저마다 머리에 사람의 발 모양을 닮은 쓰개를 쓰고 있는데, 그 길이가 한 완척(腕尺)[51] 반이나 된다. 발 꼭대기에는 두루미 깃이 달려 있으며, 발쓰개는 온통 큼직한 진주로 꾸며져 있다.[52] 그래서 설령 세상 어디에 이토록 아름답고 큰 진주가 있다고 가상(假想)한다면, 그것은 어차피 이들 부인들의 장식품에서나 찾아볼 수 있을 것이다.

몽골 여인들의 외출용 모자 고고(顧姑).

왕의 오른편에는 장차 그를 계승할 장자가 자리하고, 그 아래에 황실 혈통을 가진 황족들이 서 있다. 거기에는 또 왕(황제)이 내뱉는 말을 죄다 적는 네 명의 서기가 있다. 왕의 앞에는 제후들과 기타 사람들이 쭉 늘어서 있는데, 부지기수다. 왕이 지목한 사람 외에는 그 누구도 감히 한마디도 할 수가 없다. 우스갯소리로 군주의 흥을 돋우는 익살꾼만은 예외다. 그러나 그들마저도 감히 왕이 설정해놓은 한계를 임의로 넘을 수는 없다.

궁문 앞에는 제후들이 파수꾼처럼 버티고 서서 누구도 입구에 접근하지 못하도록 한다. 접근하는 자를 붙잡기만 하면 호된 물매를 안긴다.

대왕이 연회를 차리려고 할 때면 머리에 보관(寶冠)을 쓴 1만 4천 명의 제후들로 하여금 연회석상에서 그를 기다리도록 한다. 제후들은 저마다 외투를 걸치는데, 외투 하나에 달려 있는 진주의 값어치는 무려 1만 5천 플로린이나 된다. 궁내는 질서정연하다. 모든 사람들이 십 호, 백 호, 천 호에 편입되어 있으며, 각자에게는 부과된 책무가 있다. 자신이나 자신의 부하가 의무를 이행하지 않을 경우에는 서로가 책임을 진다.

나, 오도릭은 이 황성에서 만 3년을 지냈으며, 그들의 향연에는 종종 참석하였다. 우리 소형제회 수사들은 우리를 위해 황궁에 자리 하나를 지정받았다. 우리는 언제든 황제에게 가서 우리의 축복을 내릴 임무를 받았다. 그래서 나는 기회가 있을 때마다 기독교도들과 사라센인들, 그리고 각종 우상숭배자들과 우리 교에 귀의한 신자들로부터 열심히 무언가 알려고 하였다. 귀의한 신자들 가운데는 궁정 내의 대제후나 왕 개인과만 사적 관계를 맺고 있는 사람들이 더러 있다. 그들은 이구동성으로 내게 다음과 같이 말하였다. 즉, 왕 소관의 악사만도 13투만이고, 사냥개와 야생동물 및 가금 관리자는 15투만이며, 왕족의 치료임무를 맡은 어의는 4백 명의 우상숭배자와 여덟 명의 기독교도, 한 명의 사라센인이 있다. 이들 모두는 궁정으로부터 필수품을 공급받고 있다. 〔사람이 많지도 않고 적지도 않다. 그러나 한 사람이 죽으면 다른 사람으로 대체된다.〕 여느 기관에 관해서는 도무지 수를 가늠할 수가 없다. 〔한마디로, 궁정은 실로 웅장하고, 세상에서 가장 질서정연하며, 제후와 귀인, 노예, 서기, 기독교도, 돌궐인,[53] 우상숭배자 들을 함께 아우르고 있다. 그들 모두는 필요한 것을 궁정으로부터 보장받고 있다.〕

39. 대칸[54]이 순행할 때의 질서에 관해

때마침 이 군왕은 상도(上都)[55]라고 하는 곳에서 여름을 보내고 있다. 이곳은 북방에 자리하고 있으며, 사람 사는 데치고는 세상에서 가장 추운 고장이다. 그러나 겨울철에는 캄발레크에서 산다. 그가 한 지방에서 다른 지방으로 출유할 때의 질서는 이러하다. 그에게는 네 개의 기병대[56]가 있는데, 한 대는 하루 전에 그의 앞에서 선도하고, 양익에 각각 한 대씩 배치하며, 한 대는 하루 뒤에 후미에서 따라간다. 그래서 그는 늘 길을 갈 때면 마냥 십자가의 중심에 있게 된다. 이러한 행군에서 각 대는 정해진 일별 동선(動線)이 있으며, 주둔지에서 필요한 양초(糧草)를 공급받는다. 친위부대의 행군 질서는 이러하다. 즉, 왕은 이륜차를 타고 간다. 거기에는 아주 화려한 침실이 한 칸 마련되어 있는데, 온통 침향목(沈香木)과 황금으로 꾸며져 있으며, 고급스러운 대형 가죽으로 가리어지고 있다. 또한 숱한 보석이 촘촘히 박혀 있다. 수레는 굴레를 쓴, 잘 길들여진 네 마리의 코끼리가 끈다. 때로는 멋지게 성장(盛裝)한 네 마리 준마가 끌기도 한다. 쿠세[57]라고 하는 네 명의 제후가 동행하면서 왕이 여하의 해를 입지 않도록 차량을 호위하고 감독한다. 때로는 수레 속에 열두 마리 매를 가지고 다닌다. 그러다가 수레 내의 보좌나 다른 자리에서 일단 새가 눈에 들어오기만 하면 매를 놓아 쫓는다. 직책 때문에 그럴 수밖에 없는 사람들 말고는 그 누구도 감히 수레에서 투석(投石)거리 이내로 접근할 수 없다. 이것이 바로 언필칭 왕의 행차다.

그의 후궁들도 등급에 따라 이렇게 여행을 하며, 그의 후계자 역시 비슷한 상황에서 여행한다.

왕이 출유할 때 수행하는 인원수에 관해서는 믿거나 상상하기가 자못 어렵다. 군왕을 호위하는 부대의 병사 수는 50투만으로서, 군왕이 그들에게 모든 것을 공급한다. 만일 그러한 병역자 중 사망자가 발생하면, 곧바로 다른 사람으로 대체하여 숫자는 언제나 정족수를 채운다.

40. 칸 영역의 거대함; 거기서 숙소는 어떻게 마련되며, 또 소식은 군주에게 어떻게 전달되는가

이 제국은 군주에 의해 열두 부분으로 나뉘었다. 매 부분은 신고(singo, 省)[58]라고 한다. 이 열두 부분 가운데 만지 부분은 하나의 신고를 구성하는데, 예하에 2천 개의 큰 도시를 거느리고 있다. 정말로 칸의 제국은 광대한바, 이러한 성들을 하나씩만 방문한다고 해도 족히 여섯 달은 걸린다. 이것은 5천 개나 되는 도서들은 제외한 것이다. 이 도서들은 열두 개 성에 포함되어 있지 않다. 〔그리고 네 명의 대신이 이 대군주의 제국을 다스리고 있다.〕

여행객들에게는 필수품이 공급되어야 하기 때문에 군주는 제국의 곳곳에 객사로 쓸 수 있도록 가옥과 정원을 짓도록 하였다. 이러한 가옥을 얌[59]이라고 한다. 가옥에는 온갖 생활필수품이 모두 마련되어 있다. 〔그 땅을 여행하는 모든 사람들에게는 처지여하를 불문하고 무료로 두 끼 식사가 제공되게 되어 있다.〕 제국에서 어떤 새로운 사태가 일어나면 사신들은 즉시 말을 타고 재빨리 궁정으로 향한다. 그러나 사태가 매우 엄중하고 긴박할 때면 단봉낙타를 타고 출발한다. 그들이 얌이나 객사 혹은 역사 근처에 당도하면 호른[60]을 분다. 그러면 객사 주인은 곧바로 다른 사신을 준비시키며, 우편물을 전달하러 온 기사(騎士, 사신)는 그에게 서한을 넘겨준다. 그러고선 본인은 남아서 휴식을 취한다. 서신을 넘겨받은 사신은 부리나케 다음 얌으로 달려가서 앞 사람이 했던 대로 한다. 이렇게 황제는 자연일(自然日, 해가 떠서 질 때까지의 사이) 내에 30일 여정거리에 있는 소식까지 얻어듣는다.

그러나 발로 뛰는 급차[61]에게는 다른 질서가 있다. 급차에 지명된 사람은 치데보[62]라는 역사에 계속 머물러 있는다. 그들은 여러 개의 방울이 달린 허리띠를 두르고 있다. 역사 간의 거리는 약 3마일(4.8킬로미터)쯤 된다. 급차가 역사에 가까이 오면 아주 요란스레 방울을 짤랑짤랑 울린다. 그러면 역사에서 대기하던 다른 급차는 서둘러 준비를 한다. 그러곤 될수록 빨리 서신을 다른 역사에 전한다. 이렇게 소식은 한 급차에서 다른 급차로, 마침내 대칸 자신에게까지 다다른다. 한마디로, 제국 전역에서 일어나는 일을 대칸은 즉시, 적어도 매우 빨리 모두 다 알게 된다.

41. 칸의 대규모 사냥에 관해

대칸이 사냥에 나설 때의 질서는 이러하다. 즉, 캄발레크에서 약 20일 여정거리에 아름다운 수림이 하나 있다. 둘레가 8일 여정거리나 된다. 그곳에는 정말 놀라울 정도로 갖가지 짐승들이 많다. 수림 주변에는 칸을 위해 열심히 직책을 다하는 관리인들을 배치하였다. 칸은 3, 4년에 한 번씩 사람들을 대동하고 이 수림에 오곤 한다. 그럴 때면 우선 몰이꾼들과 함께 수림 전체를 에워싸고는 이런 오락을 위해 훈련된 개와 매를 풀어놓는다. 그러고는 사냥감의 포위망을 차츰 좁히면서 수림 한가운데 있는 넓은 공터로 사냥감을 몰아간다. 그러면 거기에는 굉장히 많은 들짐승들이 한데 모인다. 사자나 들소, 곰, 노루 등 기타 여러 가지 들짐승들인데, 모두 극도로 놀란 모습이다. 수림 속에 풀어놓은 매와 개 때문에 일어나는 질겁한 소음과 소요가 얼마나 심한지 옆 사람의 말을 통 알아들을 수 없을 정도이고, 모든 〔불행한〕 짐승들은 이러한 소동에서 오는 공포에 질려 벌

벌 떨고 있다. 짐승들이 숲 사이의 빈터로 모두 몰려갈 때 대칸은 세 마리 코끼리를 타고 나타나서는 사냥감을 향해 다섯 발의 화살을 날린다. 대칸이 쏘고 나자마자 모든 수행원들이 따라서 그렇게 한다. 모두가 자기 화살을 다 쏘고 나니(개개인의 화살에는 식별하게 하는 표식이 있다) 대황제는 사람들더러 "쇼(舍哨)!"라고 외치도록 한다. 그 뜻은 (더

쿠빌라이 칸의 사냥 장면을 그린 그림.

정확히 말하면) 숲에서 빠져나간 짐승들은 "살려주라!"라는 것이다. 그러자 〔귀인들은 사냥에서 철수를 알리면서 개와 매를 불러들인다〕 살아남은 짐승들은 수림 속으로 다시 돌아가게 놓아둔다. 제후들은 저마다 가서 쏴 죽인 사냥감을 확인하고 쏜 화살을 거둬들인다(화살 위에 있는 표식으로 식별할 수 있다). 이렇게 저마다 화살로 맞힌 사냥감을 노획하게 된다. 이것이 바로 칸의 사냥 질서다.[63]

42. 칸이 지키고 있는 4대 명절에 관해

매해 황제는 4대 명절, 즉 그의 생일, 그의 할례일(割禮日)[64] 등을 지키고 있다. 그는 모든 제후들과 연주자들, 친속들을 불러 이 명절 축제에 참석하라고 한다. 축제에서 이들 모두에게는 지정된 자리가 있다. 그러나 특히 그의 생일과 할례일 축제에는 모든 사람들이 참석하기를 바란다. 이러한 축제에 참석하게 된 제후들은 보관(寶冠)을 쓰고 온다. 그때 황제는 앞에서 언급한 바와 같이 어좌에 앉고, 모든 제후들은 배정된 자리에 정렬한다. 이때 제후들은 각기 다른 색깔의 복장을 한다. 앞줄은 녹색 비단옷을, 두번째 줄은 진홍색 옷을, 세번째 줄은 황색 옷을 입는다. 그들 모두는 머리에 보관을 쓰고, 저마다 손에는 흰 상아패를 잡고 있으며, 허리에는 반 뼘 너비의 금띠를 두르고 사뭇 조용히 서 있다. 주위에는 깃발과 기장(記章)을 든 악대가 서 있다. 대전(大殿)의 한 모퉁이에는 모종의 시각(時刻)과 길신(吉辰)을 관망하는 현인(賢人)[65]들이 대기하고 있다. 그들이 기다리던 시각과 길신이 오면 한 현인이 "황제 폐하를 향해 궤배!"라고 큰 소리로 외친다. 제후들은 일제히 이마를 땅에 세 번 조아린다. 이어 그가 다시 "바로!" 하면 다들 곧바로 일어난다. 다른 길상의 시각을 기다리다가 그 시각이 오면 그는 또 한 번 "손가락을 귀에 대시오!"라고 소리를 지른다. 모두 그렇게 한다. 이윽고 "내리시오!"라고 하면 그들은 따라 한다. 잠시 기다렸다가 그는 "사연(賜宴, 잔치 베풀기)!" 하고 말한다. 이렇게 그들은 그 어떤 심원한 뜻이 있다고 주장하는 다른 이런 유의 지령을 연발한다. 여러 관리들은 또한 제후나 연주자 들 가운데서 혹시 결석자가 없는지를 눈여겨 살핀다. 왜냐하면 일단 결석하면, 결석자 그 자신이 엄중한 처벌을 받기 때문이다. 연주자들이 입장해야 할 시각이 다가오면, 현인은 "군주를 위해 헌악(獻樂, 연주 바치기)!"이라고 외친다. 그러면 곧바로 연주자들이 갖가지 악기를 연주한다. 그 음악과 노랫소리야말로 정말로 당신을 얼떨떨하게 만든다. 좀 있다가 "조용히 하시오!"라는 말이 들린다. 그러자 연주가 뚝 멎는다. 이윽고 그 유명한 황족들이 저마다 백마를 이끌고 퍼레이드를 벌인다. 그때 "모 가문 중의 누구는 군왕께 몇백 필의 백마를 헌상했다"라고 외치는 소리가 들리는가 하면, 어떤 이는 앞에 나서서 황족들이 군왕에게 바치기 위해 끌고 온 2백 필의 말(누가 말한)이 궁전 앞에 있다고 말한다. 이러한 기회에 군왕에게 헌상하는 백마의 숫자는 믿을 수 없을 정도로 어마어마하다. 이어 몇몇 제후가 들어와서 제국의 나머지 제후들을 대표해 황제에게 각이한 선물을 진상한다. 수도원의 장로들도 마찬가지로 칸에게 선물을 증정한다. 그들은 의무적으로 칸에게 축복을 내려야 한다. 우리네 소형제회 수사들도 그렇게 한다. 모든 축제가 끝나자 일군의 남가수들이 칸의 앞에 다가선다. 일군의 여가수들도 그러한데 그녀들이 부르는 감미로운 노래는 실로 애청(愛聽)을 금할 수 없게 한다. 〔이것은 내가 가장 좋아하는 노래다.] 이어 광대가 사자를 끌고 들어와서 군왕에게 경의를 표하게 한다. 또 마술사는 미주(美酒)가 가득 담긴 금잔을 공중에 날려서는 마시고 싶어하는 사람들의 입가에 내려앉도록 한다. 이런 일을 비롯해 다른 많은 일들이 군왕이 보는 앞에서 진행된다. 그 군왕의 위풍이라든가, 그의 궁궐에서 벌어지는 일들은 직접 보지 않은 사람들에게는 언필칭 믿을 수 없는 일로 비칠 것이다.

그러나 칸이 이러한 막대한 지출을 유지할 수 있는 데 대해 누구도 놀랄 필요는 없다. 왜냐하면, 그의 전 영토에서 사용되는 돈은 고작 통화 구실을 하는 종잇장[66]에 불과하며, 아울러 무궁무진한 재부(財富)가 그의 손아귀에 들어오기 때문이다.

43. 새끼 양과 비슷한 동물을 생산하는 일종의 멜론에 관해

다른 한 가지 기괴한 일을 이야기하려고 한다. 이것은 나 자신이 직접 본 것은 아니고, 믿을 만한 사람에게서 들은 것이다. 전설에 의하면, 카델리[67]라고 하는 큰 왕국이 있는데, 거기에 카스핀 마운틴[68]이란 산이 있다. 이 산에 아주 큰 멜론이 자란다고 한다. 그런데 멜론이 익어서 터지면 그 속에서 새끼 양 같은 작은 동물이 발견된다.[69] 그렇듯 그들에게 멜론과 고기가 일거양득인 셈이다! 아마 어떤 사람들은 믿기 어려울 것이다. 그러나 이것은 정말 사실이다. 바로 아일랜드에 새를 낳는 나무가 있는 사실과 마찬가지다. 〔여기서 나는 대칸에 관한 이야기를 마치려고 한다. 분명 나는 내가 본 것의 1천분의 1도 말할 수 없으니 그럴 수밖에 없다. 아무튼 가장 좋은 것은 다른 사항들로 넘어가는 것이라고 생각한다.〕

주석

1) 만지(Manzi, 蠻子)의 어의는 '야만인'이라는 뜻이다. 그 뜻이 중국의 동이(東夷), 서융(西戎), 북적(北狄), 남만(南蠻)이라는 화이사상(華夷思想)에 악용되면서, 이른바 선진문화의 발원지로 자처한 중원(中原)이 후진 야만문화 지역이라고 여기는 남방에 대한 비칭으로 사용되어왔다. 때로는 소수민족, 특히 남방 소수민족에 대해 '남만자(南蠻子)'란 비칭으로 쓰이기도 하였다. 그래서 서양에는 남중국(중국 남부) 일반에 대한 호칭으로 알려졌다. 본문에서 보다시피, 이곳은 인구도 많고 땅도 넓으며 '모든 유의 양식이 많이 생산'되는 고장이다. 그런가 하면 뒤에 오는 46장에서는 50명의 소녀들에 의해 부양되는 이곳 한 부옹의 호화극치의 생활상을 소개하기도 한다. 몽골 대칸 쿠빌라이는 남송(南宋)을 '만지'라고 지칭하면서 승상(丞相) 바얀(Baian Cingsan)을 보내 '넓은 지방'인 만지(남송)를 정복한다. 당시 왕은 해마다 2만 명의 버려진 아이들을 데려다 키웠고, 상점들은 밤중에 문을 열어놓아도 도둑을 맞을 일이 없었으며. 재화가 얼마나 되는지 누구도 알 수 없을 정도로 태평성세를 누리고 있었다.(『동방견문록』, 353~357쪽) 율은 오도릭이 중국을 두 지역으로 나누었는데, 한 지역은 남방지역, 즉 만지(Manzi, Man-tsu, 일명 상인도Upper India)이고, 다른 하나는 북방지역이라고 하였다.(『영역본』, 119쪽 주 45) 그러나 그 근거는 확실치 않다.

2) 트레비조(Treviso, 特利維索)는 이탈리아 북동부 베네토 주에 있는 아름다운 중세 도시다. 베네치아에서 북쪽으로 약 30킬로미터 지점에 있는 실레 강과 보테니 강이 만나는 평야지대에 자리하고 있는 아름다운 운하의 도시로, 예부터 물류의 중심지 역할을 해왔다. 6세기경부터 밀라노가 중심인 롬

바르디아공화국의 영토에 편입되었으나, 1400년대부터 급부상한 베네치아 공화국에, 그리고 1815년에는 오스트리아와 병합해 오늘에 이르고 있다. 시내에는 화려한 프레스코화로 장식된 13세기의 산니콜로(S. Nicolo) 성당과 일곱 개의 돔이 얹혀 있는 두오모(Duomo) 성당 등 화려한 문화유산들이 있다.

3) 비첸차(Vicenza, 維辛札)는 이탈리아 북부에 위치한 고도다. 기원전 2세기에 건설되어 베네치아공국의 지배기인 15세기 초부터 18세기까지 번영을 누렸다. 이 도시는 유럽 건축에 큰 영향을 미친 건축가 안드레아 팔라디오(Andrea Palladio, 1508~1580)의 설계에 의해 건설된 도시로서 유명한 건물들이 많다.

4) 예수승천일(the Ascension Day, 基督昇天節)은 기독교 신앙에 의하면 예수가 부활한 지 40일 만에 승천한, 즉 사람의 몸에서 태어난 예수가 천국으로 올라간 날이다.

5) 센스칼란(Censcalan, Cynkalan, Sinkalan, Chinkalan, 辛迦蘭)이 오늘날의 광주(廣州)라는 데는 이의가 없다. 일명 수성(穗城), 수원(穗垣), 양성(羊城), 선성(仙城), 화성(花城)이라고도 하며, 약칭은 '수(穗)'다. 이러한 명칭이나 약칭은 이 고도에 관한 전설에서 유래된 것이다. 옛날 주(周)나라 때 이곳에 몇 년째 흉년이 들었다. 그러던 어느 날 남해 상공에 다섯 송이의 아름다운 구름꽃이 나타났는데, 그 위에 다섯 선인(仙人)이 다섯 마리의 선양(仙羊)을 타고 있었다. 선인들은 양들이 입에 문 오색찬연한 벼 이삭을 백성들에게 나눠주면서 영원히 기황(饑荒) 없는 세상을 기원해주었다. 선인들은 어디론가 떠났는데, 선양들은 인간이 그리워 지상에 남아 인간을 자연재해로부터 보우해주었다. 백성들은 그 은혜에 보답하기 위해 선양들이 내린 곳에 5선양의 석상을 조각한 '오선관(五仙觀)'을 지어 기렸다. 지금은 월수공원(越秀公園)에 '오양조소(五羊彫塑)'가 있다. 광주는 광동성 남부 주강(珠江) 삼각주 북쪽에 지류들인 서강(西江)과 북강(北江), 동강(東江) 3강의 합류처에

자리하고 있으며, 남중국해에 면하고 있어 중국의 '남대문(南大門)'이라고도 부른다. 북회귀선에 자리하고 있어 연평균 기온은 22도(최고 39도)이고, 연평균 강우량은 1982.7밀리미터나 되며, 인구는 약 1270만 명(2011년)이다. 광주는 근 3천 년의 역사를 지닌 희유의 고도다. 기원전 9세기경 주대(周代) 때 이곳에 자리한 백월(百越, 『사기』의 남월南越)이 양자강 중류의 초(楚)나라와 내왕하였다는 기록이 초견된다. 진시황이 기원전 214년 영남 일원을 통일하면서 이곳에 남해군(南海郡)을 설치했는데, 군 소재지는 번우(番禺, 현 廣州)였다. 흔히 이때부터 헤아려 광주의 역사를 2200여 년이라고 한다. 그러다가 기원후 226년 손권(孫權)이 오(吳)나라를 세우면서 한대에 설치한 교주(交州)를 교주와 광주로 2분한다. 이것이 광주 이름의 유래다. 위진남북조시대에 이르러 해외무역의 중심이 베트남의 교지(交趾)로부터 광주로 옮기고, 중당(中唐) 이후 북송(北宋) 때까지는 해상 실크로드의 발전과 더불어 광주는 중국 제1의 해외무역항 구실을 하였다. 그러다가 남송 중기 이후에는 점차 그 지위를 동북방 연해의 천주(泉州)에 양보하게 되어 제2의 자리로 밀려났다. 그러나 여전히 번영해 당시 현장을 찾은 오도릭은 크기가 베네치아의 세 배나 되며, 믿을 수 없으리만큼 많은 선박이 폭주하고 있다고 본문에 기록하고 있다. 원대 광주와 무역거래를 하는 나라와 지역은 무려 140여 개나 되었다. 해금(海禁)을 단행한 명대에는 광주를 '일구통상(一口通商)', 즉 유일한 해외통상 항구로 지정함으로써(1757년) 여기에는 13명의 매판상인이 무역을 독점하는 이른바 '13행(行)' 현상이 나타났으며, 광주 역사상 최전성기였다. 그러나 19세기 중엽부터 영국을 비롯한 서구열강의 부단한 간섭과 침략을 당한 데다가 내부적 소요가 일어남에 따라 점차 사양길에 접어들었다. 마르코 폴로의 여행기에는 이 도시에 관한 이야기가 없으나, 이븐 바투타는 '신칼란(Sinkalan)'이란 이 도시를 직접 방문해 몇 가지 내용을 다음과 같이 소개하고 있다. 즉, 이 도시를 일명 '쉬눗 쉰(Sīnu'd sīn, '중국의 중국'이란 뜻)'이라고 하는데, 거기서 아부 하얀 강(珠江)이 바다로 흘러들어가므로 이곳을 '바다의 합류처'라고도 한다. 도기를 생산하며, 시 중앙에 군주가 지어준 9개의 문을 가진 큰 사원이 있는데, 생활형편이 어려운 노인이나 과부, 고아 들에게 생활비와 옷을 공급한다. 도시의 한구석에 무슬림들의 집단거주구역이 있는데, 무슬림들에 관한 모든 사무를 총괄하는 샤이흐(shaikh)와 무슬림들의 송사를 판결하는 카디(qādī, 법관)에 의해 운영되어간다. 그러면서 이븐 바투타는 이 도시의 한 동굴에 사는 2백 살이 넘은 한 기인(奇人)을 만나본 과정도 서술하고 있다(『이븐 바투타 여행기』 2권, 330~333쪽)

6) 그로트(groat)는 이탈리아의 화폐 단위다.

7) 소형제회 수사(小兄弟會 修士, 小級僧侶)는 가톨릭의 프란체스코(Francesco) 수도회(교단) 소형제파에 속한 수사를 말한다. 중부 이탈리아의 아시시에서 대상인의 아들로 태어난 프란체스코(1182~1226)는 젊은 시절 기사가 되고자 참전하기도 하였다. 그러나 후에 세속의 욕망을 버리고 재산을 포기한 후 청빈한 생활을 하면서 가난한 사람들을 돕는 수도생활에 정진하였다. 오도릭을 비롯한 이 회 소속의 많은 수사들이 프랑스와 스페인 등 서구뿐만 아니라, 멀리 인도와 중국, 중앙아시아의 여러 지역에도 파견되어 전도활동을 펼쳤다.

8) 볼로냐(Bologna, 波洛納)는 이탈리아 북부에 있는 지중해 해변도시로서 유명한 관광도시다. 가죽 제품의 본고장으로 알려진 이곳 이름을 딴 이른바 '볼로냐 제법(공법)'이라는 것이 있는데, 그것은 공기를 넣어 특수제작한 가죽주머니를 신발 밑창에 넣어 발가락이 신발 안에서 자유롭게 움직일 수 있도록 하여 발의 편안함을 극대화하는 제법이다.

9) 3천 명의 수사와 1만 2천 기의 우상(불상)이 있다는 등 문맥을 보아 여기서의 수도원(修道院, monastery, 寺院)은 불교의 사찰(절)임이 분명하다. 그래서 『한역본漢譯本』에서는 '사원'으로 번역한 것 같다. 오도릭의 여행기 전반에서 드러나다시피, 그에게는 불교나 이슬람교에 관한 기본지식도 결여

되어 있는 듯하다. 이유야 무엇이든, 그렇게 여러 곳에서 이슬람교나 그 사원, 불교나 그 사찰에 관해 언급하면서도 '이슬람(al-Islam)'이나 '불교(Buddhism)'란 말은 일언반구도 사용하지 않는다. '우상숭배'라는 한마디로 범칭한다. 그리스도교에서 수도원이란 수도사(monk, '혼자서 사는 자'라는 뜻)나 수도녀(sister)가 일정한 계율에 의해 청빈, 정결, 복종의 서약을 맺고 공동생활을 하는 장소다. 라틴어로 모나스테리움(monasterium), 영어로 모나스트리(monastery)라고 하며, 애비(abbey)는 대수도원, 프라이어리(priory)는 소수도원을 가리킨다. 라틴어 콘벤투스(conventus), 영어 칸벤트(convent)는 탁발수도사(托鉢修道士) 또는 근대 이후의 수도녀회의 수도녀의 거소를 말한다. 그리고 도무스 렐리기오사(domus religiosa)는 근대의 해외선교회 또는 활동적 수도회 회원의 거소를 일컫는다. 수도원의 기원에 관해서는 3세기 후반 이집트 테베에서 은자 바오르나 안토니오에 의해 창설된 것으로 알고 있었는데, 1947년 『사해사본死海寫本』이 발견되면서, 그 이전에 이미 유대교 수도원이 있었다는 것이 확인되었다.

10) 푸조(Fuzo, Fugiu)는 현 복주(福州)다. 당시(원대)는 복주행성(福州行省)의 치소였고, 지금은 복건성(福建省)의 성도다. 별칭으로 용성(榕城), 삼산(三山, 시내에 있는 병산屛山과 오산烏山, 우산于山의 세 산), 좌해(左海), 민도(閩都), 동치(東治) 등이 있으며, 약칭은 용(榕)이다. 북송 치평(治平) 3년에 태수 장백옥(張伯玉)이 아문(衙門) 앞에 두 그루의 용나무(榕)를 심은 후 온 백성에게 이 나무를 심도록 한 데서 '용성'이나 '용'이란 이름이 유래했다고 한다. 민강(閩江) 하류에 위치한 중국 역대 최초의 5대 국제 무역도시의 하나로서, 지장사(地藏寺)와 만복사(萬福寺) 등 6좌의 대형 불사가 있어 '불국(佛國)'이란 이름과, 경관이 뛰어나 '강남승지(江南勝地)'란 이름, 온천이 많아 '온천지성(溫泉之城)'이란 아칭까지 두루 가진 이름난 도시다. 아열대 계절풍 기후에 20만 톤급 배 수척이 정박할 수 있는 양항으로서, 인구는 676만 명(2010년)이나 된다. 일찍부터 민족(閩族)의 거주지로서 7천 년 전 신석

기시대의 유적과 유물이 수백 곳에서 발견된다. 하대에는 양주(楊州)에 소속되었다가 은·상대에는 일곱 민지(閩地)의 하나였고, 전국시대에는 월국(越國)의 치하에 들어갔으며, 남조 진조(陳朝) 이후 1천여 년간 복건 지방의 중심지가 되어왔다. 후한 초까지도 남방 교지칠군(交趾七郡)으로부터의 공물은 배로 동치(東治, 즉 복주)까지 운반되었다가 다시 경사(京師, 수도 장안)로 전송되었을 정도로 중요한 항구도시였다. 당 현종 때 복주도독부(都督府)가 설치되면서 '복주'란 이름이 쓰이기 시작하였다. 그 이후 원대에는 복주로(福州路), 명대에는 복주부(福州府), 1912년에는 동로도(東路道)로 이름이 여러 차례 바뀌었다. 마르코 폴로는 여행기에서 복주에 관해 몇 가지 주목할 만한 사실을 전해주고 있다. 즉, '복주왕국'이라고 지칭하면서 주민들은 우상숭배자(불자)들이고 원나라 대칸에 복속되어 있으며, 교역과 수공업으로 살아가고 생활에 필요한 물자들이 풍부하다. 사냥감이 많고, 크고 사나운 사자가 있으며, 생강과 방동사니가 헤아릴 수 없이 많다고 한다. 주민들은 '온갖 더러운 것들을 먹는데', 식인습성도 있다. '세상에서 가장 잔인한' 사람들이고, 군대는 얼굴 한가운데에 남색으로 칼날과 같은 모양을 그려 넣은 문신을 하고 다닌다.(『동방견문록』, 398~399쪽)

11) 한역본 역자 하고제(何高濟)는 역주에서 오도릭이 소개한 물고기 잡는 방법으로 미루어 이 "어느 한 큰 강"은 전당강(錢塘江)일 것이라고 추정한다.(『한역본』, 72쪽 주 1) 전당강(C'ien-t'ang Chiang 혹은 Qiantang River)은 절강성(浙江省)에서 가장 큰 강으로서, 일명 '절강(浙江)' '절강(折江)' '지강(之江)'이라고도 한다. 해발 1600미터의 안휘성 회옥산 육고첨(安徽省懷玉山六股尖)에서 발원해 항주만(杭州灣)으로 들어가는 길이 688킬로미터의 강이다.

12) 벨사(Belsa, 白沙)에 관해 하고제는 위의 글에서 오도릭이 소개한 물고기 잡는 방법으로 미루어 '벨사'는 절강성에 있는 어느 도시인 것 같지만, 유사음의 도시가 없어 확인할 수 없다고 한다. '그 강을 건너는 다리가 하나 있었다'고 한 오도릭의 기술로 보아, 이 도시는 강가에 자리한 것이 분명하

항주 전당강대교.

다. 일설은 절강성 온주(溫州)나 여수(麗水) 일대라고 한다.

13) 앞의 주 11에서 이 강이 전당강이라고 할 때, '다리'는 물론 전당강을 건너는 다리일 것이다. 당시의 다리에 관해서는 미상이나, 지금은 절강성 항주시 서호(西湖) 이남의 육화탑(六和塔) 부근에 1934년부터 1937년까지 3년간 지은 길이 1453미터의 '전당강대교(錢塘江大橋)'라는 다리가 놓여 있다.

14) 이렇게 물고기잡이에 쓰이는 물새는 속칭 어응(魚鷹) 또는 어압(魚鴨)이라고 하는 노자(鸕鶿)다. 이러한 가마우지 고기잡이(cormorant fishing)를 '노자포어(鸕鶿捕魚)' 또는 '어응포어(魚鷹捕魚)'라고 한다. 이러한 어로 방법은 일찍이 일본이나 남미에서도 있었으며, 중세 유럽(주로 영국이나 프랑스)에서는 일종의 스포츠로 유행한 적이 있다.

15) 이렇게 뜨거운 물통 속에 들어갔다 나오는 것은 벌거숭이로 찬 물속에 들어가 차가워진 몸을 덥히기 위해서인 듯하다.

16) '천당의 도시(the City of Heaven, 天堂之城)'란 말은 아마 '하늘 위에는 천당이 있고, 하늘 아래에는 소주(蘇州)와 항주(杭州)가 있다(上有天堂 下有蘇杭)'라는 속담에서 나온 말일 것이다. 이것은 소주와 항주의 아름다움과 번영, 부유함을 상징하는 속담으로서, 그 어원은 송나라의 범성대(范成大)가 쓴 책 『오군지吳郡志』 속의 "諺曰: '天上天堂 地下蘇杭(속담에 이르기를, 천상에는 천당이 지하에는 소주와 항주가 있다)'"이란 8구언(句言)에 있다.

17) 칸사이(Cansay, 현 항주杭州)는 중국 동남해안 북부에 위치한 중국의

7대 고도(古都)의 하나로서, '동남제일주(東南第一州)' '어미지향(魚米之鄕, 해산물과 쌀의 고장)' '사주지부(絲綢之府, 비단의 원산지, 2백여 품종이 생산)' '인간천당(人間天堂)' 등 여러 가지 아칭으로 불리기도 한다. 아열대계절풍기후(연 평균기온 17.5도에 강수량 1454밀리미터)이며, 인구는 약 870만 명(2010년)이다. 바다와 큰 강을 끼고 경관이 뛰어난 이 고도의 역사는 4천여 년 전으로 거슬러 올라간다. 기원전 2000년경 하대(夏代)의 첫 천자인 하우(夏禹, 일명 大禹)가 치수를 위해 방주(方舟)를 타고 이곳을 순유하였다고 해서 방주의 뜻을 가진 '항(杭)' 자가 이곳 지명으로 사용되었다는 유래가 있다. 기원전에는 양주(揚州) 지역에 속해 있다가 기원후 남북조시대에는 연이어 오(吳), 월(越), 초(楚)의 치하에 있었다. 수(隋)대에 와서 군을 폐지하고 항주를 설치(589)했는데, 이것이 '항주'란 지명의 시초다. 당초에는 항주군으로 고쳤다가 다시 항주로 복원(758)하였다. 5대10국시대에는 오월의 도읍이었다가 북송에 와서는 서절로(西浙路)로 이름이 바뀌기는 하였으나, 당시 강남 주들 가운데서는 인구가 가장 많은 주(20여만 호)였으며, 전국 4대 무역항 중 하나였다. 남송 때에 이르러 북방의 인력과 문화가 남으로 밀려 내려오면서 항주는 전성기를 맞는다. 여기에 황제의 행궁(行宮)을 설치해(1129) 임시수도 격인 행재소(行在所, '칸사이'란 서양식 이름은 황제의 임시거처란 뜻의 '행재'에서 유래)로 삼다가 임안부(臨安府)로 승격시켰다. 북송의 고토를 회복할 기미가 보이지 않자, 1138년 아예 항주를 도읍으로 정하고 말았다. 둘레가 9리나 되는 내성(황성皇城)과 열세 개의 문을 가진 외성을 구축하였다. 상업과 무역이 발달해 항주 한 곳에서만도 440행(行)의 상가가 운영되었으며, 고려를 비롯한 50여 개 나라와 사절을 교환하고, 시박사(市舶司)란 국가전담기구를 만들어 교역을 관장하였다. 당시 인구는 124만 명(1265~1274년)이나 되었다. 오도릭이 방문할 당시 원대는 이곳에 양절도독부(兩浙都督府)를 설치하였다가 후일 항주로(杭州路)로 개명하였다. 이때부터 프란체스코 교단을 비롯한 기독교가 중국에 들어오기 시작해 대도(大都,

세계에서 가장 큰 중국인들의 교회인 숭일당(항주, 신축).

북경)를 비롯한 여러 큰 도시에 선교사가 파견되고 교회가 건립되었다. 현재 항주에는 18만 기독교인들이 살고 있으며, 세계에서 가장 큰 중국인들의 기독교 교회라고 하는 숭일당(崇一堂)을 비롯해 서른아홉 개소의 교회가 있다. 항주의 대표적 유적으로 부근에 양저유적(良渚遺跡, 5250~4250년 전, 50여 개소)이 있으며, 경관으로는 시 중심에 구십경(舊十景), 신십경(新十景), 삼평십경(三評十景), 모두 30경을 자랑하는 서호(西湖, 면적 49제곱킬로미터)가 있다. 마르코 폴로나 오도릭, 이븐 바투타 등은 항주가 남송의 수도로서 한창 번영하던 시기에 방문하였기 때문에 여러 가지 일들을 많이 적고 있다. 특히 이곳에 여러 차례 들른 적이 있는 마르코 폴로는 여행기 『동방견문록』에 무려 22쪽 분량을 할애해 여러 내용을 전하고 있다. 그 내용을 간추리면 다음과 같다. 즉, '천당의 도시' 칸사이는 "세상에서 가장 당당한 최고의 도시"로서 주위가 1백 마일이나 되며, 호수와 강이 있어 "공기는 아주 쾌적하다". 높은 아치를 가진 1만 2천 개의 돌다리와 둘레가 40마일(64킬로미터)쯤 되는 해자(垓字), 4마일(6.4킬로미터)마다 둘레가 2마일(3.2킬로미터) 정도 되는 열 개의 광장이 있다. 40보 너비의 간선도로, 광장마다 일주일에 사흘씩 4, 5만 명이 모이는 시장이 열리고, 말할 수 없이 많은 오리와 거위, 한 개에 10파운드(4.5킬로그램)나 되는 큰 배, 수입되는 고급 건포도, 쌀과 향료로 빚은 술, 하녀들을 거느리며 호화생활을 하는 헤아릴 수 없이 많은 기녀들, 각각 1만 2천 개의 점포를 가진 열두 개의 동업조합, 황궁 같은 누각이 있으며 둘레가 근 30마일(48킬로미터)이나 되는 호수(서호), 남녀 대부분이 비단옷을 입고 있고, 모든 도로가 돌과 구운 벽돌로 포장되어 있다. 대부분이 목조건물로 화재가 많고, 3천 개의 증기탕, 방이 거의 1천 개나 있는 '이 세상에서 가장 아름답고 훌륭한 건물'인 한 고궁(古宮), 160투만의 불(fires), 160만 채의 가구, 네스토리우스파 기독교 교회가 한 곳에 있고, 하루 후추 소비량이 마흔세 대의 수레에 실을 정도이다. (…) 이 모든 것이 마르코 폴로가 항주에 관해 남겨놓은 기록이다.(『동방견문록』, 374~396쪽) 이븐 바투타도 마르코 폴로나 오도릭처럼 이 도시의 경이로움에 대해 누누이 이야기하고 있다. "이 도시는 지구상에서 내가 본 가장 큰 도시다. 길이만도 3일 여정거리로서 시내를 관광하려면 도중에 숙박을 해야 한다"고 이븐 바투타는 묘사하면서 이 도시를 구성한 여섯 개의 소도시를 하나하나 소개하고 있다. 첫 도시에는 위수사령관과 위수병들이 거주하고, 두번째 도시에는 주로 유대인과 기독교인, 터키인 들이 살지만 시장(아미르)은 중국인이다. 시가가 잘 정돈된 세번째 도시에는 무슬림들이 집중되어 있으며, 네번째 도시는 시청 소재지로서 대아미르의 저택이 있고, 여섯 개 도시 중 가장 아름다운 이곳으로 두 개의 강과 하나의 운하가 흘러지나간다. 지붕이 처져 있는 가도(街道, 사키Sāqif)에서는 각종 공장들이 천을 짜고 무기를 만드는데, 사부(師傅)만도 1600명이나 된다. 가장 큰 다섯번째 도시에는 서민들이 사는데, 공장에서 '한사포(khansa布)'란 천을 생산한다. 열 개를 겹겹이 속에 넣어 하나로 보이게 하는 겹침 참대접시가 신기하다. 여섯번째 도시에는 술탄의 노예인 선원과 어민, 목수, 궁수(弓手), 보병들이 산다.(『이븐 바투타 여행기』 2권, 336~341쪽)

18) 포 강(Po River, 波河)은 이탈리아 서쪽 국경지대에 있는 코티안 알프스의 비소 산에서 발원해 동쪽의 아드리아 해로 흘러들어가는 이탈리아 최장(652킬로미터)의 강이다. 유역 면적이 7만여 제곱킬로미터로 이탈리아에서 가장 넓고 비옥한 평야를 이루고 있다. 중류와 하류는 구배(勾配)가 심해 수많은 하적호(河跡湖)가 생기고, 하류의 삼각주에는 무려 열네 개의 강어

귀가 조성되어 있다. 이 하류지대에는 구석기시대부터 원시인들이 습지의 둑을 따라 말뚝으로 떠받친 집을 짓고 살았다.

19) 페라라(Ferrara)는 포 강변의 도시다.

20) 'Fire'는 원래 '불'이란 뜻이나 집집마다 굴뚝 하나씩 불을 지핀다는 데서 '가구'나 '가호'로 전의되어 쓰이기도 한다. 그렇지만 여기서는 '보갑제(保甲制)'하에서 여러 집(households)으로 구성된 하나의 사회적 기초단위인 '갑(fire)'을 지칭한다.

21) 발리스(balis, 巴里失)는 이탈리아의 지폐 단위다.

22) 원대의 지폐(piece of paper)는 '초(鈔)'라고 한다.

23) 플로린(florin, 佛洛林)은 이탈리아의 피렌체(도시)에서 통용된 화폐다.

24) 원대의 보갑제(保甲制)를 말한다. 보갑제란 개인을 단위로 한 서구와는 달리, 호(戶, 가정)를 사회조직의 기본단위로 하여 실행하는 일종의 통치수단(제도)이다. 물론, 잘 운영하면 생산성 향상이라든가 군사력 강화 같은 긍정적 역할도 있지만, 대부분의 경우 일종의 통치수단으로서 서로 감시하고 고발하며 서로의 죄를 묻는 연좌제(連坐制) 같은 악법으로 악용되어왔다. 중국에서 보갑법은 비록 북송 때에 공식제도로 출현했지만, 사실은 그 맹아로서 오랜 역사를 갖고 있다. 한대에는 다섯 집을 '오(伍)'로, 열 집을 '십(什)'으로, 백 집을 '이(里)'로 하는 향리제(鄕里制)가 나타난 데 이어 당대에는 네 집을 '인(鄰)'으로, 다섯 인을 '보(保)'로, 백 호를 '이(里)'로 하는 보갑제가 나타났다. 이어 북송 때는 왕안석(王安石) 병법의 일종 군사제도로서 10호를 '보'로, 5보를 '대보(大保)'로, 10대보를 '도보(都保)'로 하다가, 원대에는 여기에 20호를 '갑(甲)'으로 하고, 그 장을 '갑생(甲生)'이라 부르는 보갑제가 실시되었다. 청대에는 10호를 '패(牌)'로, 10패를 '갑'으로, 10갑을 '보(保)'로 하는 다른 이름의 보갑제인 패갑제(牌甲制)로 바뀌었다.

25) 투만(tuman, 土綿)은 몽골어에서 1만(萬)이란 뜻이다.

26) 비그니(Bigni, 米醸)는 쌀로 빚은 일종의 술로 짐작되나 확실하지는

않다.

27) 이 황성(the royal city, 皇城)에 관해 오도릭은 본문에서 "여기는 만지 황제가 이전에 거처하던 황성이다"라고 말해서 이 황성이 항주에 있는 것이 분명하다. 그런데 이 황성에 관한 단서를 마르코 폴로의 여행기에서 찾을 수 있다. 그는 여행기에서 황성의 이름은 밝히지 않았으나 황성에 관해 다음과 같은 글을 남기고 있다. 즉, "이 도시(킨사이, 항주) 안에는 만지의 군주였다가 도망친 왕의 궁전이 있는데, 이 세상에서 가장 아름답고 훌륭한 건물이다"라고 하면서, 그 건물은 둘레가 10마일(16킬로미터)이고 총안(銃眼)들이 나 있는 높은 성벽으로 둘러싸여 있으며, 성벽 안에는 갖가지 좋은 과일들이 열리는 정원과 분수가 많고, 물고기들이 뛰노는 몇 개의 호수, 그리고 스무 개의 접견실과 1천 개의 방을 가진 '아주 장려한 궁전'이라고 하였다.(『동방견문록』, 390~392쪽)

28) 아타(atha)는 중국 남방에서 '아버지'란 뜻으로 쓰이는 '아다(阿爹)'의 음사다. 방언에서는 '외할아버지'로도 쓰인다.

29) 테베(Thebe, 提帕)에 관해 한역본의 역자 하고제는 아마 와전된 이름 같다고 하면서, 어떤 학자는 오도릭이 찾아간 곳이 영은사(靈隱寺)일 것이라고 한다.(『한역본』, 75쪽 주 1) 1천 6백 년 전 동진(東晋, 317~419)에 온 인도 선사 혜리(慧理, 326~334년 체류)가 326년 선령이 깃든(仙靈所陰) 산세라고 하여 항주 근교인 선령산(仙靈山)에 이 선사를 지었다. 오월(吳越, 907~978) 때에 9층탑을 증축해 열여덟 동 가람에 일흔두 개 선실, 1천 3백 개 승방, 3천 명의 승려를 옹유한 중국 10대 선사 중 하나(송대)가 되었다.

30) 캄발레크(Cambalech, 罕八里)는 투르크어로 '칸의 도시(Cam=Khan, Balech=Baliq)'란 뜻으로, 쿠빌라이시대에 상도(上都)와 함께 원조의 수도였던 대도(大都), 즉 오늘의 북경을 지칭한다. 음사로는 Cabaluc, Ganbalu, Canbalu, Garibalu, Cambalu, Cambaluc(『동방견문록』), Canbaluc, Qanbaliq, Khan Baliq(『이븐 바투타 여행기』) 등 여러 가지가 있다. 이 대도는 원의 세조인 쿠

빌라이가 1267년부터 원래 금나라의 중도(中都) 구지의 동북쪽에 짓기 시작해 20여 년이 걸려 완공하였다. 원조가 건국하자 이곳을 수도로 정하고 '대도'라고 불렀다. 당시 대도는 동서 길이가 6799미터, 남북 길이가 7600미터로 거의 장방형이었다. 오늘의 위치에 비정하면, 남은 장안가(長安街), 북은 북토성(北土城), 동은 조양문(朝陽門), 서는 부성문(阜成門)까지의 지역이다. 1346년경 이곳에 도착한 이븐 바투타는 이곳을 일명 '하니쿠(Khaniqu)'라고 하면서 "세상에서 가장 큰 도시의 하나"라고 묘사한다. 그리고 '칸이란 왕권을 장악한 사람에 대한 칭호'라고 규정하고, "지구상에서 이교도치고 칸만큼이나 넓은 영토를 소유한 사람은 없다"고 칸의 권세를 평가하고서 일곱 개 궁문이 달린 궁전을 궁문별로 자세히 소개한다. 순제(順帝)가 종제(從弟)의 난을 진압하기 위해 정초에 나섰다가 진몰(陣沒, 戰死)하는 등 정세가 불안해지자 바투타는 서둘러 귀국길에 오른다.(『이븐 바투타 여행기』 2권, 341~346쪽)

31) 칠렌푸(Chilenfu, 금릉부金陵府)는 양자강(揚子江) 하류에 위치한 인구 약 8백만 명(2010년)을 가진 오늘의 강소성(江蘇省) 성 소재지인 남경(南京)이다. 별칭으로 건강(建康), 금릉(金陵), 강녕(江寧), 건업(建鄴), 개명지성(開明之城), 박애지성(博愛之城), 십조도회(十朝都會) 등 스물네 가지나 있다. 약칭으로 '영(寧)'이라고 한다. 6조(오, 동진, 송, 제, 양, 진)의 고도이자, 중국 4대(장안, 낙양, 연경, 금릉) 고도의 하나다. 전국시대 초나라 위왕(威王)이 금릉읍을 '왕의 땅(王之地也)'으로 지명한 것이 금릉의 시발이고, 명나라 태조 때 응천부(應天府)를 '남경'으로 개명하면서부터 '남경'이란 이름이 사용되었으며, 중화민국에 이르러서는 법정 수도로 정하였다. 송나라 고종 즉위년(1127)에 강녕부(江寧府)를 건강부(建康府)로 개명할 때 인구는 약 1백만 명으로 당시 세계에서 가장 큰 도시로 꼽혔다.

32) 탈라이(Talay, 塔剌伊) 강은 양자강(일명 장강長江)을 말한다. 'Talay(Talai)'는 몽골어로 '바다'라는 뜻의 'Dalai'에서 유래한 것으로 짐작된다.

세계에서 세번째, 아시아에서 가장 긴 강인 양자강의 길이는 6397킬로미터이고, 유역 면적은 중국 전체 토지 면적의 5분의 1에 해당하는 약 180만 제곱킬로미터이다. 이 강 유역에서는 전래의 북방 황하문명에 앞선 이른바 '장강문명'이 속속 발견되고 있다. 안휘성(安徽省) 강북 지역에서 직립인(直立人) 화석(化石)이 발견된 데 이어 중류와 하류 지대에서 신석기시대에 속하는 하모도(河姆渡)문화와 양저(良渚)문화, 마가홍(馬家洪)문화 등과 더불어 1만 년 전의 벼농사 흔적도 발견되었다.

33) 아프리카의 난쟁이 비그니족 말고도 중국의 난쟁이국(The land of Pygmism, 矮人國 혹은 小人國)에 관한 기사가 가끔 중국과 외국의 문헌기록에 보이기는 했지만, 민간전설에 불과한 것으로 치부되어왔다. 이 난쟁이국에 관한 오도릭의 기록도 그러한 맥락에서 이해된다. 그러나 최근(2009년) 운남성(雲南省) 곤명시(昆明市) 서산(西山) 기슭에서 '버섯(蘑菇)' 돌집에 사는 일군의 '소왜인왕국(小矮人王國)' 인들을 발견하였다. 18~48세 사이의 남녀 1백 명의 키는 모두 1.3미터에도 미치지 못한다. 그러나 그들은 보통 인간과 똑같은 활동을 하고 있다.

34) 오도릭은 난쟁이국이 곧 비두니(Biduini, 皮都尼)라고 했는데, 비두니의 실체는 미상이다.

35) 카탄(Cathan, 迦坦)에 관해서 오도릭은 난쟁이국이 있는 '세계에서 가장 훌륭하고 아름다운 도시의 하나'라고 소개할 뿐, 더이상의 기술은 없다. 오도릭은 탈라이 강, 즉 양자강에 이르러 이 강이 난쟁이국을 지나간다는 것을 얻어듣기만 하고 직접 그곳에 가보지는 못하였다. 그리하여 난쟁이국을 '비두니'라고 한다든가, 그곳에 '카탄'이라는 도시가 있다든가 하는 것도 모두 들은 이야기뿐이라서 그 신빙성 여부는 가늠할 수 없다.

36) 얌자이(Iamzai, 현 양주揚州)는 강소성(江蘇省) 중부, 양자강 하류 북안에 위치한 고도다. 근 2500년의 문자기록 역사를 가진 고대 9주(州)의 하나다. 양자강과 경항(京杭) 대운하(북경에서 항주까지의 운하)가 합류하는 곳에

자리한 양자이는 자고로 화동 지방의 교통요충지 역할과 중요한 국제무역항 역할을 해왔다. 특히 당대에는 염철전운사(鹽鐵轉運使)의 소재지였을 뿐만 아니라, 대외적으로는 일본과 한국, 그리고 남해 제국과 해로로 연결되어 있는 당대 '천하제일'의 국제무역항이었다. 오도릭이 양자이를 방문했을 때는 숭명(崇明, 현 상해)을 비롯한 5개 주와 2개 현을 거느리는 양주로총관부(楊州路總管府)가 이곳에 설치되어 상당한 번영을 누리고 있었다. 마르코 폴로도 여행기에 이곳의 번영상을 이렇게 기술하고 있다. 즉, 얀주(yangiu, 즉 양자이揚州)는 무역이 활발한 스물일곱 개의 큰 도시를 관할하고 있으며, 열두 개 행정 소재지, 즉 행성(行省)의 하나로서 주민들은 교역과 수공업으로 생계를 유지하고 있다. 또한 기병과 군인들의 장비를 많이 만들고 있다. 그러면서 폴로는 구체적인 직책이나 임무는 밝히지 않은 채 자신이 '3년 동안이나 이 도시를 통치하였다'고 기술하고 있다. 원제국에 열두 개밖에 없는 행성의 하나를 '통치'한 사람이라면 으레 어디에 기록이 있을 텐데, 이에 관해서는 어느 문헌 하나에도 기록이 없어 신빙성에 의심이 간다.(『동방견문록』, 361쪽) 양주는 아열대의 계절풍기후에서 온대의 계절풍기후로 바뀌는 지역이라서 풍향에 따라 계절의 변화가 일어난다. 인구는 약 446만 명(2010년)이다.

37) 네스토피우스파(Nestorianism)에 관해서는 2편 주 13 참고.

38) 'Fireplace'는 '난로' '벽난로'의 뜻이나, 보통 한 집에 난로 하나씩을 설치하기 때문에 '가구(家口)'나 '호(戶)'란 의미로 전의되었다.

39) 'Menzu'라는 음사로 보아 '명주(明州, 현 영파寧波)'가 분명하기는 한데, 양주에서 10마일 거리에 있다든가, 이곳이 탈라이 강(양자강) 하구에 있다든가 하는 것은 사실과 맞지 않는 오기다. 이것은 본문의 내용에서 감지되지만, 오도릭은 명주에 직접 가지 않았기 때문일 것이다. 원래 명주는 당대 초기부터 알려지기 시작하다가 남송과 원대에 이르러 유명한 대외교역항구로 부상하였다. 남송 경원(慶元) 원년(1195)에 명주는 경원부로 승격했

으며, 원대에 와 경원로(慶元路)로 개명되었다. 그러다가 명초 주원장(朱元璋)은 '경원'이 '원조를 경하한다'라는 뜻으로 풀이된다면서 이름을 영파부(寧波府)로 바꾸었는데, 이것이 오늘에 이르고 있다. 당대 이후 명주는 한반도로 이어지는 해상 실크로드의 요로(要路) 역할을 수행하였다. 통일신라시대 진성여왕(眞聖女王) 10년(896) 해주진철대사(海州眞澈大師)는 귀국하는 절사(浙使) 최예희(崔藝熙)와 함께 수일간의 항해 끝에 은강(鄞江, 즉 명주)에 도착해 구법했으며, 1123년 송나라의 고려 견사(遣使)에 수행한 서긍(徐兢) 일행이 택한 해로의 시발지와 종착지는 모두 명주였다. 그만큼 한반도와 명주 사이에는 항로가 빈번하게 이어졌다.

40) 카라모란(Caramoran)은 몽골어로 '검은 강'이란 뜻으로서 황하를 일컫는다.

41) 오도릭은 렌진(Lenzin, 臨淸)이 카라모란, 즉 황하 강가에 자리하고 있다고 기술했는데, 이것은 오인으로, 렌진(정확한 중국어 발음은 린칭)은 황하 강가가 아니라 운하 가에 위치하고 있다. 이것은 아마 그가 운하를 황하의 한 지류로 착각한 데서 비롯된 것 같다.

42) 카타이(Cathay, 契丹)의 명칭은 영어식으로 발음하면 '캐세이'지만, 정확한 발음은 '카타이(Catai, Cathay)'다. 그것은 이 명칭을 처음으로 유럽에 전한 피아노 카르피니(Giovanni de Piano Carpini)의 원저나, 또한 이 명칭의 유래로 보아도 그러하다. 독일의 중국학자 프랑케(W. Franke)의 견해에 따르면, 'Cathay'는 'Kitai(키타이)'와 함께 서방세계에서 거란(契丹)을 가리키는 명칭인데, 그것은 거란국, 즉 요(遼, 916~1125)나라를 세운 '키탄(Kitan)족'에서 유래한 것이다. 요가 망하자 이 키탄 유민들은 서천해 중앙아시아의 시르다리야(Syrdarja) 분지에 카라 키타이(Khara Kitai), 즉 서요(西遼)를 건국했는데, 이 나라는 1218년까지 존속하였다. 이렇게 북중국에 웅거한 비한족 왕조의 이름이 '중국을 대표하는 국명으로 행세'하고, '전 중국을 나타내는 명칭으로 화하였던 것이다'.(프랑케, 『동서문화교류사』, 김원모

역, 단국대학교출판부, 1977, 11~12쪽 참고)

43) 순주마유(Sunzumayu)는 마르코 폴로의 여행기에 나오는 '신주 마투(Singiu Matu, 色家馬頭)'로서, '신주'는 '新州'이고 '마투'는 '馬頭', 즉 '나루'다. 원대의 신주는 남경에서 북경 사이의 중간거리에 위치한 제녕(濟寧)이다. 폴로는 이 도시에 관해 "그곳은 아주 크고 부유하며 활발한 교역과 다양한 기술이 눈에 띈다"고 묘사하고 있다.(『동방견문록』, 350쪽) 오도릭은 렌진을 떠나 동쪽으로 가서 순주마유에 당도했다고 하는데, 이것은 지리적 위치상 오류이다. 응당 '동쪽'이 아니라 남쪽에 치우친(편남偏南) '동남쪽'이어야 한다. 그리고 위치상으로는 렌진이 순주마유의 북쪽에 있다. 어떤 이유로 해서 동남 방향으로 내려왔다가 북상할 수도 있었을 것이다.

44) 오도릭이 제녕(濟寧)을 떠나 캄발레크(大都, 현 북경)에 이른 것은 동향(東向)이 아니라, 북향(北向)이다.

45) 대도(大都, Taydo)는 금나라 중도(中都)의 구지 동북쪽에 위치해 원 세조 쿠빌라이의 지원(至元) 4년(1267)부터 순제(順帝) 지정(至正) 28년(1368)까지 원나라의 수도였다. 건설은 지원 4년에 착공해 20여 년간 걸렸다. 그리하여 대도는 신·구 두 성(일명 '남북 2성')으로 구성되어 있다. 신성은 장방형으로 둘레가 28.6킬로미터이고 면적은 약 50제곱킬로미터(당대 장안의 5분의 3)이다. 중심가 길의 너비는 28미터에 달하고, 골목길마저도 7미터나 되었다. 대도에 관한 오도릭의 여러 가지 서술을 이해하기 위해 그를 전후해 이곳을 방문한 마르코 폴로와 이븐 바투타의 관련 서술을 소개한다. 세 가지를 비교하면 당시 대도의 모습이 보다 선명하게 그려질 것이다. 폴로는 다음과 같이 기술하고 있다. 즉, 칸의 궁전은 사각형 성벽으로 에워싸였는데, 전체 둘레가 4마일(6.4킬로미터)로 모두 흰색으로 총안이 뚫려 있다. 성벽 모서리마다 있는 누각에는 활, 활통, 안장, 말고삐, 활시위 등 칸의 장비와 군수물자가 보관되어 있다. 성벽 남쪽에 다섯 개의 문이 있어 칸(중간문)과 사람들이 드나든다. 이 성벽 안에 내성이 있고, 성벽을 따라 여덟 개

의 누각이 있으며, 그 한가운데 칸의 궁전이 있다. 바닥이 열 뼘 정도 높게 지어진 이 궁전 안의 접견실과 방 들의 벽은 금과 은으로 색칠하였고, 용, 새, 기병 등의 모습이 그려져 있다. 접견실은 한꺼번에 6천 명이 식사할 수 있을 정도로 어마어마하게 크며, 지붕 꼭대기는 적색, 녹색, 청색, 황색 등 갖가지 색깔의 타일로 덮여 있어 수정처럼 투명하다. 외성과 내성 사이에는 잔디밭과 나무가 무성해 짐승들이 뛰어다니며, 내성의 서북쪽 모퉁이에는 물고기가 노니는 큰 호수가 있다. 궁전의 북쪽 지척에는 높이가 거의 1백 보이고 둘레가 1마일(1.6킬로미터) 이상이나 되는 언덕을 조성했는데, 세상에서 가장 아름다운 나무들이 이 언덕에 다 모여 있다. 이 언덕은 초록색 일색으로 '푸른 언덕(Green Hill)'이라고 한다.(『동방견문록』, 235~240쪽 참고) 오도릭도 이 언덕에 관해 언급하면서 언덕 전체에 나무가 심어졌기 때문에 '푸른 산(Green Mount)'이라고 소개한다. 이븐 바투타는 또 나름대로 대도에 관해 묘사하고 있다. 그는 운하를 따라 배를 타고 관례대로 대도에서 10마일 떨어진 곳에 정박해 입항 허가를 받고 입성하였다. 이 정박소는 대도 동쪽 30리 떨어진 통주(通州)로 짐작된다. 목조 건물의 궁전은 시 중심에 있는데, 궁문은 모두 일곱 개다. 궁문마다에 시위(侍衛)와 국사를 관장하는 부문별 관원들이 각각 차일막 안에서 봉직한다.(『이븐 바투타 여행기』 2권, 341~343쪽 참고) 폴로와 이븐 바투타가 서술한 궁전은 대명전(大明殿)으로서 동서가 60미터, 남북이 40미터, 높이가 30미터에 달하는 거대한 건물로, 밑바닥은 기대 위에 세워지고 용과 봉황이 조각된 한백석(漢白石)의 난간으로 둘러쳐져 있다. 또 이들이 묘사한 정원은 황성 안에 있는 어원(御苑)과 영유(靈囿)로 오늘날 북경 시내에 있는 경산공원(景山公園)이고, 호수는 궁궐 서쪽에 있는 태액지(太液池, 일명 玄武池)로서 오늘날 북경의 북해(北海)에 해당한다. 호수(태액지) 안에 있는 인공섬은 경화도(瓊花島, 일명 萬壽山 혹은 萬歲山)이고, 그 안에 세워진 전각은 광한전(廣寒殿)이다.(대도의 궁전에 관해서는 도구성陶九成, 「궁궐제도宮闕制度」, 『철경록輟耕錄』, 권21과 진고화陳高

華, 『원대도元大都』, 북경출판사北京出版社, 1982 참고)

46) 『철경록輟耕錄』에 의하면 이 다리는 '백옥석교(白玉石橋)'로서 의천전(儀天殿)에 이른다.

47) 영어의 'Pace'를 한국어로 직역하면 '걸음'이나 '걷는 속도'가 된다. 그런데 그것을 길이나 거리의 개념으로 치환할 때는 '보(步)'가 된다. 옛날 길이의 단위로서 1보는 5척(약 165센티미터)이고 360보가 1리다.

48) 『철경록』의 기록에 의하면, 원나라 궁전에는 두 개의 큰 술항아리가 놓여 있었는데, 하나는 정전(正殿) 안에 있는 높이 1장 7척에 50여 석 용량의 항아리이고, 다른 하나는 광한전(廣寒殿) 내의 소옥전(小玉殿)에 있는 30여 석 용량의 항아리다. 오도릭이 목격한 '큰 항아리'는 외부에 공개된 소옥전 항아리일 개연성이 크다.

49) 메르다카스(Merdacas, 密爾答哈)에 관해서는 여러 가지 설이 있다. 페르시아어 'murda-gosh'에서 유래한 아랍어 'mardakūsh'의 음사로서 검붉은 여성용 향료인 번홍화(番紅花)란 설(헨리 율), 모양이 황룡치(黃龍齒)와 비슷한 페르시아산 밀타승(密陀僧, mirdāsang, 혹은 murdāsang 일명 沒多僧), 즉 황단(黃丹, 황색산화연)이란 설(로풀, 『중국-이란』 저자), 백색무늬를 띤 운남(雲南)산 대리석이란 설 등 제설이 있다. 그런데 『철경록』에 보면, 소옥전에 놓여 있는 항아리는 흑옥 술항아리(黑玉酒甕)로서 옥에 백색무늬(玉有白章)가 있으며 물고기와 짐승이 파도를 타고 출몰하는 형상이 조각되어 있다고 한다. 따라서 메르다카스는 백색무늬가 있는 옥이라고 일단 추단해본다.

50) 고블릿(goblet)은 받침이 달린 잔이다.

51) 완척(腕尺, 큐빗cubit)은 길이의 단위로서 1완척은 팔꿈치에서 가운뎃손가락 끝까지의 길이로서 약 45~50센티미터이다.

52) 이 대목은 몽골 여인들이 쓰는 유명한 고고관(顧姑冠)에 관한 묘사다. 뤼브뤼키의 『동유기』나 서정소(徐霆疏)의 『흑달사략黑韃事略』 등 사적에 보면, 이 고고관에 관한 생동한 묘사가 전해진다. 한국의 경우, 고려시대에 몽

골풍의 유행을 타고 들어와 전통 여인모로 전승되어오는 족두리가 바로 이 고고관에서 유래한 것이다. 원래 몽골 여인들은 외출할 때 고고(顧姑, 故故, 固姑, 罟罟, 古庫勒)라는 이런 장식의 모자를 쓰고 다녔다.

53) 돌궐인(突厥人, Turks)이란 돌궐어를 사용하는 민족으로, 지금 지구상에는 약 1억 3천만 명의 돌궐인들이 살고 있다. 그네들의 유구한 역사, 특히 고대사에 관해서는 혼미 그 자체다. 돌궐은 그 어원부터가 수수께끼로 남아 있다. 돌궐제국을 건설한 사람들 스스로는 '투르크'라고 불렀지만, 한적에는 '돌궐'이라고 나온다. '돌궐'이 '투르크'의 음사라고 할 때는 투르크의 어의를 따라 '강력' '상대' '기력' 등으로 해석된다. 이것은 학계에서 통용되는 해석이다. 그렇지만 음사가 아니라고 할 때는 해석이 달라진다. 『주서周書』나 『수서隋書』 등 중국 정사에 의하면, 금산(金山), 즉 알타이 산 모양이 마치 원추형 두무(兜鍪, 투구)와 같은데, 그 음이 '돌궐'로 와전되었다는 것이다. 조금 견강부회적인 해석이다. 그런가 하면 고대부족으로서 '연맹'을 뜻하는 칙륵(敕勒)이나 철륵(鐵勒)의 음사라는 주장도 있다. 돌궐족의 시원과 관련해서는 대체로 흉노와 관련지어 그의 별종이라든가, 아니면 그 북쪽에 있던 색국(索國)이나 정령(丁零), 선비(鮮卑), 철륵이라는 주장이 강하지만, 투르키스탄(중국 신강)에서 발원했다는 등 여러 가지 엇갈린 설이 있어 아직 정설은 없다. 다만 그 체질에 관해서는 유골로 보아 대부분은 몽골인이나, 한국인처럼 단두형(短頭形)으로서 검은 머리에 큰 눈과 보통 키보다 약간 큰 체구를 가지고 있었음을 알 수 있다. 한편, 돌궐족의 시조에 관해서도 몽골족과 같은 북방 유목민족들이 공유하고 있는 낭생설화(狼生說話)가 전해오고 있다. 그 옛날 돌궐인들은 주변의 공격을 받아 어린 사내아이 하나만을 남겨놓고 모두 살해된다. 어느 날 사경에 처한 이 아이를 가엾게 여긴 암늑대 한 마리가 젖을 먹이고 고기를 물어다주어 키운다. 후일 이 아이가 커서 암늑대와 결혼해 열 명의 아들을 낳는다. 그중 막내의 이름이 아사나(阿史那, 투르크어로 '늑대'란 뜻)였는데, 그가 바로 돌궐제국의 카간(군주)을 배

출한 부족의 조상이 되었다는 것이다. 물론 생물학적으로 늑대가 사람의 조상이 될 리는 만무하지만, 이것은 초원의 강자가 된 늑대에 대한 유목민들의 토템 신앙을 반영한 것이다. 일단 탄생한 돌궐인들은 알타이 산맥 부근에서 유목하면서 당시 몽골 초원의 맹주로 군림하던 유연(柔然)에 철이나 공급하는 연약한 집단이었다. 그러나 얼마 지나지 않아 투멘(土門, 伊利可汗, 일명 부민 또는 만호장, ?~553)이란 수장이 나타나면서 545년경부터 초원로의 강력한 정치세력으로 역사 무대에 등장한다. 그러다가 불과 7년 후인 552년에 서위(西魏)와 협력해 유연을 멸망시키며 명실상부한 초원로의 새로운 지배자로 떠오른다. 이에 투멘은 자신을 '일릭 카간(Ilig Qaghan, 투르크어로 '일릭'은 '나라를 건설한 사람', '카간'은 '군주'란 뜻)'으로 칭하고 제국의 중심지를 오르혼 강 유역의 외튀켄(Ötüken)에 정한다. 이것이 제1돌궐제국이다. 6세기 중반 전성기의 판도는 동으로 대흥안령 산맥과 요동만, 서로 카스피 해와 흑해, 북으로 바이칼 호, 남으로 고비사막을 넘어 북중국까지 확대되었으니, 실로 유라시아를 아우른 세계적 제국이었다. 특히 중국과는 일찍이 흉노와 한나라 관계를 연상케 하는 부자(父子) 관계로 중국을 압박하고 있었다. 그러다가 카간의 승계문제를 둘러싼 내홍으로 인해 동서돌궐로 양분되어(583) 사양길을 걷던 돌궐은 급기야 638년 당나라에게 멸망하고 만다. 그러나 돌궐인들은 굴하지 않고 국권회복운동을 전개해 반세기도 채 안 된 687년 정신적 고향인 외튀켄을 중심으로 남북 고비사막 전역을 망라한 제2돌궐제국을 재건하는 데 성공한다. 제2돌궐제국은 일시에 주변의 9성 30여 개 부족을 거느린 강대한 제국으로 발돋움한다. 그러나 친중국 일변도 정책을 추구하는 3대 빌게 카간에 대한 불만과 내분은 카간의 독살을 계기로 제국의 운명을 경각으로 치닫게 하였다. 결국 위구르(Uygur)와 바스밀(Basmil), 카를루크(Kharluk, Qarlug) 등 부족들의 연합으로 제국은 무너지고(745), 대신 새로운 유목제국인 위구르 제국이 일어섰다. 이로써 200년간(545~745) 초원의 길에서 피어난 돌궐제국은 그 길 위에서 역사의 뒤안길로 사라지고 말았다. 그러나 영영 사라진 것은 아니다. 역시 그 길을 통해 돌궐인들과 그 문화는 중앙아시아와 서아시아 일원에까지 서전해 터키의 현실에서 보다시피 오늘날까지도 그 명맥이 생생하게 이어지고 있다.(졸저 『초원 실크로드를 가다』, 창비, 2010, 254~261쪽 참고)

54) 대칸(Qa'an, the Great Khan)의 본래 몽골어는 '카안(qa'an)'으로서, 그 뜻은 '칸 중의 칸'이다. 그래서 '대칸'으로 번역한다. 투르크어 계통에서 '칸(qan)'은 '군주'란 말이다. 초원을 통일하고 제국을 세운 칭기즈칸은 자신을 '칸', 즉 '군주'로만 불렀다. 그러나 제국을 부단히 확대해 세계적 대제국을 세워간 그의 후예들에게는 이제 평범한 '칸(군주)' 이상의 칭호가 요청되었다. 그리하여 제2대 군주가 된 우구데이부터는 제국의 군주들에게 '대칸'이란 칭호가 줄곧 주어졌다.

55) 상도(上都, Sandu)는 원제국의 개조 쿠빌라이가 몽골 초원의 개평부(開平府)에 세운 여름 수도다. 상도의 음사에는 Ciandu(샨두, 마르코 폴로), Shangdu(샹두, 헨리 율), Xanadu(자나두, 영국 시인 콜리지) 등이 있다. 여행자들의 기록에 의하면, 17세기까지도 궁전이나 도시의 유적이 얼마쯤 남아 있었으나 지금은 성벽의 흔적만 남아 있다. 대도와의 거리는 약 2백 킬로미터이며, 쿠빌라이를 비롯해 역대 몽골제국 황제들은 이 두 수도 사이를 정기적으로 순행(巡幸)하곤 하였다. 순행은 대체로 음력 2월이면 대도를 떠나 북상해 4월이면 상도에 도착한다. 상도에서 대도로 돌아오는 시점은 대체로 9월이다. 이렇게 보면, 칸들이 대도에 머무는 기간은 1년 중 4, 5개월밖에 안 된다.(『동방견문록』, 235쪽 주 36 참고)

56) 오도릭은 대칸의 행차 시 네 개의 기병대가 어떻게 전후좌우에서 대칸을 호위하는지를 전해주고 있다. 이와 관련해 마르코 폴로의 기술을 보면, 대칸은 행차 시 1만 2천 기병대의 호위를 받는데, 네 명의 지휘관이 각각 3천 명씩 분대로 나눠 매 분대가 3박 3일간 호위를 담당한다고 한다.

57) 쿠세(Cuthe, 怯薛)는 본문의 내용으로 미루어보아 '친위대'나 '시위

(侍衛)'를 뜻하는 케식(keshig, 怯薛)이나 케식텐(keshigten, 怯薛丹), 케식테이(keshigtei, 怯薛歹), 케시탄(quesitan, 마르코 폴로)에서 간략한 말이라고 추단된다. 이 몽골 친위대는 1206년 칭기즈칸이 등극할 때는 모두 1만 명 정도였으나, 원제국시대에는 1만 명을 훨씬 넘어선 것이 분명하다. 마르코 폴로의 기록에 의하면, 황제가 순행할 때면 1만 2천 명에 달하는 이들 친위대(기병대)는 4개 분대로 나뉘어 교대 근무하였다.

58) 신고(singo, 省)는 원제국시대에 전국을 통치하기 위해 설치한 대단위 행정기구다. 정확한 명칭은 '행성(行省)'이다. 라시둣 딘의 『집사集史』에는 '싱(shing)'으로 음사하고 있다. 행성이란 금나라 때부터 쓰여오던 관부(官府) 명칭이다. 원래 원대에는 중앙의 중서성(中書省)이 각지에 중서성의 파견관서로 행(行)중서성을 두어 지방의 행정기관으로 삼았다. 그러다가 점차 지방 행정관부로 고착되어 행성으로 개명하고 지방의 군정대권을 장악하였다. 행성 예하에 노(路)→부(府)→주(州)→현(縣)의 행정단위를 두었다. 공식 행성은 영북(嶺北), 요양(遼陽), 하남강북(河南江北), 섬서(陝西), 사천(四川), 감숙(甘肅), 운남(雲南), 강절성(江浙省), 강서(江西), 호광(湖廣)의 열 개이고, 산동(山東)과 산서(山西), 하북(河北), 내몽골은 합쳐서 '복리(腹里)'라 칭했으며, 말기에 몽골군의 일본 원정을 위한 전방사령부로 고려에 정동행성(征東行省)을 설치하였다. 이 원정이 실패하자 원은 정동행성을 폐했으나 후에 다시 두 번이나 설치와 폐쇄를 거듭하였다. 오도릭은 아마 복리와 정동행성을 합쳐서 전국이 열두 부분으로 나뉘었다고 본 것 같다.

59) 얌(yam, 驛站)은 몽골제국시대에 치하 각지를 연결하는 역참을 말한다. 몽골어로는 '잠(jam)'이지만, 마르코 폴로나 오도릭은 투르크어나 페르시아어의 발음인 '얌'을 따라 쓴 것으로 보인다. 중국어의 '참(站)'은 몽골어의 '잠'을 음사한 것이다. 원제국은 건국 초기부터 카라코룸을 수도로 건설하면서 예하의 여러 지역과 통교하기 위해 역참을 정비해 사통발달의 역참제를 실현하였다. 역참제란 도처에 설치한 역참들을 서로 연결해 교통과 통

신수단으로 이용하는 제도를 말한다. 역참에는 수참(水站)과 육참(陸站)의 두 종류가 있다. 수참은 선박으로 전달하는 역참이고, 육참은 축력(畜力)이나 인력(人力)으로 전달하는 역참이다. 육참은 주로 축력을 이용하는데, 축력에 따라 마참(馬站), 우참(牛站), 당나귀를 이용한 여참(驢站), 양참(羊站), 구참(狗站) 등으로 구분하였다. 인력으로 전달하는 육참에는 걸어가는 보참(步站)과 가마를 이용한 교참(轎站)이 있었다. 공무로 여행하는 사람들에게는 마필과 숙소, 식량을 제공한다. 역참제를 운영하기 위해 참호(站戶), 즉 '잠치(jamchi, 站赤)'를 배치해 역참을 관리한다. 중국 경내에만도 역참 수가 무려 1400소에 달하였다. 『동방견문록』(276쪽)에 따르면, 이러한 역참은 25~30마일(40~48킬로미터)마다 하나씩 배치되었으며, 한 역참에 항시 300~400마리의 말이 대기하고 있었다고 한다. 역참제도의 안전한 이용과 이용자의 편리를 위해 사절이나 상인 등 신분에 따라 금패, 은패, 해청패(海青牌) 같은 다양한 역참 이용허가증을 발급했으며, 통화로는 교초(交鈔)라는 지폐나 차카타이 화폐가 통용되었다.

60) 호른(horn, 號角)은 '뿔'이나 '경적'과 더불어 '뿔피리'란 뜻이 있어, 그것이 취악기인 호른(호각)으로 쓰이기도 한다.

61) 급차(急差, despatch)는 급체포(急遞鋪)에 머물면서 긴급사항을 전달하는 사람을 말한다.

62) 치데보(chidebeo, 急遞鋪)는 원제국이 일반적인 역참 외에 송대의 급각체(急脚遞)를 본받아 발전시킨 긴급전달 장소다. 치데보는 주로 조정과 주, 현 등의 지방기관에 긴급문서를 전달하는 특수 역참이다. 10리나 15리, 20리마다 치데보를 설치하고 10포(鋪)에 우장(郵長) 한 명과 포졸(鋪卒) 다섯 명을 배치한다. 문서 전달자는 낮에는 허리띠에 매단 방울을 울리고 밤에는 횃불을 들어 전달자(급차)임을 알리면서 질주한다. 전달자는 반드시 총을 휴대하고 문서의 방수를 위해 비옷을 지참해 문서가 훼손되지 않도록 각별한 주의를 기울여야 한다. 하루 만에 4백 리(157킬로미터)를 주파하기로

되어 있다. 오늘날 이란의 호라산에서 타브리즈까지 일반 역참으로는 6일 이상 걸리지만, 치데보는 3, 4일도 채 안 걸린다.

63) 몽골 대칸들의 사냥에 관해서는 『동방견문록』(259~267쪽) 말고도 칭기즈칸과 그 자제들의 정복사에 관해 상술한 13세기 페르시아 역사가 주와인(Ala-al-Din'Aa-Malik Juwain, 1226~1283)이 쓴 『세계정복사世界征服史』(지비니志費尼 저, 하고제何高濟 역, 내몽고인민출판사內蒙古人民出版社, 1980)와 『흑달사략黑韃事略』에 생동감 있게 묘사되어 있다.

64) 대칸들이 지키는 4대 명절은 본인의 생일, 등극일, 황후와의 결혼일, 장남의 생일이다. 몽골인들은 할례(割禮)를 하지 않기 때문에 오도릭이 할례일을 명절로 잡은 것은 오인이다.

65) 현인(philosopher, 賢人) 혹은 철인(哲人)은 철학자를 비롯해 세상사에 달관한 사람을 일컫는 말인데, 본문에서는 주로 길신(吉辰, 吉日) 같은 명운을 예보하는 사람으로 쓰이고 있다.

66) 여기서 '종이(paper)'는 원대에 발행한 교초(交鈔), 즉 지폐(紙幣)를 말한다. 『원사元史』 권93 「식화지食貨志, 초법鈔法」에 의하면, 중통원년(中統元年, 1260)에 '중통원보교초(中統元寶交鈔)'를 만들었는데, 10문(文)부터 2관(貫)까지 모두 10등급으로 나뉘었다. 이어 지원(至元) 24년(1287)에는 '지원통행보초(至元通行寶鈔)'를 다시 만들어 5문에서 2관까지 열한 개 등급의 교초(지폐)를 통용케 하였다. 마르코 폴로는 여행기에서 대도에 있는 대군주의 조폐소에서 화폐를 만드는 과정과 화폐 단위(등급)를 소개하면서 "대군주는 세상의 모든 재물들의 값을 지불할 수 있을 정도로 많은 지폐를 보유하고 있다"고 하였다.(『동방견문록』, 270~271쪽 주 77) 이 '지원통행보초'가 한때 고려에서 유통되었으며, 원제국의 서쪽 끝 속국인 일 칸국(현 이란)에서도 1294년 '초(鈔)' 자를 새겨 넣은 지폐가 발행되었다.

67) 카델리(Cadeli, 迦的勒)는 볼가 강(Etil, Adil, Herdil) 유역에 있는 나라다.

68) 카스핀 마운틴(Caspean Mountain, 甲斯便山)에서 '카스핀'은 카스피 해

(Caspian Sea)를 지칭하는 것으로서 '카스핀 마운틴', 즉 '카스피 해산'은 캅카스 지방에 있는 산으로 짐작된다.

69) 멜론에서 새끼 양이 나온다는 것은 서역에 전승되어오는 땅에서 새끼 양이 생긴다든가, 아일랜드에서 유행하는 나무가 새를 낳는다든가 하는 이야기처럼, 모두 일종의 우화적(寓話的) 전설로서 생물학적으로 결코 사실일 수 없다. 그러나 인간이 동물에 대한 절박한 수요나 기대감에서 역사의 어느 한 시기, 어느 한 곳에서 이러한 전설을 구성해 정신적 위안이나 교훈을 얻고자 하는 것이다. 땅에서 새끼 양이 생긴다는 이른바 '지생양(地生羊)'설은 『이물지異物志』나 유욱(劉郁)의 『출사서역기出使西域記』 등 중국 사적에 소개된 서역의 한 전설이다. 내용은 양의 배꼽을 땅속에 심고 물을 주어 키우는데, 어느 날 우렛소리를 들으면 배꼽과 땅이 맞붙은 채 새끼 양이 생겨나며, 자라다가 어느 날 나무 스치는 소리를 들으면 배꼽이 잘리면서 새끼 양이 풀을 뜯기 시작한다는 것이다.

【4편】

중앙아시아

토잔(내몽골자치구)
'환희의 강'
소륵(카슈가르)
니샤푸르
우기(화전)
칸산(감숙)
발호
티베트

44. 수사는 거란을 지나간 후 프레스터 존과 다른 사람들의 여러 나라에 관해 기술

거란 땅을 떠나 서행으로 50일간 많은 도시와 마을을 지나서 나는 프레스터 존의 나라[1]에 도착하였다. 그의 존재에 관해서는 부정할 수 없다. 그럼에도 불구하고 그에 관한 전언(傳言)은 백분의 일도 사실이 아니다. 그 나라의 주요 도시는 토잔[2]이라고 한다. 제1의 도시이기는 하지만, 비첸차[3]가 더 나은 것 같다. 그렇지만 프레스터 존은 예하에 기타 많은 도시를 거느리고 있으며, 영구적인 맹약에 의해 대칸의 딸을 아내로 받아들였다.

그곳에서 여러 날 걸어서 칸산[4]이란 성(省)에 이르렀다. 세상에서 두번째로 좋은 성이고, 사람이 살기 좋은 고장이다. 가장 좁다고 하는 곳마저도 너비가 50일간의 여정거리이며, 길이는 60여 일간의 여정거리다. 어디에나 사람들이 살고 있어, 당신이 어느 한 도시의 성문에서 나오더라도 곧장 다른 도시의 성문이 보인다. 이곳에는 식량, 특히 밤이 많다. 또한 여기서는 대황(大黃, 황근)도 성산한다. 그래서 6그로트도 채 들이지 않고 나귀에 한가득 짐을 실을 수 있다. 이 성은 대칸의 열두 개 성 중 하나다.

45. 티베트 왕국, 거기에 우상숭배교도들의 교황이 거주

이 성을 떠난 나는 티베트[5]라고 하는 대왕국에 도착하였다. 이 나라는 인도 본토와 접해 있으며, 대칸에 복속되어 있다. 세상 여느 곳과 마찬가지로 빵과 술이 흔하다. 이 나라의 백성들은 검은 모전(펠트)으로 만든 텐트에 살고 있다. 그러나 제1도시와 황성은 모두 흑·백색 성벽과 함께 지어졌으며, 거리는 전체가 잘 포장되어 있다. 도시에서는 사람이든 동물이든 간에 피를 흘리게 할 수 없다. 그것은 그곳에서 숭배하는 한 우상에 대해 지니고 있는 존경심 때문이다. 이 도시에는 아바씨,[6] 즉 그들이 말하는 교황이 살고 있는데, 그는 모든 우상숭배교도들의 우두머리로서, 모든 성직자들의 녹봉을 마음대로 처분할 수 있는데, 그것은 그들의 처신에 달려 있다.

이 왕국의 풍속은 이러하다. 즉, 여인들은 머리칼을 백여 갈래로 땋으며, 그녀들에게는 멧돼지 이빨 같은 두 대의 엄니가 있다. 이 나라에는 또 다른 이러한 풍속이 있다. 즉, 만약 어떤 사람의 아버지가 사망했다면 아들은 "나는 아버지를 애도하려고 합니다"라고 말한다. 그러고는 그 지방의 승려와 수도사, 연주자 그리고 이웃들과 친지들 모두를 불러 모은다. 그들은 희희낙락하며 시체를 교외로 운반한다. 큰 탁자 하나를 준비해놓고는 승려가 그 위에서 사자(死者)의 머리를 잘라 아들에게 넘겨준다. 아들과 참가자 전원은 성가를 부르며 사자를 위해 기도를 거듭한다. 그러고서 승려는 시체를 토막 친다. 이렇게 한 뒤에 그들은 다시 도시로 돌아온다. 그들은 걸으면서 사자를 위해 기도한다. 이윽고 독수리들이 산에서 날아와 살점 하나씩을 물고는 달아난다. 그러면 모든 참석자들은 큰 소리로 "보라! 저 사람은 성인이다! 신의 천사가 와서 천당으로 모셔갔으니까"라고 함성을 지른다.[7] 이렇게 함으로써 아들은 적잖은 체면은 세웠다고 자부한다. 왜냐하면, 아버지는 이런 명예로운 방식으로 천사가 천당으로 모셔갔기 때문이다. 아들은 아버지의 잘린 머리를 가지고 와서는 곧바로 끓여 먹는다. 그리고 해골바가지로는 고블릿을 만든다. 아들과 온 가족은 늘 작고한 아버지를 기리기 위해 경건하게 그 잔으로 술을 마신다. 그들은 이렇게 하는 것이 아버지에 대한 높은 존경을 표시하는 것이라고 말한다. 이 밖에도 그들에게는 황당하고 지긋지긋한 풍속들이 더 많이 있다.

46. 만지의 한 부자에 관해, 그는 어떻게 50명의 소녀들에게 부양되었는가

내가 만지 성에 있을 때 한 시민의 대저택 벽 밑을 지나간 적이 있다. 그의 생활방식은 이러하다. 즉, 그에게는 밤낮 시중을 드는 50명의 소녀와 처녀가 있다. 그가 식사를 하려고 식탁 곁에 의자를 놓고 앉으면 음식은 다섯 접시씩 들어온다. 처녀들은 노래를 부르고 각종 악기를 연주하면서 음식을 날라 온다. 그녀들은 애완 참새처럼 음식을 먹여도 준다. 접시가 다 빌 때까지 그의 앞에서 계속 노래를 부르며, 그의 입에 음식을 떠 넣는다. 그러고 나면 다른 다섯 명의 소녀가 역시 노래를 부르고 각종 악기를 연주하면서 다섯 접시를 들고 들어온다. 그사이 첫 다섯 소녀는 물러간다. 그의 이러한 일상생활은 삶이 마감될 때까지 이어질 것이다. 지금 그에게는 30투만 타가르[8]의 미곡 세입이 있다. 1투만은 1만이며, 1타가르는 나귀 한 마리의 운반량이다. 그가 사는 저택의 정원 너비는 2마일(3.2킬로미터)에 달하며, 정원의 길은 금제 타일과 은제 타일을 엇바꿔가며 포장하였다. 앞서 말한 이 정원에는 금은으로 만들어진 자그마한 산이 하나 있는데, 그 위에 승원(僧院)과 종탑, 그리고 그와 비슷한 〔소형의〕 오락용 건물이 세워져 있다. 소문에 따르면, 만지 영역 내에는 그와 비슷한 사람이 네 명이 더 있다고 한다.

그 밖에 긴 손톱은 이곳에서 명문가의 징표라고 한다. 어떤 사람은 엄지손가락 손톱을 손바닥 너비만큼이나 길게 기른다. 여성의 경우 최상의 미는 작은 발에 있다. 이 때문에 어머니들은 으레 딸들이 태어나자마자 발을 꽁꽁 감싸서 조금이라도 더 자랄 수 없게 한다.

47. 산의 노인과 그의 종말에 관해

프레스터 존의 나라를 떠나 서행한 후 밀레스토르테[9]란 나라에 도착하였다. 이곳은 아름답고 대단히 풍요로운 지역이다. 이 나라에는 '산의 노인'[10]이라고 하는 사람이 살고 있었다. 그는 이 지역에 있는 두 산 사이에 성곽을 축조하였는데, 성곽은 산 하나를 완전히 에워쌌다. 성곽 안에는 맑디맑은 샘물이 있고, 샘물가에는 지상에서 가장 매력적인 처녀들을 배치하였다. 또한 여기에는 준마와 더불어, 인간의 욕구라면 무엇이든지 만족시킬 수 있는 물건이란 물건은 죄다 갖춰져 있었다. 술과 우유는 관을 통해 거기에 흘러나오게 하였다. 그래서 이곳을 이름하여 '낙원'이라 하였다. 노인은 장래성 있는 청년을 발견하기만 하면, 이 낙원에 들어오게 한다. 그러고는 그가 어떤 왕이나 제후를 암살하거나 자살(刺殺)하려고 할 때면 낙원을 관리하는 관리를 불러 이 짓을 하는 데 가장 적합하고 낙원생활을 가장 즐기는 자를 골라내도록 한다. 선발된 청년은 건네준 약을 먹고는 금방 곯아떨어진다. 잠든 그는 낙원 밖으로 들려 나간다. 깨어났을 때 그는 자신이 더이상 낙원에 있지 않다는 것을 발견하게 된다. 그러면 청년은 비탄의 광기에 휩쓸려 어찌할 바를 모르게 된다. 급기야 그는 산의 노인에게 낙원에 다시 돌아가게 해달라고 끈질기게 조른다. 이에 노인은 "네가 모모 왕이나 제후를 죽이기 전에는 돌아올 수 없을 것이다. 그때 가서 네가 살든 죽든 관계없이 내가 너를 다시 낙원으로 데려갈 것이다"라고 언질을 준다. 이렇게 낙원으로 다시 돌아가고픈 청년의 갈망을 악용해 그의 손으로 노인이 죽이고 싶은 사람을 모살한다. 그리하여 동방의 왕들은 한결같이 이 노인을 두려워하고, 그에게 엄청난 공물을 바친다. 그러나 동방을 거지반 정복한 타타르인들은 이곳 노인의 나라에도 들이닥쳤다. 그러고는 마침내 그의 강역을 손아귀에 넣고 말았다. 그렇지만 그들이 이렇게 할 때, 노인은 낙원에서 많은 자객들을 밀파해 손수 숱한 타타르인들을 암살하고 살해하였다. 이것을 본 타타르인들은 노인이 웅거(雄據)하고 있는 성곽으로 진격해 포위하면서 성곽을 장악하고 노인을 붙들 때까지 철군하지 않았다. 노인은 쇠사슬에 묶인 채 처참한 최후를 맞았다.

48. 수사들은 어떻게 타타르 지방의 악마들에게 대응하였는가

그 지방에서 전능하신 하느님께서 소형제회 수사들에게 그토록 은전을 베푸신 까닭에, 그들은 대(大)타타르 지방에서 신들린 자들의 몸에서 악마를 몰아내는 것쯤은 흡사 집에서 개 한 마리를 쫓아내는 일에 불과한 것으로 여겼다. 그 지방의 많은 곳에서는 남녀를 불문하고 숱한 사람들이 악마에게 신들려서 10일의 여정거리에 있는 먼 곳에서도 꽁꽁 묶인 채 우리 수사들에게로도 보내져왔다. 수사들은 예수 그리스도의 이름으로, 악마들에게 신들린 사람들의 몸에서 당장 떠나라고 엄명을 내린다. 악마들은 명을 받들어 즉각 떠났다. 그러자 악마에게서 구출된 사람들은 지체 없이 자진해 세례를 받곤 하였다. 수사들은 모전(毛氈)으로 만든 그들의 우상을 가져다가 불에 집어넣었다. 그럴 때면 이곳 사람들은 모두 한데 모여 이웃의 신이 불에 타버리는 것을 지켜보았다. 따라서 수사들이 우상들을 불에 던져 넣었지만, 우상들은 다시 뛰쳐나온다. 그래서 수사들은 성수(聖水)를 불에 뿌려 곧바로 악마들을 불에서 쫓아버린 다음 다시 우상들을 불에 던져 넣었다. 그제야 몽땅 타버린다. 이때 악마는 허공에 대고 한바탕 절규한다. "볼지어다, 볼지어다, 어떻게 내가 살던 곳에서 쫓겨나는가를!" 이렇게 우리네 수사들은 그 나라에서 많은 사람들에게 세례를 베풀었다.

49. 수사는 공포스러운 일을 목격한 계곡에 관해 언급

나는 중대하고도 무시무시한 일 한 가지를 목격하였다. 나는 '환희의 강가'에 자리한 계곡[11]을 지나면서 많은 시체들이 널브러져 있는 것을 목격하였다. 나는 또한 거기서 갖가지 음악, 주요하게는 북이나 케틀드럼[12] 소리를 들었다. 소리가 너무나도 신기하였다. 소리가 얼마나 크고 요란스러웠던지 그만 공포에 사로잡히고 말았다. 길이가 7, 8마일(11~13킬로미터)인 이 계곡에 불신자(이교도)가 들어가면 다시 빠져나오지 못하고 바로 죽어버린다. 하지만 나는 추호의 주저도 없이 그곳에 들어가 도대체 무슨 일이 벌어졌는지 한번 보고자 하였다. 나는 일단 들어가서 앞에서 말한 바와 같이 많은 시체들을 목격하였다. 누구도 눈으로 직접 보지 않고는 믿기 어려울 것이다. 계곡의 한편, 바로 암벽에서 아마도 나는 몹시 크고 무시무시한 한 사나이의 얼굴을 본 것만 같다. 너무나 무서워서 더없는 공포에 질린 나머지 그만 넋을 잃고 말았다. 그래서 십자가를 그으면서 끊임없이 "하느님의 말씀은 육신이 되나이다"를 반복해 염송하였다. 그러나 감히 그 얼굴에 다가설 수가 없어 7, 8보의 거리를 유지해야만 하였다. 그래서 나는 가까스로 계곡의 다른 끄트머리에 가서 모래산에 톱아올라가 거기서 사방을 부감하였다. 그러나 아무것도 알아볼 수가 없었다. 그저 여전히 그토록 신기한 북소리만 귓전을 울릴 뿐이다. 그 모래산 꼭대기에 오르자 거기서 마치 물고기 비늘처럼 수북이 싸여 있는 다량의 은을 발견하였다. 나는 은 몇 조각을 품에 넣었다. 그런데 원래 나는 은에 별로 관심이 없는 데다가, 자칫 내가 도주하는 데 걸림돌이 될 성싶어 꺼내 몽땅 땅에 버리고 말았다. 이렇게 나는 하느님의 은전으로 그 계곡을 무사히 빠져나왔다. 그때 사라센인들은 저마다 이 사실을 듣고는 나를 세례 받은 성인이라고 말하면서 높은 존경을 표하였다. 그러나 그 계곡에서 죽은 사람들은 악마에 속한 사람들이라고 한다.

주석

1) 중세 한때 서방 기독교 세계를 크게 흥분시켰던 프레스터 존(Prester John, 사제왕 요한) 제국에 관한 전설 같은 이야기는 오늘날까지도 마냥 수수께끼 같은 일화로 회자되고 있다. 오도릭 자신도 대도(大都, 현 북경)가 포함된 거란 땅을 떠나 서행해 50일 만에 이 제국의 땅에 도착했고, 여기서부터 여러 날 더 걸어서 감숙(甘肅)에 이르렀다고 하니, 이 제국이 도대체 어디에 있었는지 명확하지 않다. 뿐만 아니라, 존에 관한 전언(傳言)은 백분의 일도 사실이 아니라고 강조하면서도, 정작 그에 관해서는 예하에 많은 도시가 있으며, 대칸의 딸을 아내로 맞이하였다(사실이 아님)는 두 마디 이야기밖에 없다. 그럴 수밖에 없는 것이 그가 제국의 땅이라고 찾아갔을 때 그런 '제국'은 이미 지상에서 없어졌기 때문이다. 프레스터 존 제국에 관한 기록은 독일의 역사가이며 기독교 주교인 오토 폰 프라이징(Otto von Freising, 1111~1158)의 연대기에서 처음 보인다. 그 기록에 의하면, 프레스비다 요하네스(프레스터 존)는 극동 대제국의 황제로서 네스토리우스파(경교)의 신봉자인데, 이러한 사실은 그가 1144년에 비테르보(Viterbo)에서 만난 시리아 출신의 기독교 주교로부터 전해 들었다고 한다. 그후 유럽에서는 프레스터 존에 관한 갖가지 전설과 위서(僞書)가 나돌면서 수수께끼가 증폭되었다. 그 대표적인 일례가 중세 중기 유럽 문단에 큰 파문을 던진 『몽드빌 여행기 *Maundeville's Travels*』다. 저자 몽드빌의 자술에 의하면, 그는 1322년(혹은 1332년)에 영국을 떠나 해외 여행길에 올라 터키와 아르메니아, 페르시아, 시리아, 아라비아 반도, 이집트, 리비아, 에티오피아, 인도 등 여러 곳을 두루 주유하면서 직접 보고 들은 것을 기록했다고 한다. 그러나 여행기의 내

용을 검토해보면, 극히 일부분만이 사실에 부합하고 대부분은 환상적인 억측이거나 타인의 기사를 표절한 것이 분명하다. 비록 사실성은 없지만 흥미본위로 문학적인 윤색을 가했기 때문에 독자들에게 상당한 호감을 샀다. 저자는 1371년에 초간(初刊)한 데 이어 라틴어와 영어로도 번역해 발간하였다. 이렇게 세 언어로 발간하다보니 독자가 그만큼 많아져서 당시로서는 최다 발행부수를 기록하였다. 이 여행기에는 동방 여러 나라에 관한 기담이 상당히 많은데, 그중 대부분은 황당무계한 것이다. 그러나 그러한 기담 가운데서 유럽인들의 각별한 관심을 끈 것은 이른바 '프레스터 존 제국'에 관한 기사(記事)다. 기사에 따르면, 이 제국은 황제 프레스터 존이 통치하는 동방의 유일한 기독교 국가로서 동쪽 끝에서 서쪽 끝까지 달려서 4개월이나 걸리는 광대한 영토를 영유하고 있다는 것이다. 프레스터 존의 실체에 관해서 확실하게 밝혀진 바는 없지만, 서양 역사가들 중에는 그를 서요(西遼), 즉 흑거란(黑契丹, Kara Kitai)의 야율대석(耶律大石)으로 보는 이가 많다. 중국 북방에서 916년에 건국한 요(遼, 거란)가 송(宋)과 금(金)의 협공을 받아 위험에 처하자, 종실(宗室)의 야율대석은 백성들을 이끌고 서행(率衆西行)해 1132년 엽밀립(葉密立, 야밀)에서 건국(서요)을 선포하고 계속 서진해 중앙아시아 일원에 약 80년간(1132~1211) 존속한 강력한 서요제국을 건설하였다. 야율대석과 그 백성들은 경교(네스토리우스파)를 신봉하다보니 서방 기독교 국가들과 교섭이 있었을 것이고, 그 과정에서 야율대석의 존재가 거대한 기독교 국가의 황제로 전설처럼 유럽에 알려졌을 것이다. 따라서 여러 상황을 감안할 때, 프레스터 존이 곧 야율대석이라는 견해는 개연성을 넘어 상당히 신빙성이 있는 견해로 사료된다. 몽드빌과 오도릭은 거의 같은 시기(1318~1331)에 해외 여행길에 올랐으므로 프레스터 존에 관한 오도릭의 지식은 프라이징을 비롯한 선행자들로부터 얻은 것으로 보인다.

2) 토잔(Tozan)은 원대의 동승(東勝, 현 탁극탁성托克托城)이다. 동승은 평균고도 1460미터의 내몽골 오르도스(Ordos, 鄂爾多斯) 초원의 중동부에 위

치한 이 초원의 중심지로서 면적은 2200제곱킬로미터, 인구는 21개 민족으로 구성된 약 44만 명(2009년)이다. 초원문화와 황하문화, 유목문화와 농경문화, 몽원(蒙元)문화와 중원(中原)문화의 교차지, 융합지로서 유구한 역사와 문화를 간직하고 있다.

3) 비첸차(Vicenza)에 관해서는 3편 주 3 참고.

4) 칸산(Kansan)은 감숙(甘肅)으로, 원대에는 전국 10행성(行省) 중 하나였다. 오늘날 중국 서북부 감숙성에 해당한다. 원대의 행성에 관해서는 3편 주 58 참고.

5) 티베트(Tibet)는 오늘날 중국의 서장자치구(西藏自治區)다. 평균고도 약 4900미터, 지구상 육지에서 가장 높은 곳이라서 '세계의 지붕'이라고 불린다. 원래 바다였던 이곳에는 1만 년 전부터 사람이 살기 시작했으며, 기원전 2세기경부터 여러 부족국가들이 등장한다. 최초의 통일국가는 송첸캄포(松贊干布, 605, 617?~650)가 라싸를 수도로 해 세운 티베트 왕조다. 중국과의 밀고 밀리는 분쟁 속에서 9세기 중엽까지도 중앙아시아 일원에 세력판도를 유지하고 있었다. 오도릭이 이곳 언저리를 지나간 때인 13, 14세기에는 원나라의 간접지배를 받고 있었으며, 1750년에 이르러서는 청나라의 보호령이 되었다. 본문에서 오도릭은 "티베트라고 하는 대왕국에 도착하였다"라고 적고 있지만, 멀리 남방의 험지(險地)에 있는 티베트까지 과연 찾아갔을까 하는 의문이 제기된다. 마르코 폴로는 『동방견문록』(309~313쪽)에서 이곳에 관해 이런 일들을 전하고 있다. 즉, 불을 피워 사나운 짐승들로부터 가축을 지켜내고, 딸을 길손에게 내어주며, 소금을 화폐로 삼는다, 여덟 개의 왕국을 가진 커다란 지방으로, 만천하에 사향 냄새가 진동하고, 고유어를 갖고 우상을 숭배하며, 사금이 생산된다는 등이다. 그러나 오도릭이 전하는 식인이나 조장(鳥葬) 같은 특이한 풍습에 관해서는 언급이 없다.

6) 아바씨(Abassi, 阿拔昔)에 관해서는 여러 가지 해석이 있으나, 가장 신빙성이 높은 것은 페르시아어의 bakshi, 산스크리트어의 bhishu에서 유래

된 '탁발승(托鉢僧)' 혹은 '비구(比丘)'라는 뜻이다.

7) 이것은 오늘날까지도 티베트나 네팔 지역에서 유행하는 조장(鳥葬)이다. 일종의 장례법인 조장은 원래 하늘과 더불어 새를 신성시하는 신앙에서 비롯한 것이다. 이러한 신앙에 따르면, 새는 인간의 영혼을 하늘로 운반하는 매개체이며 영물(靈物)이다. 그런데 그 운반 과정을 단축시키기 위해, 이를테면 새에게 빨리 뜯기기 위해서 사자(死者)의 사지를 갈기갈기 찢거나 토막 내는 별별 끔찍한 짓을 불사하는 관행이 있는가 하면, 여러 가지 미신도 엉켜 있다. 일찍이 세계 최초의 계시종교인 조로아스터교(일명 마즈드교)에서는 조장법이 공식 장례법으로 성행하였다. 이 종교에서는 영혼과 육체를 분리시켜 영혼은 영원하지만 육체는 일단 죽으면 불결한 흉물로 변해 신성한 흙이나 물, 불과 접촉할 수가 없다고 한다. 그래서 토장이나 화장은 할 수 없으니, 결국 시신을 땅과 분리된 높은 곳에 얹어놓고 독수리 같은 새가 뜯어 먹게 해 그 존재를 없애버려야 한다는 것이다. 그래서 이 종교의 장례법에 따라 시신을 구덩이 위에 올려놓으면 새가 와서 뜯어 먹고, 살은 삭아 걸러진 백골만이 아래로 굴러 떨어져 마치 탑처럼 차곡차곡 쌓이게 된다. 죽은 자이니 침묵할 수밖에 없고, 또 시체는 불결하니 침묵해야 할 것이다. 그래서 이란의 조로아스터교 성지 야즈드에 있는 조장지는 '침묵의 탑'이라고 일컫는 높은(50~70미터) 언덕이다. 그러나 이란은 이러한 매장법이 전근대적이란 이유로 70년 전에 법으로 금지하고 지금은 토장을 한다.

8) 타가르(tagar, taghar, 塔格爾)는 돌궐어에서 식량이나 풀 같은 것을 넣어 말 잔등에 올려놓는 한 쌍의 주머니를 뜻한다.

9) 밀레스토르테(Milestorte, 沒里亥)는 '이단자(異端者)들'이란 뜻의 아랍어 mulhidūn 혹은 malāhidah(단수는 mulhid)에서 유래한 말인데, mulecte, milect, mulehet, mulhee 등 다양한 음사가 있다. 이슬람사에서 제4대 칼리파인 알리의 후예들이 교권을 잡기 위해 시아파를 만들어 정통파(수니파)에 대항해오다가 제7대 이맘인 이스마일이 어느 날 갑자기 잠적한다. 그가 '마

흐디(구세주)'로 다시 나타나 교권을 잡을 것이라고 믿는 이스마일리야파에 대해 정통파는 이단자들이라고 규탄한다. 이들은 13세기 이란 서북부의 엘부르즈 산맥 속 알라무트(Alamut)에서 암살교단(暗殺教團)을 조직해 정적을 제거하는 등 무자비한 암살활동을 자행하였다.

10) '산의 노인(the Old Man of Mountain, 山中老人)'은 알라무트 암살교단의 교주인 하산 사바(Hasan Sabā)다. 그는 시아파인 이스마일리야파 나자리 교단에 속한 이슬람 신학자로서 11~13세기 십자군전쟁이 한창이던 때에 이란 서북부 엘부르즈 산맥 속에 암살교단을 꾸리고 정적에 대해 무자비한 암살을 단행하였다. 암살교단은 산속 각지에 견고한 성채를 구축했는데, 성주(城主)인 '산의 노인'이 기거하고 있는 본거지가 알라무트(Alamut, '독수리의 집'이란 뜻)다. 그래서 보통 '알라무트의 암살교단'이라고 하는데, 일명 '아사신파(Assassins)'라고도 한다. 그들은 해시시(인도 대마)란 대마초를 복용하고 환각상태에서 암살에 가담해 영어의 '암살자(assassin)'란 뜻의 '아사신파'로 불리게 되었다. 전성기에 이 교단이 차지한 영토를 보면, 동으로 투르키스탄, 중앙은 이란과 메소포타미아, 서로는 시리아까지 상당히 넓은 지역에서 활동하였다. 그들은 자기 교단 외의 무슬림은 사교도(邪教徒)라고 무시하면서, 많이 죽이면 죽일수록 공적이 쌓이고 죽이는 방법도 가혹할수록 적극 장려하였다. 그 무렵 이 교단은 누구에게나 공포의 대상이었다. 훌레구 휘하의 몽골 서정군이 3년간(1253~1256) 겹겹이 포위하고 나서야 가까스로 '산의 노인'을 생포하고 성안에 있는 자들을 모조리 학살했으며 성을 철저히 파괴해버렸다. 이 교단은 교조 '산의 노인'으로부터 8대 166년간 존속하였다. 마르코 폴로는 『동방견문록』(142~148쪽)에서 '산의 노인' 하산 사바는 알라무트에 천국 같은 정원과 누각을 지어놓고 12~20세의 젊은이들을 골라 마약(해시시)으로 정신을 혼미하게 하고는 자객으로 삼아 무자비한 수단으로 암살을 자행했다고 기술하고 있다.

11) '환희의 강(the River of Delights, 歡喜河)'과 그 계곡(valley)에 관해서

오도릭은 계곡의 길이가 7~8마일(11~13킬로미터)이라는 사실 말고는 너무나 엽기적이고 환상적인 묘사를 해놓아 비록 전설적인 요소가 감지되기는 하지만, 그 지리적 비정은 도시 종잡을 수가 없다. 율도 이점을 감안해 고증은 못 한 채, 아마 오도릭이 되돌아오는 길에 들렀을 법한 힌두쿠시 산맥에 있는 어느 한 계곡일 것이라고 막연하게 가정하였다. 그의 가정을 따른다면, 카불 북쪽 150킬로미터 지점에서 시작해 남쪽으로 힌두쿠시 산맥을 지나 사로비(Sarobi) 부근에서 카불 강과 합쳐지는 판즈시르 강(Panjshir River, 판즈시르는 '다섯 사자'란 뜻)과 그 계곡을 설정해볼 만하다. 그러나 오도릭이 이란의 암살교단 이야기를 한 후 바로 이 '환희의 강'과 그 계곡에 관해 언급하는 것은 노정의 순서상 모순이 아닐 수 없다. 이 점은 율의 '되돌아오는 길'이란 견강부회적인 설명으로는 해명이 되지 않는다.

12) 일명 팀파니(timpani)라고 하는 케틀드럼(kettledrum)은 반구형 금속제 몸통의 윗부분에 헤드라고 하는 가죽(오늘날은 플라스틱)제의 막을 씌운 냄비형 몸통북(鍋型太鼓)이다. 팀파니의 어원이 그리스어의 '틴파논'과 라틴어의 '틴파눔'인 점을 감안하면, 이 악기의 시조는 그리스-로마문화권으로 추정된다. 그것이 이슬람문화권에 들어와 유행하다가 십자군원정과 더불어 군악대의 악기로 유럽에 전파되었다. 16세기에 이르러 나사로 조율하게 되었고, 18세기에 와서는 군악 외에 오케스트라에도 이용하기 시작하였다.

【5편】

종편

50. 수사 오도릭은 그의 이야기가 진실임을 입증

나, 프리울리의 보헤미아인[1]으로서 포르데노네라는 마을에서 출생해 소형제회파[2] 교회와 성 안토니오 주[3]에 속한 수사 오도릭은 존경하는 부친이시며 트레비조의 접경지대인 전술한 성 안토니오 주 지사이신 구이도토 수사님께 삼가 복종하겠다는 나의 선서와 그가 나에게 내린 훈령에 따라 상술한 모든 일들은 분명 나의 눈으로 직접 봤거나, 아니면 믿을 만한 사람들에게서 들은 것이라는 점을 엄숙하게 언명하고 보증하는 바이다. 내가 직접 목격하지 못한 것들은 그 나라들에서 떠도는 소문에 의해 그 진실성이 입증될 것이다. 나는 많은 것을 누락시키고, 기록하지 않았다. 그것은 자신의 눈으로 직접 보지 못한 사람들이 너무나 믿기 어렵다고 하는 생각을 덜어주기 위함이다. 그렇지만 나로서는 매일매일 내가 기꺼이 죽고 싶은 나라들에 다시 돌아갈 준비를 스스로가 하고 있다. 만사에 호의를 베푸시는 하느님께서 원하신다면.

이제 상술한 모든 일들은 솔라냐의 수사 윌리엄이 충실하게 기록해왔다. 이것은 앞에서 거명한 보헤미아인 수사 오도릭이 구술한 그대로이며, 일시는 서력(西曆) 1330년 5월, 장소는 파도바의 성 안토니오의 집이다. 오도릭은 어려운 라틴어나 기이한 문체로 이러한 일들을 꾸며낸 것이 아니라, 다른 사람에게 자신의 이야기를 하듯 하였다. 그렇게 수사 윌리엄도 기록해 모든 사람들이 보다 쉽게 그 내용을 이해할 수 있게 되었다.

51. 바싸노의 수사 마르케시노가 그의 말을 보충; 그는 오도릭에 관해 들은 미담 한 가지를 언급

나, 소형제회파 교회에 소속된 바싸노의 수사 마르케시노가 말하려는 것은 전술한 수사 오도릭이 생전에 진술한 이야기들 가운데 들은 일화다. 사실 나는 그가 기록하지 않은 숱한 이야기들을 들었다. 이것은 그가 말한 이야기 가운데 한 토막이다.[4] 즉, 그의 말에 의하면 언젠가 한번 대칸이 상도(上都)에서 캄발레크로 주유할 때, 그(수사 오도릭)와 다른 네 명의 소형제회 수사들이 칸이 막 지나가려는 길 옆에 있는 한 그루의 나무 그늘 밑에 앉아 있었다. 그 교우들 가운데 주교[5] 한 분이 있었다. 칸이 가까이 오자 주교는 교포(教袍)를 걸치고 십자가를 장대 꼭대기에 동여매고는 번쩍 높이 쳐들었다. 그러면서 네 사람은 큰 목소리로 찬송가를 부르기 시작하였다. "창조주의 영혼이 강림하소서!" 대칸이 찬송가 소리를 듣고선 무슨 뜻인지 묻는다. 곁에 있던 네 제후가 "이들은 네 명의 프랑크 랍반(즉 기독교 수사)들입니다"라고 대답하였다. 그러자 칸은 그들을 가까이

오라고 불렀다. 주교는 십자가를 장대에서 풀어 입을 맞추라고 그에게 드렸다. 때마침 누우려고 하던 칸은 십자가를 보자마자 바로 앉아서 쓰고 있던 모자를 벗고는 아주 경건하고 겸허하게 십자가에 입을 맞춘다. 작금 그들 궁전의 예규와 관행으로는 그 누구도 감히 빈손으로 칸을 진현(進見)하지 못한다. 그래서 마침 작은 사발 한 개 분량의 사과를 가지고 있던 수사 오도릭은 그것을 공물로 대칸에게 진상하였다. 대칸은 그 가운데서 두 개만 받고서 한 개는 즉석에서 먹고, 다른 한 개는 손에 든 채로 가던 길을 이어 갔던 것이다.

그렇다면 아주 명백한 것은 계속 궁정에 남아 있는 수사들을 통해서 잘 나타나고 있는 것처럼, 대칸 자신은 우리 가톨릭에 대해 얼마간의 흥미를 갖고 있다는 사실이다.[6] 수사 오도릭의 말에 의하면, 대칸이 십자가 앞에서 경건하게 벗은 그 모자는 진주와 보석이 뒤엉킨 하나의 덩어리였다고 한다. 그 값어치는 전체 트레비조 변방구보다 더 높다고 한다.

52. 수사 오도릭의 선종

이제 바로 선종(善終)한 오도릭은 이역에서 본향인 트레비조 변방 지역으로 돌아온 후 로마 교황을 방문하려고 하였다. 목적은 교황의 허락을 받아 다시 50명의 수사들을 대동하고 출발하는 것이었다. 그들이 어느 주 출신인지는 관계없이 오로지 가겠다는 의지만 있으면 되었다. 그래서 오도릭은 출생지 프리울리를 떠났다. 그러나 피사[7]에 이르렀을 때 그만 중병에 걸리고 말았다. 할 수 없이 고향으로 돌아왔다. 결국 오도릭은 프리울리의 한 도시 우디네[8]에서 서력 1331년 1월 13일[9] 속세에서 천국으로 당당히 승천하였다. 그의 덕행과 신기한 위력은 저 천국에서도 다함없이 빛나게 발현되고 있다. 그가 추구한 방법을 통해 장님과 절름발이, 벙어리와 귀머거리 들은 하느님의 윤허(允許)하에 말끔히 치유될 것이다. 하느님께 영광을, 아멘![10]

주석

1) 보헤미아(Bohemia, 波希米亞)는 면적이 약 5만 3천 제곱킬로미터에 달하는 체코의 서부지역을 지칭한다. 체코를 동서로 나눠 체코어로 동부를 모라바(Moraba, 모라비아Morabia), 서부를 체히(Čechy)라고 부르는데, 이 체히를 라틴어나 영어로 보헤미아, 독일어로 뵈멘(Böhmen)이라고 한다. 보헤미아는 기원전 이 지방에서 살아온 켈트인 부족인 보이(Boii)에서 유래하였다. 기원 전후에 토착민인 이 보이족은 남쪽으로 떠나고, 그 뒤를 이어 게르만계의 마르코마니족 등이 침입해 왔으며, 6세기부터는 슬라브계의 체코인이 이곳을 차지하였다. 9세기에 이르러 체코 귀족인 프르셰미슬가(家)가 전역을 통일해 왕국을 세웠다. 따라서 이 시기 이후를 체코국민국가시대라고 한다. 이 왕가는 895년 독일과 신종(臣從)관계를 맺어 독일의 한 공국이 되었다. 이때부터 독일인들의 대대적인 이주가 시작되어 점차 독일화되어갔다. 1306년 프르셰미슬가의 대가 끊기자 국민국가시대는 종언을 고하고, 대신 독일계의 룩셈부르크가(家)의 지배를 받게 되었다. 15세기 독일의 지배에 저항하는 국민주의운동인 후스 전쟁(종교분쟁)을 거쳐 1526년에는 오스트리아의 합스부르크가(家)의 손에 넘어가자 체코의 신교(新教) 귀족(파니)이 이에 대항해 유명한 30년간의 보헤미아 전쟁을 일으켰다. 그러나 패배를 당함으로써 합스부르크가의 지배가 한층 강화되었다. 이어 1627년에는 독립왕국의 지위를 잃고 오스트리아의 속국으로 전락하였다. 19세기에 이르러 계몽주의와 낭만주의 등의 영향을 받아 체코 국민주의가 부활해 드디어 1차 세계대전을 계기로 1918년 체코슬로바키아가 독립국을 세웠다. 2차 대전 후 통일적 사회주의국가의 길을 걷다가, 1993년 체코와 슬로바키아가 분리

되면서 보헤미아는 체코에 속하게 되었다. 부존자원이 풍부하며 사방이 산맥으로 둘러싸이고 엘베 강이 관류하는 비옥한 지역으로, 수도 프라하를 비롯해 많은 공업도시가 발달해 체코의 심장부를 이루고 있다. 이와 같이 보헤미아는 수많은 민족과 문화가 오가고 뒤섞인 융합지역으로서 복식과 음악을 비롯한 여러 면에서 그만의 독특한 품격을 자랑하고 있다.

2) 소형제회파(the Order of Minorites, 小級敎派)에 관해서는 3편 주 7 참고.

3) 성 안토니오 주(the province of Saint. Anthony, 聖安東尼省)는 이탈리아 북부의 파도바(Padova)를 주도로 하는 한 행정 주다.

4) 병석에 있는 오도릭은 그가 겪은 숱한 일들을 다 구술할 수 없었을 것이다. 평상시 교우들에게 본문에 나오는 일들 말고도 더 많은 이야기를 했을 터, 그중 한 사람인 바싸노의 수사 마르케시노는 그것을 확인하면서 본문에 누락된 한 토막 기사를 첨부한다.

5) 오도릭과 동행한 이 주교(主敎, bishop)는 당시 대도에 상주하던 대주교 몬테 코르비노(Giovanni di Monte Corvino, 1247~1328)이고, 나머지 세 명은 프란체스코회에서 파견한 수사들로 보인다. 코르비노는 이탈리아 할리(Haly) 출신의 프란체스코회 사제로서 로마 교황청이 원나라의 수도 대도에 파견한 수임(首任) 대주교다. 그는 일찍이 아르메니아와 일 칸국에서 포교활동을 하다가 1285년부터 여러 차례 일 칸국의 사절로 로마 교황청에 파견되기도 하였다. 교황청은 그를 통해 기독교에 대한 몽골 칸들의 태도를 탐지하였다. 1289년 7월 교황 니콜라스 4세는 로마에 재직 중이던 코르비노를 일 칸국의 칸 아르군과 원 세조 쿠빌라이 등에게 보내는 신한(宸翰, 친서)을 휴대시켜 선교 목적으로 원에 파견하였다. 그는 일 칸국의 수도 타브리즈에 이르러 아르군 칸을 알현하고 교황의 신한을 전한 후, 그 길로 1291년 인도에 도착하였다. 그는 마드라스(현 첸나이) 동쪽에 있는 마일라푸르(Mailapur)의 성 톰(San Thome, 성 토마스) 성당에 13개월간 체류하였다. 그곳에서 그는 1292년 12월 29일자로 유럽에 첫 서한을 보냈다. 코르비노는 1294년 7월

원나라의 수도 대도에 도착했으나, 원 세조 쿠빌라이가 이미 사망한 뒤였다. 그는 원 성종(成宗)에게 교황의 신한을 전하였다. 그후 1328년 여든하나로 타개할 때까지 30여 년간 줄곧 대도에서 포교활동에 전념하였다. 그는 1305년 1월 18일 대도에서 두번째로 일 칸국 사절을 통해 크림 반도의 카사리야 사제에게 서한을 보냈다. 이 서한에서 그는 원조 칸에게 교황의 신한을 전한 사실을 알리면서 칸을 개종시키려 했으나 성공하지는 못했다는 내용을 전하면서, 칸이 기독교인들에게 관용을 베풀고 있다고 하였다. 그때까지 약 12년간 코르비노와 교황이나 프란체스코회 사이에는 연락이 두절되었다. 그동안 그는 네스토리우스파의 온갖 모함을 물리치고 원 성종의 신임과 허락을 얻어 1299년에는 대도에 첫 성당을 세웠다. 그에게 세례를 받은 사람이 3만 명이나 되었으나, 네스토리우스파의 이간질로 인해 그중 신도는 6천여 명밖에 되지 않았다. 이어 1306년 2월에는 세번째 서한을 교황 앞으로 띄웠다. 이 서한에서 코르비노는 칸의 예우를 받고 있으며, 궁중에 일정한 직위를 갖고 있어 정기적으로 궁중에 드나들 수 있다고 알렸다. 사실 그는 교황의 특사 자격으로 궁중에서 칸과 독대할 수 있는 특별석까지 가지고 있었다고 한다. 1307년 초 그의 서한을 받아 본 교황 클레멘스 5세(Clemens V, 재위 1305~1314)는 그의 성과에 만족을 표하면서 그해 봄 대도에 총주교구 설치를 결정하고 코르비노를 거란(화북)과 만지(蠻子, 화남) 각처의 주교들을 총관하는 대주교로 임명하였다. 그리고 그해 7월에 프란체스코회 주교 일곱 명을 파견해 코르비노를 도와주도록 하였다. 이 일곱 명 중

몬테 코르비노.

세 명은 도중에 인도에서 객사하고 한 명은 돌아가고 게라르두스(Gerardus)와 카스텔로(Peregrinus de Castello), 페루자(Andreas de Perugia) 세 명만이 1308년 대도에 당도하였다. 후일 이 세 명의 주교는 천주(泉州) 분교구의 주교직을 번갈아 담당하였다. 코르비노는 비록 원조 칸을 개종시키는 데는 성공하지 못했지만, 포교사업에서는 괄목할 만한 성과를 거두었다. 그는 대도에 두 개소의 성당을 짓고 6천 명의 신도를 확보했으며, 마흔 명의 아동들에게 라틴어와 교리를 전수하였다. 그 자신은 몽골어를 배워서 『신약성경』과 성가를 몽골어로 번역하기도 하였다. 그리고 경교 신봉자였던 옹구트 부족장을 기독교로 개종시켰다. 그는 "나의 견문에 의하면 대칸 폐하에게 속한 국토는 광활하고 인구는 많으며 물산도 풍족해 이 세상 그 어느 군주도 그와 비견될 수 없다"(교황에게 보낸 세번째 서한 중)고 할 만큼 원나라에 대해 호감을 갖고 있었다. 그는 사람들에게 존경도 받고 있었다. 그가 사망했을 때 많은 사람들이 장례식에 참석했는데, 그중에는 이교도들도 끼어 있었다고 한다. 그가 대도에서 펼친 포교활동의 여파는 사후 원나라가 멸망할 때까지 약 40년 동안 지속되었다. 코르비노의 이러한 활동으로 미루어 1320년대 중반 대도에 도착한 오도릭은 대주교였던 코르비노를 만났을 것이고, 동행한 세 명의 수사들은 코르비노를 도와 포교활동을 하고 있던 소형제회 수사들이었을 것이라고 추단해도 큰 무리가 아닐 성싶다. 코르비노의 활동을 통해 당시 기독교에 대한 원제국의 포용 태도의 일단을 엿볼 수 있다.

6) 원제국의 칸들은 기독교(가톨릭)뿐만 아니라, 모든 종교에 대해서도 관용을 베풀었다. 마르코 폴로는 『동방견문록』(226~227쪽)에서, 칸들은 명절이 되면 기독교도나 사라센인(무슬림), 유대인이나 우상숭배자(불자), 그 누구를 막론하고 똑같이 성대한 경축의식을 베풀어주며, 그들은 모든 사람들이 존경하는 예수 그리스도(기독교)와 무함마드(이슬람교), 모세(유대교), 사가모니 부르칸(Sagamoni Burcan, 석가모니, 불교), 이 네 분을 모두 존경하고 숭배한다고 말한다. 이븐 바투타도 『이븐 바투타 여행기』(2권, 345쪽)에

서 칸의 장례식에 무슬림이든 이교도이든, 남녀노소 할 것 없이 모두 상복을 입고 빠짐없이 참석했다고 전한다.

7) 피사(Pisa, 皮薩)는 이탈리아 중부 토스카나 지방에 자리한 피사 주의 주도로서, 리구리아 항에서 약 10킬로미터 떨어진 곳에 아르노 강을 끼고 있다. 원주민은 리구리아인들인데, 기원전 180년 로마제국의 식민지가 되었으며, 313년에는 여기에 그리스도교 주관구가 설치되었다. 그만큼 피사의 기독교 역사는 유구하다. 중세 내내 피사는 강대한 토스카나의 도시국가이면서 활발한 상업중심지였다. 중세 기독교의 번영을 대변하듯, 도시에는 대성당과 세례당, 종탑(세계적으로 유명한 피사의 사탑) 등으로 이루어진 웅장하고 화려한 교회 건물군이 지어졌으며, 그 흔적이 지금까지도 남아 있다. 피사는 지금도 여전히 대주교관구이며 유수의 대학이 자리한 문화의 도시이기도 하다.

8) 우디네(Udine)는 베네치아 북동쪽 약 1백 킬로미터 지점에 있는 도시로서, 오도릭은 이곳 프란체스코 수도원에서 선종하였다.

9) 본문의 'Ides of January'에서 'Ides'는 옛 로마의 날짜 계산법이다. 즉 'Ides'는 'nones'로부터 8일째 되는 날인데, 'nones'는 3, 5, 7, 10월의 7일과 다른 달의 5일에 해당한다. 따라서 'Ides of January'는 1월 13일(5일+8일)이 된다.

10) 아멘(Amen, 阿門)은 히브리어 '믿음'이란 말에 어원을 두고 있는데, 그것이 동사로는 '확실하다', 명사로는 '진리', 부사로는 '참으로', 끝맺는 말로는 '확실히 그렇게 되어지다' 등 여러 가지 함의로 전의(轉意)되었다. 원래 유대인들이 제례식에 사용하던 말인데, 기독교의 예배와 전례에 수용되어 기도나 찬양의 말끝에 그 내용에 찬동한다는 뜻의 찬사로 쓰이고 있다.

찾아보기

인명

|ㅈ|

|ㅊ|

지명

|ㅅ|

|ㅈ|

|ㅊ|

|ㅍ|

|ㅎ|

사항

|ㄷ|

|ㄹ|

|ㅁ|

| ㅈ |

역주자 **정수일**

중국 연변에서 태어나 연변고급중학교와 북경대학 동방학부를 졸업하고, 중국 국비 연구생으로 카이로대학 인문학부에 유학했다. 중국 외교부와 모로코 주재 중국대사관에서 근무했다. 평양국제관계대학과 평양외국어대학 동방학부 교수를 지내고, 튀니지대학 사회경제연구소 연구원 및 말레이대학 이슬람아카데미 교수로 있었다. 단국대 대학원 사학과 박사과정을 수료하고, 동 대학 사학과 교수를 지냈다. 문명교류에 관한 대중 강연과 강의를 하고 있으며, 실크로드의 오아시스로와 초원로 답사를 마치고, 해로 답사를 진행 중이다. 현재 사단법인 한국문명교류연구소 소장으로 있다.

저서로 『신라·서역 교류사』 『세계 속의 동과 서』 『실크로드학』 『고대문명교류사』 『이슬람문명』 『문명교류사 연구』 『문명의 루트 실크로드』 『소걸음으로 천리를 가다』 『한국 속의 세계』(상·하) 『실크로드 문명기행: 오아시스로 편』 『문명담론과 문명교류』 『초원 실크로드를 가다』 『기초 아랍어』 『실크로드의 삶과 종교』(공저) 『중앙아시아 속의 고구려인 발자취』(공저) 『시대와 소통』(공저) 『재생의 담론, 21세기 민족주의』(공저) 『전통을 보는 열 가지 시선』(공저), 그 밖에 「동북아 해로고」 「영산강과 동북아시아의 문명교류, 그 이해와 평가」 「해상 실크로드와 한반도」 등 다수의 논문이 있다. 역주서로 『혜초의 왕오천축국전』 『이븐 바투타 여행기』(1·2) 『중국으로 가는 길』이 있다.

오도릭의 동방기행

1판 1쇄 2012년 5월 4일
1판 2쇄 2012년 5월 29일

지은이 오도릭 | 역주자 정수일 | 펴낸이 강병선
책임편집 오경철 | 편집 강지혜 오동규
디자인 윤종윤 최미영 | 저작권 한문숙 박혜연
마케팅 우영희 나해진 | 온라인 마케팅 이상혁 장선아
제작 안정숙 서동관 김애진 | 제작처 미광원색사(인쇄)·우진제책(제본)

펴낸곳 (주)문학동네
출판등록 1993년 10월 22일 제406-2003-000045호
주소 413-756 경기도 파주시 문발동 파주출판도시 513-8
전자우편 editor@munhak.com | 대표전화 031)955-8888 | 팩스 031)955-8855
문의전화 031)955-2660(마케팅), 031)955-2645(편집)
문학동네 카페 http://cafe.naver.com/mhdn
문학동네 트위터 @munhakdongne

ISBN 978-89-546-1798-7 93900

* 이 책의 국립중앙도서관 출판시도서목록(CIP)은 e-CIP 홈페이지(http://www.nl.go.kr/ecip)와
국가자료공동목록 시스템(http://www.nl.go.kr/kolisnet)에서 이용하실 수 있습니다.
(CIP제어번호: CIP2012001909)

www.munhak.com